재미있는 "甲骨文" 이야기

- 人類를 품은 漢字 -

재미있는 “甲骨文” 이야기
- 人類를 품은 漢字 -

지 은 이 · 이주은
펴 낸 이 · 성상건
편집디자인 · 자연DPS

펴 낸 날 · 2019년 5월 10일
개정증보판 · 2023년 6월 16일
펴 낸 곳 · 도서출판 나눔사
주　　소 · (우) 10270 경기도 고양시 덕양구 푸른마을로 15
301동 1505호
전　　화 · 02)359-3429　팩스 02)355-3429
등록번호 · 2-489호(1988년 2월 16일)
이 메 일 · nanumsa@hanmail.net

ISBN 978-89-7027-929-9-03720

값 15,000원
잘못된 책은 바꾸어 드립니다.

재미있는 "甲骨文" 이야기

- 人類를 품은 漢字 -

李周殷 著

나눔사

● 목차

I 재미있는 甲骨文字의 비밀

1. 甲骨文字와 殷墟

중국 하남성(河南城)의 안양(安陽)은 7대 古都(북경, 남경, 서안, 낙양, 안양, 개봉, 항주) 중의 하나이다. 이곳은 기원전 16세기에서 11세기에 존재했던 상(商)나라의 자리인데, 나중에 은(殷)으로 이름이 바뀌었고 도읍지를 기원전 14세기에 안양 쪽으로 옮기면서 이 지역 일대를 은허(殷墟)라고 부른다. 지금의 안양시에서 북쪽으로 약 2km 떨어진 소둔촌(小屯村)에서 1928년부터 과학적으로 발굴하기 시작해서 찾아낸 대략 16만 편의 유물 가운데 들어있는 갑골문자는 이미 3천 년이 넘는 역사를 지니고 있다.

상(商)나라의 갑골문을 처음으로 알아보고 발굴을 1899년부터 시작한 사람은 청나라 때의 왕의영(王懿榮)이란 학자이다.

원래는 소둔촌의 한 농부가 동물이나 거북의 등뼈에 새겨진 갑골문이 무엇인지 모르는 채 이것을 고가의 약재로 생각해서 약재상에게 팔았다.

왕의영은 우연히 약재상에서 거북의 등껍데기와 짐승의 뼈에 새겨진 문자를 발견하고는 이를 연구하면서 商代의 古代文字임을 처음으로 알아내고 학술발표를 하여 甲骨文字가 세상에 처음으로 알려졌다.

거북이 등껍질이나 짐승의 뼈에 새겨 넣거나 불로 지져서 쓴 갑골문엔 어떤 내용이 담겼나를 연구하여 밝혀진 것으로는 당시의 통치자가 점을 치거나, 제사를 지낼 때의 제문이거나 아니면 당시에 일어났던 사건의 간단한 기록이라고 전해지고 있다.

商代의 갑골문이 중국 최초의 문자인가에 대해서는 아직도 많은 연구가 더 필요할 것으로 보이는데, 그 이유로는 상형문자 보다 문자의 체계가 제대로 갖춰지기 이전에도 갑골문자의 바탕이 되는 문자가 이미 있었을 것이라는 설이 설득력이 있어서이다. 시기가 더 빠른 종정(鐘鼎)에 새겨진 종정문(鐘鼎文, 金文이라고도 함)은 갑골문자와 비슷한 모양과 뜻이 통하는 것들이 있으며, 1980년대에 들어와서는 섬서성(陝西省)의 성도인 서안(西安) 주변에서 갑골문보다 천 년이 앞선 4000년 전의 갑골문들이 소량으로 발견되었기 때문이다. 서안은 앙소문화(仰韶文化) 유적지의 하나로서 반파(半坡)에서 출토된 도기에 새겨진 부호 역시 연구 고증이 요구되는 부분이다.

2. 점복(占卜)에 가려진 문명 은허갑골(殷墟甲骨)

갑골문(甲骨文)은 은허(殷墟)에서 출토된 점복(占卜)으로 쓴 귀갑(龜甲)이나 동물 뼈, 골각기(骨角器) 등에 새겨진 문자를 가리킨다. 상(商)나라 때 통용되던 글자체로 '귀갑문자(龜甲文字)', '각사(刻辭)' 등으로 불린다. 은허(하남[河南] 안양[安陽])에서 출토된 갑골문은 약 16만 편, 5000여 자에 달한다. 상형, 지사, 회의, 형성 등 조자(造字)원칙이 뚜렷하게 나타나 있다. 갑골문은 중원문명이 찬란했었다는 증거이다.

청(淸)나라 광서(光緖)년간 원하(洹河) 남쪽 기슭의 하남성 안양시 소둔촌(小屯村)의 농민 몇몇이 경작지를 개간하고 있다가 흙과 함께 골편(骨片)이 나오자 황급히 주워들었다. 골편은 이미 화석이 되어 있었고 위에는 무엇인가를 새기거나 그린 흔적이 있는 것도 있었다. 순박한 농민들이 자신들의 손에 들린 것이 3000여 년 전의 유물이며 골편 위에 새겨진 것이 문자라는 것을 어떻게 알 수 있었으랴. 그들은 그저 골편의 연대가 오래됐고 어쩌면 약방에 약재로 팔아 용돈으로 쓸 수 있을 것이라고만 여겼다. 그래서 몇몇 사람들이 비교적 큰 골편을 들고 약방을 찾아가자 약방에서는 '용골(龍骨: 용의 뼈)'이라며 사들였다.

청나라 말기 중국의 지방에 있는 약방에서는 '용골'이라는 약재로 상처를 치료하는데 사용했다. 속칭 '도첨약(刀尖藥)'이 그것이다. 용골을 갈아 상처 부위에 바르면 지혈이 됐고 상처가 아물었다. 이외에도 어린이, 산부인과 관련 질병 및 남자의 신허(腎虛) 등 질환 치료에도 쓰였다. 이렇게 많은 골편들이 용골이 되어 약방에 팔려나갔고 어떤 사람들은 분말을 만들어 안양 지역의 봄가을

열리는 시장에서 팔기도 했다. 이러한 골편의 외관은 큰 것도 있었고 작은 것도 있었으며 글자가 있는 것도 있고 글자가 없는 것도 있었다. 심지어 글자에는 주사(朱砂)나 검은 먹으로 칠해져 있는 것도 있었다. 약방에서는 글자가 있는 용골은 원하지 않자 사람들은 글자를 없애고 위에 칠해진 색깔도 지워 버렸다. 이렇게 가치를 따질 수 없는 보물들이 무자비하게 사라져 버렸다. 마을에는 또 집안을 일으키기 위해 전문적으로 용골을 수매하는 사람들이 생겨났다. 순식간에 용골이 되어 북경, 하북(河北) 등지로 팔려나가 진귀한 문물이 사람들에 의해 약으로 복용되었다. 이렇게 없어진 골편들이 몇이 되는지 알 길이 없다.

사람들이 용골로 여긴 그러한 골편은 어느 정도로 진귀한 유물일까?

이 비밀을 파헤치는데 중요한 인물이 등장한다. 당시 북경에서 단련대신(團練大臣)으로 있던 산동 복산(福山)사람 왕의영(王懿榮)이 바로 그이다. 1899년(광서 25년), 청나라 최고 학부인 국자감 제주(祭酒) 왕의영이 학질에 걸리자 한의사가 '용골'이라 부르는 약을 처방해 줬다. 골동품 연구가였던 왕의영은 골편 위에 고대의 문자가 새겨져 있음을 발견했다. 연구를 거쳐 '용골'이라 불리는 것은 귀갑과 동물의 뼈[귀갑은 주로 복갑(腹甲), 동물의 뼈는 소나 양의 견갑골(肩胛骨)]임을 알게 되었다. 그것들은 상(商)나라 수도의 유적 – 하남성 안양 서북쪽 소둔촌 일대에서 출토된 것으로 3000년 이전의 상나라 유적임을 알게 되었다. 그는 즉시 약방에서 글자가 새겨진 골편을 수매하게 하였다. 이후 그는 거금을 들여 글자 한 자에 2, 3은전이란 높은 가격으로 계속 사들였다.

이때부터 사람들은 골편을 '용골'로 보지 않게 되었다. 이 공로는 응당히 왕의영에게 돌아가야 할 것이다. 그는 비록 그것이 상나라 때의 갑골문이라는 것을 명확히 알지는 못했지만 그가 거금을 들여 사들임으로써 사람들의 이목을 끌게 된 것이었다. 이렇게 하여 갑골문에 대한 연구가 대세를 이루었다.

갑골을 수집한 사람 중에는 외국인들도 많았다. 그들은 직접 소둔촌에서 매입하였는데 이로써 많은 갑골들이 외국으로 빠져나갔다. 산동 유현(濰縣)에 있던 미국 선교사 칼휀트(Frank H. Chalfant)가 1903년부터 1908년 사이 중국에서 2700여 갑골을 실어 날랐다. 캐나다 선교사 제임스 멘지(James Mellon Menzies)는 1914년부터 소둔촌을 여러 차례 방문하였고 1926년까지 중국에서 3, 4만 편의 갑골을 수집하였다. 일본인 하야시는 특별히 중국으로 갑골을 수집하기 위해 오기도 하였다. 현재 중국의 갑골문은 영국, 프랑스, 독일, 벨기에, 스웨덴, 스위스, 미국, 캐나다, 러시아, 일본, 한국 등 11개 나라에서 소장하고 있고 그 중 캐나다와 일본이 가장 많다.

갑골문의 출토지역을 확인하고 중국 정부가 발굴 계획을 세우고 나서는 갑골의 유출을 어느 정도는 막을 수 있었다. 결국 소둔촌으로 확정된 것은 중요한 의미를 지닌다. 그곳은 바로 고문헌에 나타난 이른바 '은허(殷墟)'임이 명확해진 것이다. 갑골 출토지역으로 소둔촌이 확정된 후 1928년 10월 막 성립된 중앙연구원 역사언어연구소가 수차례 조사를 끝내고 소둔촌에서 과학적 발굴을 전면적으로 진행할 것을 결정하였다.

1928년 10월부터 1937년 6월까지 15차례 발굴을 실시하였다. 중일전쟁이 발발하자 어쩔 수 없이 중단했다가 현 중국이 성립된 후 계속해서 20여 차례 발굴을 진행하였다. 역대 반세기에 가까운 발굴 중 갑골 15만 편을 얻었고 대형 궁전유적 56좌, 은나라 말기 묘 11좌, 대형 제사 갱 3곳을 발굴하였다. 그중 순장되었거나 제사의 희생으로 쓴 노예가 5000여 명이나 됐다. 이러한 자료는 중국 북방에 있던 일반 마을인 소둔촌이 3000여 년 전 상나라 시기의 수도였음이 증명되었다.

소둔촌의 가치는 갑골문 발굴이라는 점을 넘어선다. 상나라는 기원전 14세기 말부터 기원전 11세기까지 273년 동안 존재했다. 서주(西周)가 商나라를 멸망시킨 후 그곳은 점차 쇠락해졌고 끝내는 폐허가 됐다. 명나라 때 그곳에 소둔촌을 설치할 때에는 이미 철저히 들판이 되어 버린 상태였다. 그곳은 상나라 때 '은(殷)'이라 불렀고 이미 폐허가 됐기 때문에 '은허(殷墟)'라 부르게 된 것이다.

중국 고대 문헌 중 상나라 역사와 관련된 기록은 많지 않다. 사마천(司馬遷)이 쓴 『사기(史記)』에서조차 자료를 찾기 힘들다. 그런데 갑골문이 발굴되면서 역사기록이 부족한 것을 메울 수 있었다. 갑골문으로 기재된 내용은 광범위하다. 농업, 목축업, 사냥을 포함하여 천문, 역법, 의학, 제사 등의 내용을 망라한다. 상나라의 역사를 연구하는데 중요한 자료로 상나라 사회를 기록한 백과전서라 할만하다. 따라서 소둔촌의 발굴은 중국 고고학상 의의가 깊은 발견이라 할 것이다.

현재 발견된 갑골문자는 약 5000자이다. 갑골문자의 조자(造字)방식도 다양하다. 상형자가 있을 뿐만 아니라 회의자, 형성자, 가차자 및 지사자도 있다. 이것은 갑골문이 비교적 성숙한 문자라는 것을 나타낸다. 하(夏)나라 때 문자가 출현하기는 하였으나 현재 자료로 본다면 수량이 많지 않다. 따라서 상나라 갑골문은 중국의 가장 이르고 비교적 성숙된 문자인 것이다.

상나라 사람들은 왜 문자를 갑골에 새겼을까? 당시에 점복(占卜)이 성행했기 때문이다. 크고 작은 일, 예를 들어 전쟁의 승부, 사냥의 수확, 질병의 경중, 농작물 수확 정도, 비바람이 일지 않을지, 아들을 낳을지 딸을 낳을지 등 모든 것에 대해 점을 쳤다. 노예제 사회에서 귀족은 점복(占卜)을 행하여 귀신(鬼神, 鬼와 神을 통칭한다. 이후 혼선을 막기 위해 신령(神靈)이라 하겠다)에게 길흉화복을 묻고 실행할지 안 할지를 결정하였다.

점복의 방법은 먼저 갑골에 타원형의 홈을 파거나 혹은 구멍을 뚫은 후 불에 구웠다. 갑골에 판 홈이나 구멍이 불에 구울 때 금이 생기는데 사람들은 이 금이 신령의 뜻을 나타낸다고 생각하고 금의 형상으로 길흉을 판단하였다. 점복이 끝나고 나서 사람들은 물은 일과 점복의 결과를 문자로 갑골 위에 새겨 두었다. 이후 적중한 영험의 상황도 갑골에 새겨 넣었다. 갑골에 새긴 글자는 모두 점복의 기록이기 때문에 그것을 '복사(卜辭)'라 부른다. 복사에는 짧은 것은 한 두 글자이고 많은 것은 몇 십 자에 이른다.

갑골문의 중요한 기능은 점복이기 때문에 기상에 대한 기록이 비교적 상세하다. 예를 들어, 강우량을 큰비(大雨), 작은비(小雨), 가랑비(糸雨), 끊임없이 내리는 비(祉雨) 등으로 묘사하고 있다. 비에 대한 예보는 어느 정도는 정확하다. 예를 들어 복사에 다음과 같이 기록돼 있다. "己酉,自今旬雨? 三月,辛亥雨." 이는 "3월 기유(己酉) 날에 점을 쳐서 묻는데 지금부터 一旬(일순, 열흘)에 비가 올 것인가? 삼일이 지나니 비가 왔다"라는 뜻이다. 이러한 예측은 문자로만 보면 미신적 요소가 많으나 풍부한 기상 관측 경험이 없다면 정확한 판단을 내릴 수 없는 것이다. 이것 또한 중국 상나라시기에 강우라는 자연현상에 대해 예보까지 할 수 있는 수준에 도달했음을 말해준다.

갑골문에 일식, 월식, 성신과 관련된 기록은 세계에서 가장 빠른 천문학 관련 자료를 포함하고 있다. 세계 천문학 연구에 있어 중요한 의의를 가진다. 다음과 같은 복사가 있다. "癸酉貞: 日夕有食,隹若?癸酉貞: 日夕有食,非若?" 이는 계유(癸酉) 날에 점을 쳐서 물었다 : 저녁에 일식이 있을 텐데 길한 것인가 아니면 길하지 않은 것인가? 즉 일식의 길흉을 묻는 것이다. 일식은 일반적으로 낮에 발생하는데 이번에는 저녁에 일어나니 상나라 왕은 걱정이 되어 점을 쳐서 물었던 것이다. 그리고 신성(新星), 조성(鳥星) 등 성신 관련 기록도 보인다.

이외에도 갑골문에는 남자를 낳을지 여자를 낳을지, 사냥이 순조로울지, 정벌이 성공할지, 경작지에서 노동하는 노예가 도망을 갈지 등의 내용도 있다. 결국 풍부한 갑골 복사는 상나라 역사를 연구하는데 중요한 정보를 제공하고 있다.

중국 문자박물관에 따르면, 현재까지 발견된 갑골문자는 약 4,500자이며, 이중 의미를 해독할 수 있는 문자가 약 1,600자로 나머지 3분의 2 갑골문자가 해독을 기다리고 있다. 남아 있는 자는 대부분 한 글자로 되어있고 지명, 인명 혹은 고유명사이다. 갑골이 아직까지 학자들에게 도전을 기다리고 있는 셈이다. 그리고 이미

식별된 글자 중에서도 정확하게 그 뜻을 파악하지 못하는 경우도 있다. 예를 들어 '日又戠'라는 복사는 일식을 가리키는 말이라고 보는 사람이 있는가 하면 최초의 태양 흑점에 대한 기록이라 보는 사람도 있다. 어느 것이 정확한 것인지는 역시 더 깊이 있는 연구가 필요하다.

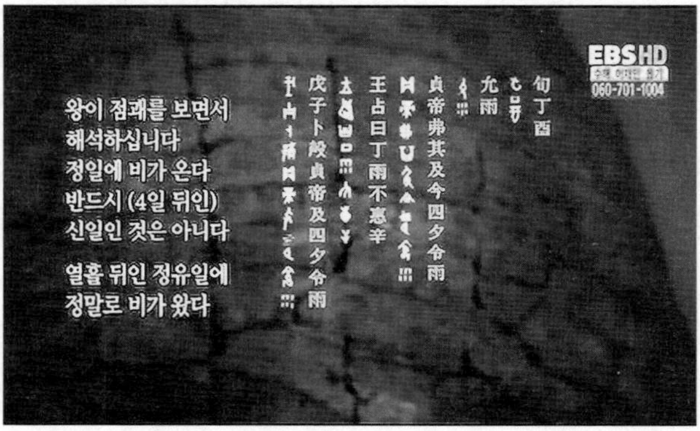

3. 은(殷)나라의 甲骨文字와 제기(祭器)인 도철원정

漢字(한자)란 원래 상형문자이다. 그것은 사물의 모양을 본뜬 글자라는 말이다. 문명의 탄생과 동시에 생겨난 문자는 그 배후에 오랜 세월에 걸친 '원시'의 세계를 담고 있다. 그렇다면 글자 속에는 그 비밀의 열쇠가 담겨 있다는 것이다.

<은(殷)나라의 갑골문자와 제기(祭器)인 도철원정>

원시 종교의 흔적이 지금도 글자 곳곳에 고스란히 남아 있다. '씨(氏)'라는 글자를 보자. 이 글자는 원래 '찌르고 자르는 도구'를 표현한 것이었다. 제사 때 이 도구로 희생물을 갈라서 의례에 사용했는데, 이때 희생물의 피를 마시고 맹세하는 혈맹(血盟)의 의식이 생겨났다. 세월이 흐르자 씨(氏)는 혈연관계를 의미하는 글자가 되었다는 것이다.

좀 더 끔찍한 형상을 표현한 글자로는 '놓을 방(放)'자가 있다. 이 글자는 나뭇가지에 걸쳐 놓은 시체를 때리는 모습을 표현한 것인데, 이는 원시시대의 주술로서 사악한 영을 물리치는 방법이었다. 머리카락이 긴 노인의 시체를 걸쳐 놓고 때리는 글자는 '거만할 오(敖)'였다. 그런 행위가 적에게는 더할 나위 없는 모욕으로 비쳐졌을 것이기 때문이다. '가장자리 변(邊)'이란 글자는 종교가 달라지는 지역의 경계에서 '자른 머리를 올려놓고 제사를 지내는 모습'을 표현한 것이었다.

'말씀 언(言)'과 '말씀 어(語)'의 차이는 무엇일까? '언(言)'은 기도이자 자기 맹세이며 신에 대한 서약이었고, 자신은 깨끗하다는 것을 주장하는 동시에 상대방에게 대항하는 공격적인 말이었다. 반대로 '어(語)'는 방어적인 말이었다.

후대에 만들어진 한자 기원에 관한 속설 중 많은 것들이 반박된다. 동녘 동(東)이란 글자에 대해 우리는 보통 해[日]가 나무[木] 가운데 걸쳐 있는 모양이라고 알고 있다. 하지만 고대의 자형은 위와 아래를 묶은 주머니 모양이다. '동(東)'이란 글자가 방위의 의미로만 쓰이게 되자 주머니를 나타내기 위해 따로 '탁(㯻)'이란 글자가 생겼다. 주머니가 동쪽과 무슨 상관이 있기에 그런 것일까? 방위를 구체적으로 나타낼 방법이 없었기 때문에 발음이 같은 글자를 빌려 썼을 뿐이라는 것이다.

"한자가 동아시아권에서 사용된 것은 우연이 아니라 기본적으로 같은 종류의 생활이 그곳에 있었다는 의미"라고 말한다.[1] 문자가 품고 있는 원시체험이란 동아시아 전체의 고대 문화를 규명하는 것과도 관련이 있다는 것이 된다. 새로운 글자체의 제정이 문자학적으로 근거 없는 일이며 쓸데없는 혼란을 불러일으킨다고 주장한다.

---

1) 원제 '漢字の世界' (2009)

4. 甲骨文의 특징

商(殷)나라 때 사람들은 보통 죽간에 문자를 새겼는데 땅에 오랫동안 보존할 수 없고 모두 부패 되었다. 지금 사람들이 볼 수 있는 자료들은 쉽게 부패 되지 않는 재질에 남긴 것이다. 절대다수는 상나라 말기 귀갑(거북 등껍질) 혹은 견갑골에 새긴 갑골문이고 청동기에 주조된 명문들도 일부 찾아볼 수 있다.

갑골문은 수량이 절대 다수를 차지하기에 이로 상나라 문자를 통칭하기도 한다. 상나라 갑골문의 중요한 가치는 시대가 이르고 수량이 많다는 데서 비롯되는데 출토된 수량은 십만 조각을 넘는다고 한다. (보통 16만 조각으로 보고 있다.)

갑골문에 자주 출현한 글자 중 절대 다수는 상형(象形)과 표의(表意)의 형태를 취하고 있다. 물론 변별 가능한 문자만 계산하면 10% 이상이 마지막 단계에 속하는 형성자(形聲字)들이다.

중국 문자는 출현 시기가 매우 이르기에 상나라 때 이미 천 년의 역사를 거쳤을 것으로 예측되며 지금까지는 벌써 4천 년을 넘었다고 본다. 갑골문은 지금까지 보유된 최다, 최초의 문자이기에 한자의 창의성을 고찰할 수 있는 중요한 소재이다. 또한 상나라 왕실의 점복을 기록하였기에 왕들의 개인 및 나라를 다스리는데 직면한 문제들이 포함되어 있다. 그러므로 상나라 최고 통치 정책을 분석하는 중요한 1차 사료들이다.

상나라 갑골문의 자형은 관념을 표현하는데 중점을 두었을 뿐 그림의 번잡함과 간결함, 필획의 다소(多小) 혹은 위치 배정 등은 중시하지 않았기에 자형의 이체(異體)현상이 많았다.

5. 甲骨文의 가치와 의의

수천 년 이래 인류는 독자적으로 몇 가지 발전된 고대문자 체계를 이루었다. 그 중 가장 많이 알려진 문자로는 이집트의 신성문자, 메소포타미아의 설형문자 그리고 중국의 한자가 있다. 문자들은 기본적으로 도화식(圖畫式) 표의(表意)부호를 중심으로 문자 체계를 이루었다.

현재 기타 고대문자 체계는 소실되거나 표음문자로 대체되었지만, 한자는 여전히 도화(圖畫) 표의(表意)의 특징을 지키고 있다. 한자가 표음문자로 바뀌지 않은 데는 나름대로의 이유가 있다.

모든 일에는 장점과 단점이 있고 완벽한 존재는 이 세상에 없다고 할 수 있다. 예전에 중국은 국력이 쇠약하고 과학기술이 발달하지 않았는데 어떤 사람은 그 이유로 한자를 탓하였다.

한자는 습득하기 어렵고 쓰기 어려워서 사람들이 배우기 싫어하며 학습 진도도 느리다는 것이다. 또한 의미가 불분명하여 과학발전을 방해하였기에 서양사람들을 따라갈 수가 없다고도 하였다. 그리하여 중국어를 라틴화하거나 심지어 중국어를 없애자는 과격한 의견들도 있었다.

지금은 중국의 발전이 서양과의 거리를 좁혔고 과격한 의견들도 더 이상 안 들린다. 그렇다면 중국 문자의 장점은 무엇인가?

각 민족의 언어는 모두 끊임없는 변화를 겪고 있다. 표음체계에 속하는 문자일지라도 발음의 변화를 반영하기 위해 맞춤법을 바꾸기도 한다. 그리하여 문자는 고대와 현대 두 단계에서 보면 아무 연관도 없는 이질적인 언어로 보일 수도 있다.

발음의 변화는 개별 어휘뿐만 아니라 문법 구조의 변화를 초래할 수도 있는데 이는 같은 언어 체계에 속하는 여러 가지 방언들이 엄청난 차이로 인해 소통하지 못하게도 한다. 보통 특별한 연습을 하지 않는 이상 결코 백 년 전의 문자를 이해할 수가 없다. 하지만 중국의 한자는 글자와 어휘의 발음과 외형 모두 큰 변화를 겪었지만 몇 천 년 전의 문헌을 읽는데 큰 어려움이 없다. 이는 중국 문자의 특징 중 하나로, 중국 고대 문화에 관심이 있는 사람들에게 많은 편의를 제공한다.

서양이 표음체계를 선택한 이유는 아마 그들의 언어적 특징에서 비롯되었다고 본다. 서양 언어는 다음절 체계로, 몇 개의 간단한 음절로 다양한 의미를 가진 어휘들을 쉽게 만들 수 있다. 음절이 많기에 결합능력도 뛰어나 음절의 변화를 통해 정확한 의미를 표현하고 오해를 줄일 수 있다. 이는 서양 언어의 편의성을 보여준다.

이와 반대로 중국어는 단음절 중심인 언어로, 입으로 말할 수 있는 음절이 제한적이다. 만약 단음절로 된 음절을 대량으로 사용하여 의미를 나타낸다면 의미가 혼동되는 문제가 생기게 될 것이다. 그리하여 자연스럽게 표음이 아닌 표의(表意)의 방향으로 발전되었다고 볼 수 있다.

융통과 포용은 한자의 가장 큰 특징이다. 한자는 몇 천 년 동안 자형들의 많은 변화뿐만 아니라 천 년 동안 각 시기, 각 지역의 여러 가지 어음(語音)의 내포들도 함축되어 있다. 그래서 조금만 연습하면 3천 년 동안 전해 온 상나라 이래의 문헌을 읽을 수 있다. 또한 당나라 때 한자의 발음을 모르더라도 당시(唐詩)는 이해할 수 있다. 각 지역의 방언도 서로 말이 통하지 않지만 문자의 외관이 같기에 서사(書寫)의 방식으로 소통할 수 있게 된다.

중국은 면적이 넓어 산과 강으로 갈라놓은 지역들도 많고 종족 또한 복잡하지만 하나로 융합할 수 있는데 그 중 중요한 요소가 바로 중국어이다. 한자는 보기에 복잡하여 배우기 어렵지만 사실 일정한 규칙에 따라 창제되어 하나를 보면 열을 알 수 있듯이 추리가 가능하다. 일관된 논리를 가지고 있기에 어휘를 하나하나씩 외울 필요도 없다. 특히 한자 구조는 다양한 변화를 이룰 수 있기에 필획이 우아하고 독특한 분위기를 띄울 수 있어 높이 평가되는 서예 예술을 형성하기도 하였다. 이는 표음문자 체계에 내포된 문화로는 비교하기 어려운 부분이다.

세계 여러 고대 문명을 지닌 표의문자(表意文字)들을 통해 그 때 당시의 사회 면모를 이해할 수 있다. 이러한 문자들은 도화성(圖畵性)이 강하여 그때 존재한 동식물, 사용된 기구들을 보여줄 뿐만 아니라 문자 창제 시기의 생각, 의미를 나타내기 위해 빌려온 사물들의 정보 등을 엿볼 수 있다. 한 글자의 변화 과정을 살펴보면서 고대 기구들의 사용상황, 풍속 습관, 중요한 사회제도, 가치관, 공예발전 등과 관련된 흔적들을 찾아볼 수 있다. 그러나 서양의 조기 문자들은 주로 음절 위주로 언어를 만들다 보니 표의 문자(表意文字)가 중국어 보다 훨씬 적다. 그러므로 고대사회 상황을 고찰하는데 이용할 수 있는 자료들이 상대적으로 중국보다 적다.

중국어는 주로 단음절을 사용하기에 동음어휘(同音語彙)의 혼동을 피하기 위해 그림으로 추상 개념을 표현하려 하고 음성 요소가 아닌 생활 속의 경험과 상상으로 문자를 창제하였다.

상형문자의 특징은 그림을 묘사함으로써 그 속에 내포된 의미들을 사람들에게 이해시키는 것이다. 형상을 가진 사물들은 그 모양을 그려내면 되지만 절대다수의 의미들은 형체를 벗어나 추상적인 개념을 가지고 있기에 공통적인 경험에서 출발해야만 쉽게 이해되고 받아들일 수 있다. 그러므로 문자는 우리에게 문자 창제 시기의 상황들을 많이 보여주며, 한 글자의 변화 과정을 거슬러 올라가다 보면 문자를 통해 중요한 사회제도와 공예발전의 흔적을 찾아볼 수도 있다. 장례 습관을 예로 들면 고고 발굴을 통해 매장되어 있는 자세, 부장품 등 정보만 알 수 있지만 문자를 고찰함으로써 장례 습관의 변천사에 대해서도 힌트를 제공해줄 수 있다.

6. 甲骨文字 해석

(글자 해설)

1. 望(바랄 망): 흙더미 위에 올라가 눈을 들어 멀리 보는 사람

2. 酒(술 주): 술 항아리, 후에 水(氵)가 더해짐
3. 雲(구름 운): 구름이 뭉게뭉게 피어오르는 모습, 후에 雨가 더해짐
4. 涉(건널 섭):물을 가운데 두고 있는 발, 즉 걸어서 물을 건너다.
5. 直(곧을 직): 눈 위에 똑바로 그어진 세로줄.
6. 昔(예 석): 물결과 日. 황하강이 범람하여 홍수가 나던 그 옛날(日)을 잊지 말아야 한다.
7. 離(떠날 리): 그물로 새를 잡는 것인지 떠나는 것인지...
8. 斿(깃발 유) 游(헤엄칠 유) 遊(놀 유): 깃발과 子(流의 변형으로 '흐르다' 의 뜻) 바람에 날려 흐르듯 나부끼는 깃발이 본뜻.
9. 鼎(솥 정): 다리가 긴 솥
10. 母(어미 모): 여인을 그리고 두 점 젖가슴을 표시, 아이를 길러낸다는 뜻
11. 樂(즐길 락): 나무에 실이 매어져 있는 모습, 그러면 악기가 아닌가?
12. 出(날 출): 발이 밖으로 향해져 있어
13. 象(코끼리 상): 코가 큰 코끼리
14. 虎(범 호): 호랑이는 입이 무서워
15. 帝(임금 제): 나무를 묶어 태워 하늘에 제사 지낸다는 뜻(禘)에서 제왕의 뜻이 파생됨
16. 雷(우뢰 뢰): 번개의 주위에 점들은 벼락 치는 모습
17. 京(서울 경): 서울에는 궁궐이 있고, 궁궐은 누대가 높아
18. 幽(그윽할 유): 가는 실은 불(火)이 있어야 잘 보인다.
19. 漁(고기 잡을 어): 그물을 두 손으로 잡고 던져 물고기를 잡는 모습
20. 備(갖출 비) 箙(전동 복): 전통 속에 화살을 넣었으면 준비

(備)는 끝났다

21. 食(밥 식): 익힌 음식을 담은 그릇 위에 뚜껑을 덮고 있는 모양
22. 典(법 전): 책 가운데서도 중요한 책은 두 손으로 받들고 있어야지
23. 中(가운데 중): 깃발이 있는 곳이 중앙이야. 고대에는 큰일이 생기면 먼저 넓은 곳에 깃발을 세웠고 사람들은 그 깃발을 보고 모여들었으니 깃발을 세운 곳이 중앙이 되었다.
24. 門(문 문): 사립문 두 짝, 약간 열려 있다.
25. 監(볼 감): 물이 담겨 있는 그릇을 사람이 들여다본다, 자신의 얼굴을 비추어 보는 것.
26. 客(손 객): 宀(면)은 집, 各(각)은 이르다, 다른 곳에서 집에 온 손님
27. 祝(빌 축): 신주 앞에 꿇어앉아 기도하는 사람
28. 龜(거북 귀): 스트레칭 하는 거북이
29. 鹿(사슴 록): 모가지가 길고 관이 향기로운 사슴
30. 濤(파도 도): 밀려오는 파도 소리, 壽에 물(氵)이 합해짐
31. 萬(일만 만): 전갈을 그린 것
32. 魚(고기 어): 물고기
33. 得(얻을 득): 손(又)으로 조개(貝: 재물)를 쥐고 있어, 뒤에 彳(조금 걸을 척)이 더해짐
34. 隹(새 추): 날개의 특징만 강조하여 새를 표시
35. 兎(토끼 토): 토끼, 머리만 크다
36. 車(수레 거): 수레의 두 바퀴를 그리고 앞에 말이 끄는 모양
37. 馬(말 마): 갈기가 특징인 말
38. 羊(양 양) 祥(상서로울 상): 양의 머리와 두 뿔, 양은 제물로 바치는 상서로운 동물

39. 搜(찾을 수): 집 아래서 손에 불을 들고 무엇인가 찾고 있다
40. 冊(책 책): 종이가 없을 옛날 대나무에 글을 쓰고 이를 엮어 묶은 것이 책
41. 康(편안할 강): 庚과 점 4개가 합해졌다, 악기가 소리를 낼 때 나는 진동소리 라는 설이 있고, 또는 벼를 탈곡할 때 생기는 곡식의 껍질이라는 설이 있다
42. 基(터 기): 其 위에 흙(土)이 있다, 흙이 위에 있어도 상관없다
43. 習(익힐 습): 새 깃털(羽)과 둥지(日), 새가 둥지 위를 날아오르는 연습을 한다. 習은 '鳥數飛也' 라고 했다.
44. 盟(맹세할 맹): 희생물의 피를 잔에 받아 서로 마시고 맹세함
45. 禽(날짐승 금) 罕(그물 한): 손잡이가 있고 그물이 달린 사냥도구로 '새를 잡다'는 의미
46. 絶(끊을 절): 실을 자르는 모습
47. 弔(조상할 조): 사람이 주살을 가지고 있다.
48. 受(받을 수): 두 손(又) 사이에 쟁반, 주거니 받거니...
49. 齊(가지런할 제): 넓은들 곡식 이삭이 피면 위가 가지런하다.
50. 好(좋을 호): 아들을 안고 있는 여자

노예와 형벌				
民  백성 민	臣  신하 신	辛  매울 신	黑  검을 흑	
幸  행복 행	執  잡을 집	報  갚을 보	睪  엿볼 역	
辟  피할 피	尉  벼슬 위	央  가운데 앙	光  빛 광	亢  높을 항
重  무거울 중	動  움직일 동	種  씨 종	量  헤아릴 량	

◇ 民은 갑골문자에서 살펴볼 수 있듯이, 날카로운 도구에 의해 눈이 찔려 실명한 사람의 모양을 본뜬 자이다.

◇ 臣은 눈동자가 없는 눈을 표현하여 '노예'에서 '신하', '부림 받는 자'로 뜻이 확장되었다.

◇ 辛은 날카로운 칼침으로 묵형(黑)의 낙인을 새기는 도구이다.

◇ 幸은 이렇게 낙인찍힌 자의 생명은 그나마 부지되는 것이니 다행이라는 뜻이 된다.

◇ 執은 죄인(幸)을 잡아(丸) 신문하는 모습이고, 報는 수갑을 채운 죄인을 형벌로 다스려 죄 값을 치르게 한다는 뜻이다.

◇ 睪은 감시하는 눈(目, 罒)을 표현해 죄인이 도망치지 않도록 지키고 있는 모습을 표현했다.

◇ 辟는 형벌도구(辛) 사람의 엉덩이(尸)에서 살점을 도려내는 피하고 싶은 극형의 모습이 담겨있고, 尉의 갑골문자를 보면 불(火)위에 돌(二)을 놓아 엉덩이를 찜질하는 온돌찜질 치료법이 표현되어 있다.

◇ 央은 사람(人)의 머리에 형틀(臼)을 씌워 꼼짝 못하게 하는 형벌을 받고 있는 모습이다.

한자에는 노예의 맡은 역할도 자세하게 표현되어 있다.

◇ 光은 불(火)이 든 등잔을 머리에 이고 앉아 있는 노예이다.

◇ 亢은 사람(大)의 아래로 가짜 다리를 붙여 키를 크게 높였으니 장대 놀이를 하는 광대를 표현한 것인지 의문이다.

◇ 重은 눈(目) 한쪽이 찔려(辛) 실명된 건장한 노예가 무거운 쟁기(東)를 지고 힘겨운 농사일(土)을 하는 모습으로 보여진다. (노예는 부족들의 전쟁에서 싸움에 패한 부족이나 죄인들을 부리는 것이다. 힘이 강한 남자들은 저항하거나 달아날 것을 방지하기 위해 눈을 찔러 실명을 시키거나 이마에 낙인을 찍는 묵형의 표시를 남긴다.)

※ 衝(찌를 충)이 흥미로운데, 衡(저울 형)과 비슷한 자형을 이루고 있다. 衡은 도로(行)에서 소를 몰고 갈 때, 소의 날카로운 뿔(角)을 저울 같은 도구를 이용하여 안전하게 고정시켜 놓은 모습이다.

☞ 그렇다면 重은 처음에는 무거운 손쟁기를 들고 밭을 갈고 있는 모습이었다가 점차 소를 맨 쟁기를 표현했을 것으로

추측이 된다.

◇ 動은 노예가 부지런히 힘써(力) 일하며 한시도 쉬지 못하고 부산히 움직이고 있는 모습이다.

◇ 種는 씨를 뿌려 '농사짓는다', 또는 씨앗은 무거운 것을 '추려 심어야 한다' 라는 뜻을 지니고 있다.

◇ 量은 가득 쌓아놓은 곡식(里)을 도량 도구를 이용하여 헤아리는(旦) 것을, 糧은 量의 뜻을 더욱 명확히 하기 위해 米(쌀)을 붙여 곡식을 헤아린다, 양식(먹거리)을 표현했다.

7. 중국 문자의 특성

1) 사물의 형태를 본떠 만들었다.

'중국 문자는 어떤 문자인가'라는 물음에 '象形文字(상형문자)' 라는 대답은 매우 자연스럽게 나온다. 상형문자는 사물의 形體를 본떠 만든 문자이다. 예컨대, 사람이 정면으로 서 있는 모양을 본떠 大자를 만들고, 눈의 모양을 그려 目자를, 봉우리가 솟아난 산의 형상을 본떠 山자를 만든 방법이다. 비록 중국 문자 모두가 상형으로 제작된 것은 아니지만, 象形字 이외의 文字도 거의 대부분 상형자를 바탕으로 만들어졌다.

예를 들면,

○ 지사자 : 亦은 상형자인 大에 점으로 겨드랑이를 나타낸 지사자이다.

○회의자 : 明은 상형자인 日과 月을 합친 회의자이다.
○형성자 : 江은 상형자인 水와 음으로 工을 합친 형성자이다.

이러한 현상으로 볼 때 象形文字는 중국 문자의 가장 두드러진 특징이라고 일컬을 수 있다.

2) 언어를 문자에 반영시켰다.

고대 사람들은 소리는 있고 언어가 없는 有聲無言(유성무언) 단계에서 나아가 서로의 생각과 감정을 교환할 수 있는 언어를 만들어냈다. 언어는 있으나 문자가 없는 有言無文(유언무문)시기에 시공을 초월해 의사를 전달하지 못하는 어려움을 해결하기 위한 문자의 제작은 불가피했다. 문자의 기능은 언어를 기록하는 것이다. 아무리 사물의 형체를 본떠 문자를 만든다고 하지만 象形字(상형자)를 끊임없이 만들어 낼 수는 없고, 상형 방법으로 만들어진 문자도 의미 파악이나 언어를 기록하는 기능은 있으나, 언어를 효과적으로 전달하지는 못하였다. 이에 의미를 나타내는 한 자(一字)와 음을 나타내주는 한 자(一 字)를 조합하여 언어를 기록하는 形聲(형성)방법을 창안해 내었다.

형성자는 급속도로 불어나는 언어의 기록을 위해 이미 쓰고 있던 引伸(인신)이나 假借(가차)의 기초 위에 생성되었다. 예를 들면, 중국인들은 별을 'xing'이라고 했는데 하늘에 떠 있는 뭇 별들의 모양을 본 떠 나타내었다. 그러나 이 형체는 '별'이라 쓰다가 오히려 '빛난다'는 뜻을 빌려 써 버렸다. 따라서 여기에 'xing'이라는 발음과 비슷한 生자를 결합하여 별을 나타내는 확실한 글자인 '星'을 만들어 낸 것이다.

이같이 언어를 문자에 반영한 형성자는 상형자의 미비점을 보완했고 중국 문자가 수천 년을 존속할 수 있게 해준 가장 강한 힘이 되었다.

3) 네 가지 성조(四聲)가 있다.

중국 문자에는 매 글자마다 1,2,3,4 성으로 일컬어지는 四聲이 있다. 晋代에 발견되었고 劉宋 말엽부터 일컬어졌으며, 전통적으로는 平聲, 上聲, 去聲, 入聲 이라고 하였다.

晋代 沈約은 『四聖普』를 저술했다. 沈約은 『四聖普』에서 四聲은 주옹(周顒)에서 기원되었고 중국어와 범어의 비교를 통해 얻어진 결과라고 하였다. 南齊 武帝 永明 七年(489)경에 공식적으로 四聲의 명칭이 공표되고 사회적 공인을 얻었다. 周顒 · 沈約은 四聲을 확립한 대표적인 인물이다.[2] 이러한 분류의 주요 근거는 음절의 高, 中, 低를 이용한 높낮이이다. 이들 성조(聲調)는 의미 변별에 큰 작용을 한다.

4) 끊임없이 변화 발전하고 있다.

최근 중국을 다녀온 사람들은 이구동성(異口同聲)으로 "중국에는 이상한 한자가 많더라"고들 한다. 지난 반세기 동안 중국에서 일어난 문자 개혁은 한자 문화권에 있는 사람들이 중국에 가서 많은 한자를 읽을 수 없을 만큼 크게 변화시켰다. 세계 여러 나라의 문자(文字) 중 중국의 문자(文字)처럼 많은 변화를 겪은 경우도 드물 것이다. 이는 중국 문자가 시대의 요구에 따라 끊임없이 변모

---

2) 胡奇光 著『中國小學史』, 上海人文出版社, 1987. p.140

하면서 생명을 이어왔다는 증거가 된다. 역사(歷史)가 확인된 최초의 국가인 상대(商代)에서부터 왕조가 바뀜에 따라 변하는 여러 여건에 순응하여 자형도 변화 발전하여 새로운 자체(字體)를 형성했다.

중국 문자는 商代 甲骨文, 周代의 金文에서 예서(隸書), 해서(楷書)를 거쳐 간화(簡化)에 이르기까지 각 시대의 요구에 부응하고 사회적 경향을 수용하며 6차례 변화를 겪었다. 특히 1949년 新中國[3] 에서는 중국 문자 발전과정의 자연적인 변화 규율에 반하는 개조로 간화자(簡化字)를 만들어 상형문자라는 전통개념을 완전히 이탈한 문자를 만들어냈다. 비록 문자의 점진적인 발전이라는 틀을 벗어나 인위적으로 簡化시켰지만, 획수가 많아 쓰기 어려운 글자들을 간략하게 줄여 쓰기 편하게 만들었다. 예를 들면, 다음과 같다.

* 鄕 → 乡
* 衛 → 卫
* 醫 → 医
* 羅 → 罗

이와 같이 부단한 변화 속에서 발전하는 것 역시 중국 문자가 갖는 특징이 아닐 수 없다.

---

3) 1912년 중화민국이 건립된 후 국민당과 공산당이 크게 대립했다. 1949년, 중화민국은 장개석의 지휘 아래 대만으로 이주했고, 모택동이 이끌던 공산당은 대륙에서 중화인민공화국을 건립했다. 중화인민공화국은 신중국이라고도 하며, 현재는 中國이라 칭한다.

8. 中國文字學의 정의[4)]

◇ 文字學이라는 명칭의 기원

문자학은 문자를 연구하는 학문이다. 중국문자학은 중국문자를 연구 대상으로 하여 문자의 형성배경과 구조를 분석하고 그 발전과정을 탐구하는 학문으로 세계 유일의 학문 영역이라고 할 수 있다. 문자학이라는 명칭은 1906년 章炳麟이 「論語言文字之學(언어 문자의 학문을 논함)」 이라는 글로부터 탄생했다. 그는 다음과 같이 주장했다.[5)]

☞ 許愼이 『說文解字』를 쓸 때 문자 풀이는 字形을 위주로 하고, 音韻 · 訓詁를 곁들였다. 이 3가지를 합친 것이 바로 '言語文字學' 이다. 이러한 학문영역의 명칭을 '小學' 이라 칭함은 옛것을 답습한 것으로 사실은 '言語文字之學'이라고 해야 옳다.

小學은 '文字之學'이어야 한다는 그의 주장에 이어 1912년 그의 제자 주종래와 전현동이 『文字學』 을 공저했고, 북경대학에서 나란히 문자학을 강의하면서 주종래가 『文字學形義篇』 을 쓰고 전현동이 『文字學音篇』 을 씀으로서, 이를 발양(發揚)시킨 계기가 되었다. 그 후 「文字學」 이라는 명칭이 학계의 공감을 얻어 보편적으로 쓰이게 되었다.[6)]

---

4) 양동숙 『그림으로 배우는 중국 문자학』, 중국학술총서 개정판, 차이나하우스, 2015. 재인용

5) 章炳麟 『國粹學報』2卷 12,13期, 1996.

6) 唐 蘭 『中國文字學』, 1939, p.4

1) 小學에서 文字學으로

문자학이라는 명칭이 있기 전, 문자에 관련한 학문을 小學이라고 하였다.

소학은 원래 商·周 시대 초등교육기관의 명칭이다. 商代의 문물제도를 이은 周代에는 궁전의 남쪽에 「小學」을 세워 귀족자제들이 여덟 살 정도가 되면 입학해 小禮를 가르쳤고 열 다섯 살 정도가 되면 「大學」에서 보내 大禮를 가르쳤다는 기록이 있다.

갑골문에는 이러한 고문헌의 기록을 증명이라도 하는 듯 「大學」이라는 교육기관이 있고 교육내용에 대한 전문기록은 아니지만, 대학에서 제사를 지내고 음악연주를 하며 군사훈련을 했던 내용이 언급되어 있다. 이 같은 교육기관의 명칭은 현재까지 이어져 중국에서는 초등학교를 小學이라 하고 고등교육기관은 大學이라고 칭한다.

대만의 경우 의무교육을 실시하는 초등학교는 國民小學으로 칭해 구별하고 있다. 周代에 小學에서 배웠던 교과 내용은 『周禮』에 기록되어 있다.

「여덟 살이 되면 小學에 입학하고 保氏는 六禮로 귀족의 자제를 가르친다.」[7)]

이를 근거로 볼 때 六禮는 禮, 樂, 射, 御, 書, 數 등 6항목인데, 마치 초등학교에서 가르치는 예절, 음악, 체조, 정치사회, 문자습득, 수리계산 등과 같은 초등교육 과목과 일치한다.

---

7) 『周禮』〔地官〕: 「保氏掌諫王惡, 而養國子以道, 乃教之之禮 : 一曰五禮, 二曰六樂, 三曰五射, 四曰五御, 五曰六書, 六曰九數.」

그 중 다섯 번째의 書는 바로 「六書」 이며, 이는 문자를 깨우치게 하는 과목이다. 漢代학자들은 「六書」 를 문자제작의 기본 이론으로 정립했고, 이들 문자를 연구하는 학문을 「小學」 이라고 칭했다. 문자를 가르치던 교육기관 명칭을 학문 명칭으로 삼은 것이다.

전한 말 대학자 劉歆(유흠)은 부친인 劉向(유향)을 계승하여 왕실도서관의 도서를 정리하고 「七略」 을 저술하면서 도서를 六藝, 諸子, 詩賦, 兵書, 數術, 方技 등 6항목으로 대별하였다. 그 중 「六藝」 는 다시 易, 書, 詩, 禮, 樂, 春秋, 論語, 孝經, 小學 등 9종으로 분류하였다. 후한의 역사학자 班固(반고)는 漢代의 역사서인 『漢書』 를 저술할 때, 古書(고서)의 총목록이라고 할 수 있는 「藝文志」 는 「七略」 을 토대로 했기 때문에 「藝文志」 에서 그 대략을 엿볼 수 있다. 「藝文志」 의 小學 항목에는 고대에서 전한까지의 문자 학자 10家 14종 45편의 문자학 관계 저서가 귀속되어 있어 小學이라는 명칭은 文字學이라는 새로운 용어가 탄생된 清末까지 이어졌다.

2) 文字學에서 漢字學으로

1912년 '文字學' 이라는 명칭이 출현하던 시기는 서양 학문이 동양으로 전래한 소위 西學東漸 시기로 논리정연한 서양 학문이 중국의 전통 학문에 크게 영향을 미치던 때였고, 정치적으로는 신해혁명의 성공으로 淸이 망하고 中華民國(1912)이 건국된 때였다.

중화민국은 청나라가 그동안 「官話」 라고 일컬었던 표준어의 명칭을 「國語」[8](1909)라는 새로운 용어로 전환시켰다. 小學이라

8) 종래에 중국경내의 중국인들은 자국의 언어를「중국어」라고 칭해왔고, 표준어를「國語」라고 하였다. 한편 在外國의 화교는 모국의 언어를「華語」라고 칭한다.

는 명칭은 文字學으로 바뀌어 40여 년 동안 중국의 각 대학 중문과에서 中國文字學이라는 학문영역으로 많은 연구를 하여왔다. 1950년 중국은 대만과 대륙으로 양분되어 대만에서는 中華民國이 계승되고 大陸에서는 中華人民共和國, 소위 新中國이 건립되어 사실상 두 개의 중국으로 공존했다.

중화민국 정부는 대만에 정착하면서, 양분되기 전에 사용했던 중국어 표기법인 注音字母(1918)를 계속 사용하며 표준어의 공식 명칭을 여전히 「國語」로 칭하고 國語를 기록하는 문자는 「國字」라고 일컬으며 國語統一運動을 적극 추진해 나아갔다.

한편 거대한 영토를 점령한 신중국 정부는 통치이념이나 정책 수행의 요구에 맞춘 장기 계획의 일환으로 문자개혁을 단행하였고, 國語라고 했던 표준어의 명칭을 '普通話'로 전환시켰다. 또한 이를 기록하는 문자부호를 '漢字'로, 언어는 '漢語'로 명칭을 달리 규정하면서 주음부호 대신 「漢語拼音母」(1956) 를 제작해 보급시켰다.

「漢族의 文字」라는 개념의 漢字는 그동안 중국인들에게는 자국 문자에 대한 명칭으로는 그리 익숙한 말은 아니었다. 漢나라 사람들은 오랑캐라고 여기던 胡族(호족)들과의 구분을 위해 스스로를 漢族으로 부각시켰으나, 여전히 文字라는 명칭이 널리 쓰였다. 漢代에 본격적으로 한자가 유입된 한국이나 일본에서는 중국 문자를 일컫는 명칭으로 漢字는 더욱 자리를 굳혔다.

新中國의 50여년 간 국가적 차원에서 추진한 언어의 통일로 표준어인 普通話, 즉 漢語가 널리 보급되었다. 진시황제가 천하를 통일하고 단행했던 문자통일에 견줄만하게 중국의 언어통일을 이룬 것이다.

중국인들은 그 동안 자신들의 문자를 「國字」·「文字」 또는 「中國文字」라 하였고 중국의 각 대학에서 문자를 연구하는 학문 명칭은 「文字學」 혹은 「中國文字學」 이라고 칭했다.

신중국에 이르러 중국 문자를 漢字라고 칭하면서 중국의 문자를 전문적으로 연구하는 학문도 자연스럽게 「漢字學」 으로 전환되어 갔다.

文字學을 漢字學으로 개칭한 근거는 「中國文字學」 이라고도 칭했던 文字學의 연구범위가 중국 내에 있는 55개 소수민족의 문자들[9]까지 연구 대상으로 삼은 것이 아니라, 단지 漢族의 문자인 「漢字」 의 내용을 연구 대상으로 삼고 있다는 데 두었다.

다시 말하면, 중국인의 절대다수가 漢族이기 때문에 그들이 사용하는 언어를 漢語로, 漢語를 기록하는 漢字로 용어의 개념을 다시 정의하였고 이에 따라 漢字를 연구하는 학문은 자연히 「漢字學」 으로 명칭이 바뀐 것이다. 文字學이나 漢字學이나 시대의 약정속성(約定屬性)에 따른 용어의 차이라고 할 수 있으며 개념적으로 문자학(文字學)은 한자학(漢字學)에 비해 범위가 넓으나 본질적인 차이는 없다고 할 수 있다.

---

9) 중국에는 漢字 이외에도 滿文, 藏文, 蒙古文, 納西文, 苗文 등 수십 종의 소수민족의 문자가 있는데, 중국 문자라고 하면 당연히 이들도 포함해야 한다는 견해도 있다.

< 광의의 文字學과 협의의 文字學 >

中國文字

形 --- 字形 --- 文字學

(협의의 문자학)

音 --- 字音 --- 音韻學

義 --- 字義 --- 訓詁學

(광의의 문자학)

北宋이후 小學은 文字 · 音韻 · 訓詁 가 포함된 광범위한 문자 연구를 다루었다고 할 수 있다. 이처럼 形, 音, 義를 내포한 넓은 의미의 문자 연구는 광의의 문자학이다.

현대 학문 발전의 도상에서 학문이 세분화되어 더욱 과학적으로 연구되어야 하는 필요에 의해 문자의 연구도 文字學 · 音韻學 · 訓詁學 으로 나뉘어 연구됨에 따라 文字學은 字形만을 위주로 하는 협의의 文字學으로 다루어졌다. 본 과정에서는 협의의 문자학을 범위로 한다.

현대 중국은 中國語를 漢語로, 中國文字를 漢字로, 文字學을 漢字學으로 바꾸어 칭하고 있어 최근에 출판된 문자학 논저들은 눈에 띄게 書名을 漢字學으로 바뀌는 추세에 있다 [10)]

10) 藏善國『漢字學』, 上海教育出版社, 1987.
裘錫圭『文字學概要』, 商務出版社, 1988.
王風陽『漢字學』, 吉林文史出版社, 1989.

그 중 상해 복단대학교 裘錫圭 교수의 『文字學概要』는 서명 확정에 흥미 있는 일화가 있다. 저자는 내심 『漢字學概要』라고 의도하고 서명의 題字를 언어학자인 朱德熙 선생에게 청탁했다. 그러나 朱德熙 선생은 본인에게 익숙한 文字學이라는 용어를 택해 「文字學概要」 라고 써버렸다는 것이다.[11] 이는 文字學에서 漢字學 시대로의 전환점에서 노교수들이 文字學이라는 용어에 대한 애정과 미련을 떨치기가 쉽지 않았음을 말해준다.

엄밀히 말하면, 漢語는 中國語이며 漢字는 中國文字이지만 다만 言語나 文字는 그것을 사용하는 사람들의 約定俗成으로 이루어지는 문화 현상이기 때문에 현시점에서 중국인 자신들의 대표언어, 문자를 漢語·漢字라고 하며 文字學을 漢字學이라고 칭하는 것을 탓할 수는 없다.

다만 한국 내 대학교의 중어중문학과 교과과정에는 중국의 언어와 문자에 대한 호칭은 '中國語', '中國文字'이다. 이는 외국인의 입장에서 중국의 언어인 'Chinese'를 지칭한 타당한 명칭이라 할 수 있다.

11) 이 일화는 裘錫圭 교수의 제자인 상해 복단대 沈培 교수가 들려준 내용이다.

9. 中國文字의 變遷[12]

◇ 甲骨文이란 무엇인가?

甲骨文字는 지금부터 3천여 년 전 商代 후기 商 왕실이나 商代 귀족집단의 형식을 갖춘 중국 최초의 文字이다. 商王의 占卜내용을 기록한 甲骨文字는 商周시대가 남긴 진귀한 유물 중의 하나이며 고대 인류 문화의 정수라고 하겠다. 미신을 숭배했던 商代인들은 국가의 대소사나 일상의 작은 일도 龜甲(귀갑)·獸骨(수골)을 이용해 길흉을 점쳤고, 점을 친 후에는 卜辭(복사)나 占卜(점복)과 관련된 여러 가지 내용을 甲骨에 새겨 두었다. 이것이 바로 「甲骨文字」이고 「甲骨文」으로 약칭된다.

1) 王懿榮(왕의영)에 의한 최초의 발견

甲骨文字는 1899(을해년) 당시 북경의 국립대학 총장격인 국자감 제주였던 王懿榮(왕의영)에 의해 발견되었다.

1899년, 산동의 골동상 范維卿은 문자가 있는 甲骨 12판을 가지고 북경에 있는 왕의영을 찾았다. 金石學의 대가이며 골동품 수집과 감정에 뛰어난 왕의영은 뼈들을 세심하게 관찰한 뒤, 이는 商代의 古物이며 甲骨 위의 문자가 자신이 연구해 왔던 고기물상의 문자보다 훨씬 이르다고 판단하여 商代의 文字인 것을 인식했고 이어 12판을 후한 값에 구입했다.[13]

이보다 앞서서 왕의영은 중병이나 한약방에서 약을 조제하여

---

12) 양동숙 『그림으로 배우는 중국 문자학』, 중국학술총서 개정판, 차이나하우스, 2015. 재인용

13) 劉　鶚『鐵云藏龜 · 序』

먹었는데 그 속에서 용골을 발견하였다. 왕의영은 한약방에 연락해 용골의 납품자를 연결해 줄 것을 당부하였던 바, 골동상을 만나게 된 것이다.[14)]

다음 해인 庚子년 왕의영은 또 범유경을 비롯한 골동상으로부터 수 천편의 甲骨을 구입하기 시작하면서 甲骨文은 세상에 알려지게 되었고 甲骨學의 막이 오르게 되었다.[15)]

2) 甲骨文의 편수

지금까지 발견된 갑골편은 대략 15-6만편 이라고 추산한 지가 꽤 오래되었다.

갑골문이 발견되고 4년 후에 나온 『鐵雲藏龜』에서는 1,058편을 수록하였고, 1952년에 胡厚宣이 『五十年甲骨學論著目』에서 갑골문은 도합 161,989편으로 통계하였다.[16)] 그러나 이와 같은 숫자는 어림수까지를 포함한 것으로 과장된 수치라는 의견도 없지 않았다.[17)] 1984년 胡厚宣은 중국 내 및 홍콩 · 대만에서 소장하고 있는 갑골은 127,904편이고 일본 · 캐나다 · 미국 등 12개 국가에서 26,700편을 소장하고 있다고 통계하고 총 154,604편으로 재통계하였다.[18)] 그 후로도 중국 내에서 갑골편은 지속적으로 출토되어 갑골편의 총수는 16만 편에 육박한다.

---

14) 呂偉達『王懿榮集』, 齊魯書局, p.577.
陳重遠『文物話春秋』「孫秋風與甲骨文發見」
15) 王崇煥『王文敏公年譜』, 廣文書局, 1938.
王崇煥「古董錄」『河北第一博物院書報』, 제 50기, 1939.
16) 胡厚宣『五十年甲骨文發見的總結』, p.55
17) 董作賓『甲骨學六十年』, p.200, 1963년
18) 胡厚宣「八十五年來甲骨文材料之再統計」『史學周刊』, 제5기. pp.15~23, 1984.

3) 甲骨文이란 명칭의 출현

甲骨文이란 명칭은 1921년 陸懋德이 「甲骨文字의 歷史와 그 價值」 라는 글을 쓰면서부터 시작된다.[19)]

(1) 재료명을 따 龜, 龜甲, 龜甲文, 龜甲文字라고 칭한 경우.

(2) 새긴 것이어서 契, 契文, 甲骨刻辭라 칭한 경우.

그 이전 소장가들은 자기들이 수집한 자료나 인식의 범위 내에서 나름대로 호칭했고 그들이 펴낸 저서는 갖가지 명칭이 부여되었다.[20)]

(3) 점을 친다는 뜻에서 卜辭, 貞卜文字, 殷墟卜辭라고 칭한 경우.

(4) 출토된 지역의 이름을 따 殷墟, 殷墟書契로도 칭한 경우.

(5) 甲骨文 혹은 甲骨文字라고 칭한 경우.

甲骨文이라는 명칭이 널리 사용된 것은 甲骨文 연구에 큰 영향을 준 명저들에게서 힘을 얻었다고 할 수 있다. 1933년 董作賓(동작빈)은 甲骨文 연구에 획기적인 공헌을 한 『甲骨文斷代硏究例』를 펴냄으로써 甲骨文이 보편적인 명칭으로 호응을 얻었고, 갑골학의 대가 胡厚宣(호후선)은 "지금까지 어떤 명칭도 甲骨文이나 甲骨文字보다 적합한 명칭은 없다"[21)]고 말하였다. 1982년 그동안 발굴된 甲骨片을 집대성한 저서가 『甲骨文合集』으로 명명됨으로 그 합리성이 검증되었다.

---

19) 『晨報副刊』, 北京, 1921.
20) 董作賓 『甲骨學六十年』, p.2
21) 胡厚宣 『五十年甲骨文發見的總結』, 商教印書館, 1951. p.9

Ⅱ 한자의 造字 원리와 基礎

1. 漢字의 基源

한자가 언제쯤 생겨났는가 하는 것은 중국 사회가 언제부터 문명의 단계로 진입했는가 하는 표지가 되기 때문에 매우 중요하다.

중국에는 한자의 기원에 관한 재미있는 전설이 하나 전해 온다.

약 4천여 년 전 황제(黃帝)의 사관(史官)이었던 "창힐"이라는 사람이 한자를 만들었다는 이야기이다. 창힐은 보통 사람보다 매우 특이했던 것으로 묘사되어 있다. 그는 용의 얼굴에 커다란 입을 가졌으며 번쩍번쩍 빛나는 눈이 4개나 달렸었기 때문에 무엇보다도 사물을 정확하게 볼 수 있었다고 한다.

그는 하늘의 달이 시시각각으로 차고 이지러지는 모습과 땅 위의 새와 동물의 발자국이 각기 서로 다른 것을 보고서 한자를 고안했으며, 창힐이 글자를 만들자 하늘에서는 오곡이 비 오듯 내렸고 귀신은 놀라 밤새도록 울었다고 한다.

– ([회남자(淮南子)] / 본훈경(本訓經))

『說文解字』 序文의 다음과 같은 언급은 한자의 발생과 관련하여 매우 의미가 있다. 허신(許愼)은 창힐이 창제한 서계(書契)에 의거하여 문(文)의 정의, 문(文)과 자(字)의 관계를 다음과 같이 설명한다.

창힐이 처음 서계를 만들 때, 사물의 부류에 의거해 그 형체를 본떴는데, 그 때문에 그것을 '문(文)'이라 했다. 그 후 의미부(形符)와 소리부(聲符)가 서로 더해지게 되었는데, 이러한 것을 '자(字)'라고 했다. '문(文)' 이라는 것은 사물형상(이미지)의 근본이며, '자(字)'라는 것은 파생되어 점차 많아지게 되는 것을 말한다. – 說文解字 [序] 중에서 –

☞ 한자는 적어도 발생 시기에는 말과 관계없이 출발하여, 처음에는 문자가 담아야 할 주요 대상인 의미만을 담았으나, 언어생활의 주요 도구로 자리하면서 말의 속성과 결합하여 문자가 담아야 할 또 다른 중요 요소인 '소리'까지 담게 되었는데, 이것이 『說文解字』에서 말한 '자(字)'요, 現代 漢字에서 가장 많은 수를 차지하는 형성(形聲)구조이다.

2. 漢字의 變遷과 發展

언어와 문자는 한 민족의 문화를 대표하는 것이다.

한자는 중국인들이 자신들의 언어, 즉 중국어를 기록한 문자이다.

한자 기원에 대한 기록은 중국 고대 문헌에 많이 보이고 있다. 예를 들어, "팔괘(八卦)기원설", "결승(結繩)기원설", "창힐 창조설" 등이다.

1) 갑골문 (甲骨文)

갑골이란 귀갑(龜甲)의 갑(甲)과 우골(牛骨)의 골(骨)이 합쳐진 어휘이다.

갑골문은 청대(淸代)말기에 오늘날의 중국 하남성(河南省) 안양(安陽) 소둔촌(小屯村)에서 출토되기 시작하였다. 따라서 갑골문은 이미 3000여 년의 역사를 지니고 있다.

대략적인 통계에 의하면, 현재까지 발견된 갑골은 약 16만 편에 달하며, 갑골에 실린 문자는 약 5000여 자이나, 그 중 해독이 가능한 글자 수는 삼분의 일 정도이다.

2) 금문(金文)

은주(殷周)시대부터 진한(秦漢)시대까지 각종 청동기(靑銅器)상에 주조(鑄造)하거나 새겨 넣은 문자를 지칭한다.

"金"은 원래 중국고대에서 각종 금속을 지칭하는 대명사로 사용되었으며, 왕실과 귀족들이 사용한 생활용기와 제기(製器)등은 대부분 청동으로 주조되었다.

이런 청동은 당시에 귀한 재질이었기에 "길금(吉金)"이라고 불리었고, 따라서 이런 청동기에 주조하거나 새겨 넣은 글자를 "吉金文字" 혹은 약칭으로 "金文"이라고 칭했다.

또한 이런 청동기의 대표적인 기물이 "鐘(종 종)"과 "鼎(솥 정)"이기에 "종정문(鐘鼎文)"이라고도 칭한다.

3) 전국문자(戰國文字)

"전국(戰國)문자"란 중국 역사에서 전국시대(戰國時代)에 사용되었던 문자를 지칭한다.

"갑골문"과 "금문"은 글자를 주조하거나 새기는데 사용된 재질에 초점을 두어 명명(命名)한데 반해, "전국문자"는 전국시대에 사용되었던 각종 문자 형태를 지칭한다.

중국 역사 속에서 전국시대는 주(周)왕실의 붕괴에 따른 제후국(諸侯國)들의 독립으로, 각자의 지방문화가 번창한 시기였다. 따라서 문자 역시 각 나라마다 자국의 독특한 특색을 지니게 되었고, 왕실과 귀족의 전유물이었던 문자가 일반 서민에까지 보급되어 다양한 형태의 문자가 나타나게 되었다.

전국시대에는 금문(金文)뿐만 아니라, "죽간(竹簡)", "백서(帛書)", "새인(璽印)", "화폐(貨幣)" 등 다양한 재질에 쓰여진 문자가 보인다.

4) 소전(小篆)

진시황(秦始皇)의 전국(戰國)통일로 인해 전국시대의 모든 문화와 문물이 인위적으로 통일되었다. 문자 역시 진시황의 문자통일(文字統一) 정책에 의해 진(秦)나라의 문자로 통일이 된다.

소전(小篆)이란 대전(大篆)에 상대된 용어로, 진나라가 전국(戰國)을 통일한 후에, 원래 자국(自國)이 사용하였던 대전을 근거로 정리한 것이다.

소전의 특징은 갑골문, 금문, 전국 문자에 비하면 도화(圖畵)의 색채를 탈피하게 되고, 문자의 결구(結構)를 정형(定型)화하여 편방의 위치와 형체가 고정되었다.

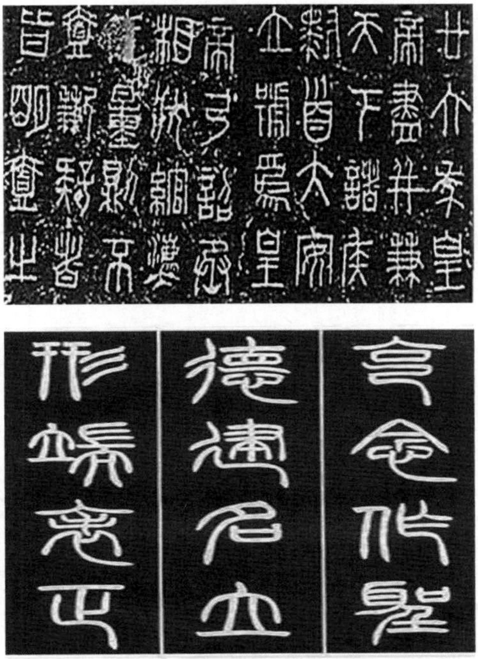

5) 예서(隸書)

진나라의 소전(小篆)은 갑골문(甲骨文)이나 금문(金文)에 비해 정형화(定型化)된 문자이나, 아직도 문자 자체로 보면 획이 둥글고 회화적 성분을 많이 내포하고 있다.

따라서 곡선의 자형으로부터 완전히 벗어나 직선의 부호적 성격을 지닌 서체로 발전하게 되는데 이것이 바로 隸書이다.

오늘날 한자가 직선의 획이 주종을 이루며 정사각형의 형태로 자리잡은 것은 바로 이 예서에서 형성된 것이다.

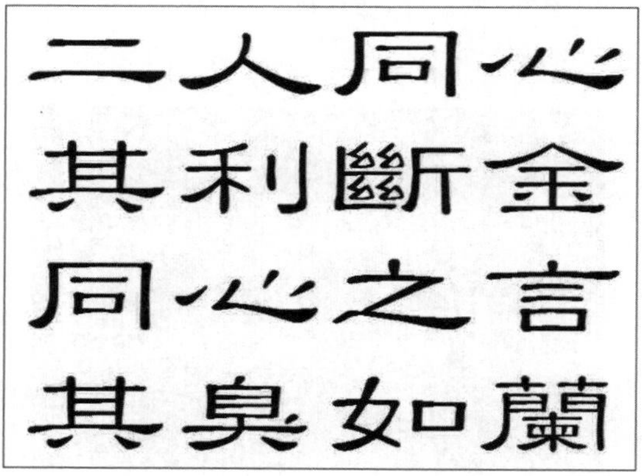

6) 해서(楷書)

해서는 서한(西漢)말기에 형성되기 시작하여, 위진(魏晉) 이후로 유행하여 오늘날에 이르기까지 줄곧 한자의 표준 자체(字體)가 되었다.

해서의 구조는 예서와 기본적으로 같지만, 예서의 삐침을 생략한 단정한 서체이다.

7) 초서(草書)

초서는 장초(章草), 금초(今草), 광초(狂草)로 나눌 수 있다.

초서는 예서(隸書)나 해서(楷書)의 규격성과 복잡함을 해소하기 위해 글자의 윤곽이나 일부분만으로 표현하면서 전체적으로 획을 연결해서 신속하게 쓸 수 있는 서체이다.

예서(隸書)가 한창 번성하던 한대(漢代)에 등장했던 장초(章草)에서 동진(東晉)시대의 금초(今草)와 당(唐)나라 때의 광초(狂草)까지 다양하게 발전을 하지만, 알아보기 힘들 정도로 변하여 실용성이 많이 결여되는 서체이다.

8) 행서(行書)

일반적으로 행서(行書)는 해서(楷書)와 초서(草書)의 중간형태로, 초서(草書)의 지나친 흘림과 생략을 보완한 서체이다.

필획이 연결되어 있지만 각 글자가 독립적으로 구성되어있어

草書에 비해 실용성이 많이 제고된 서체이다.

후한(後漢)말기부터 시작되어 진(晉)의 왕희지(王羲之)가 등장하면서 확고한 틀이 완성되었다.

3. 漢字의 基礎 – 육서(六書)

한자가 만들어진 원칙으로 육서(六書)를 이해하면 한자를 익히는데 큰 도움이 된다.

1) **상형(象形)** : 눈에 보이는 사물의 모습(形)을 본떠서(象) 만든 그림과 같은 글자.

예) 山 (높고 낮은 산의 모습을 본떠서 '산 산')

○『說文解字』: "象形者, 畵成其物, 隨體詰詘, 日, 月是也."

○ "상형자" 는 구체적인 사물을 표현하고자 할 때 사용했던 방식으로 사물의 외관(外觀)을 본뜬 글자이다.

예를 들어 :

止 (발지) ; 사람의 "발" 모양을 본뜬 글자이다.

大 (큰 대) ; "양팔과 다리를 벌리고 서있는 성인의 모습"을 본뜬 글자이다.

2) **지사(指事)** : 눈에 안 보이는 개념이나 일(事)을 점이나 선으로 나타낸(指) 부호와 같은 글자.

예) 上 (기준선 위를 가리켜서 '위 상, 오를 상')

○『說文解字』: "指事者, 視而可識, 察而見意, 上, 下是也."

○ "지사자" 는 구체적으로 묘사할 수 없는 추상적인 의미를 표현할 경우 사용했던 방식으로 지시성(指示性) 부호나 획을 추가하여 만든 글자이다.

예를 들어 :

本 (근본 본) : "뿌리"를 나타내기 위해 나무뿌리 위치에 부호 "." 혹은 "一"를 첨가했다.

末 (끝 말) : "끝" 이라는 의미를 나타내기 위해 나무줄기의 끝 부분에 부호 " . " 혹은 "一"를 첨가했다.

3) **회의(會意)** : 이미 만들어진 둘 이상의 글자가 뜻(意)으로 모여(會) 이루어진 글자.

예) 日 + 月 = 明 [해(日)와 달(月)이 같이 뜬 것처럼 밝으니 '밝을 명']

○『說文解字』: "會意者, 比類合誼, 以見指撝, 武, 信是也."

○ "회의자" 는 복잡한 사물이나 상황을 표현하기 위해 기존의 문자를 두 개 이상 조합하는 방식으로 만들어진 글자들이다.

예를 들어 :

卽 (곧 즉) : "밥 그릇 앞에 앉아있는 사람의 모양"을 본뜬 글자로 식사를 하려고 하는 상황을 묘사한 글자이다.

旣 (이미 기) : "卽"字와 다른 것이 있다면 사람의 입 방향이 밥 그릇의 반대쪽을 향하고 있다. 즉 이미 식사를 마친 상황을 묘사한 글자이다.

4) **형성(形聲)** : 이미 만들어진 둘 이상의 글자가 일부는 뜻(形)의 역할로, 일부는 음(聲)의 역할로 이루어진 글자.

예) 言 + 靑 = 請 [말씀 언(言)은 뜻을, 푸를 청(靑)은 음을 나타내어 '청할 청']

○ 『說文解字』 : "形聲者, 以事爲名, 取譬相成, 江, 河是也."

○ "형성자" 는 의미요소와 발음요소가 합성되어 만들어진 글자이다.

예를 들어 :

齒 (이빨 치) : 사람의 "앞니"를 본뜬 글자이다. 후에 발음요소 "止"를 추가하였다.

聞 (들을 문) : "귀를 기울여 듣는 모습"을 본뜬 글자이다. 후에 발음요소인 "門"을 첨가시키고, 의미요소인 "耳"를 첨가시켜 "聞"字를 만들었다.

5) **전주(轉注)** : 이미 있는 글자의 뜻을 유추, 확대하여 다른 뜻으로 굴리고(轉) 끌어내어(注) 쓰는 글자. 한 글자에 둘 이상의 뜻이 있는 것은 전주 때문.

예) 日(해의 둥근 모양과 흑점을 본떠서 '해 일'인데, 해가

뜨고 짐으로써 날을 구분하니 '날 일' 이란 뜻이 붙음)

○ 『說文解字』 : "轉注者, 建類一首, 同意相受, 考, 老是也."

○ "전주자"는 학계에서 아직 정확한 정의를 내리지 못한 상태이다. 크게 다음의 세 가지 의견으로 요약할 수 있다.

① 첫째는 같은 부수의 의미가 비슷한 글자들을 지칭한다.

예를 들어 : "老", "考" 는 모두 "老"를 부수로 두고 있으며, "늙다"라는 의미로 사용된다.

② 둘째는 의미가 같은 글자들을 지칭한다.

예를 들어 : "始", "元", "初", "基" 등은 모두 "시작", "처음" 이라는 공통된 뜻을 지니고 있다.

③ 셋째는 음(音)이 근접하고 의미가 같은 글자들을 지칭한다.

예를 들어 : "士" 와 "事", "亡" 과 "無"

6) **가차(假借)** : 비슷한 음의 글자를 임시로(假) 빌려(借) 쓰는 글자로, 외래어 표기에 사용됨.

예) 아세아(亞細亞) (Asia와 음이 비슷한 글자를 빌려 씀)

○ 『說文解字』 : "假借者, 本無其字, 依聲託事, 令, 長是也."

○ "가차자" 는 뜻과는 상관없이 발음이 같거나 비슷한 글자를 빌려쓰는 경우를 지칭한다.

예를 들어 :

"莫"자는 원래 "해가 질 무렵", 즉 "저녁" 이라는 뜻으로 사용되었다. 그러나 "아니다" 라는 부정사 어휘의 글자를 만들기 어려워, 발음이 유사한 "莫"자를 빌려 사용했다. 후에 "莫"자는 부정사 용법으로 널리 쓰이자, "日"자를 추가하여 "暮"자를 새로이 만들어 "저녁"이라는 원래의 의미를 되살렸다.

이상, "육서" 중 "상형", "지사", "회의", "형성" 은 새로운 글자를 만드는 "조자(造字)" 의 원리라 할 수 있고, "전주", "가차" 는 기존의 문자를 활용하는 "용자(用字)" 의 원리라 할 수 있다.

4. 漢字의 部首

한자의 부수는 총 214개이다. 214개의 부수를 기초로 모든 한자를 분류하였고, 이를 다시 劃數(획수)의 차례에 따라 배열한 다음, 그 음과 뜻을 밝힌 것이 字典(자전)이다.

1) 부수의 분류

부수는 그것이 놓이는 위치에 따라 다음과 같이 분류한다.

(1) 글자의 왼쪽에 있는 부수를 변(邊)이라 한다.

예) 他 (사람인 변), 法 (물 수 변)

(2) 글자의 오른쪽에 있는 부수를 방(傍, 旁)이라 한다.

예) 別 (칼도 방)

(3) 부수가 위에 있을 때는 머리 또는 두(頭)라 한다.

예) 草 (풀 초 머리)

(4) 부수가 글자의 아래에 있을 때는 받침이라 한다.

예) 道 (길도 받침)

(5) 부수가 글자의 밖에서 글자를 싸고 있을 때는 몸 또는 에운담이라고 한다.

예) 國 (나라 국 에운담)

(6) 부수가 독립된 글자로도 쓰이는 것을 제부수라고 한다.

예) 月(달월 제부수)

2) 부수의 변형

한자 가운데 부수가 독립으로 쓰일 때와 글자의 일부분으로 쓰일 때 글자모형이 다른 경우가 많다. 이것은 부수가 글자에 포함될 때 변형되기 때문이다.

▷ 변형된 부수의 예는 다음과 같다.

人 (사람 인) ⇒ 他 (남 타), 信 (믿을 신)

刀 (칼 도) ⇒ 別 (다를 별), 到 (이를 도)

川 (내 천) ⇒ 州 (고을 주), 巡 (돌 순)

手 (손 수) ⇒ 技 (재주 기), 拒 (막을 거)

心 (마음 심) ⇒ 快 (쾌할 쾌), 悟 (깨달을 오)

水 (물 수) ⇒ 法 (법 법), 波 (물결 파)

艸 (풀 초) ⇒ 花 (꽃 화), 苔 (이끼 태)

火 (불 화) ⇒ 無 (없을 무), 然 (그럴 연)

辵 (책받침) ⇒ 近 (가까울 근), 道 (길 도)

5. 漢字의 筆順

한자의 필순은 대단히 중요한 문제이다. 이는 한자의 검색과도 밀접한 관련이 있을 뿐 아니라, 현대에 들어 중요한 문제로 등장한 한자의 정보 처리와도 긴밀히 연관되어 있기 때문에 정확한 통일이 요구되는 부분이다.

현재 일반적으로 통용되고 있는 한자 필획의 원칙을 살펴보면, 다음과 같다.

1) 가로획을 먼저, 세로획은 나중에 쓴다.
   예) 十, 干
2) 왼쪽 삐침을 먼저, 오른쪽 삐침을 나중에 쓴다.
   예) 人, 木
3) 위로부터 아래쪽의 순서로 쓴다.
   예) 三, 合
4) 왼쪽부터 오른쪽으로 쓴다.
   예) 川, 州
5) 바깥쪽으로부터 안쪽으로 쓴다.
   예) 月, 向
6) 바깥을 둘러 싼 부분을 먼저, 마지막으로 터진 입구를 닫는다.
   예) 日, 國
7) 대칭일 경우에는 중간을 먼저, 양쪽을 나중에 쓴다.
   예) 小, 水
8) 위쪽과 왼쪽, 아래 부분이 둘러싸인 구조의 경우, 윗 쪽을 먼저, 안쪽을 그 다음, 왼쪽과 아래 부분을 마지막으로 쓴다.
   예) 區, 臣
9) 왼쪽과 아래 쪽, 오른쪽이 둘러 싸여 있는 경우, 안쪽을 먼저, 왼쪽과 아랫부분을 그 다음으로, 오른쪽을 마지막으로 쓴다.
   예) 凶, 幽

10) 왼쪽과 아랫부분이 둘러싸인 경우, 오른쪽 부분을 먼저 쓴 뒤 나머지를 쓰고, 나머지 부분으로 구성되어 있을 경우에는 왼쪽을 먼저 쓰고 오른쪽 부분을 다음에 쓴다.

예) 進, 建, 趙, 題

Ⅲ 人類를 품은 한자

1. 甲骨文과 金文을 통하여 본 漢字 [22)]

1) 貴 [귀하다 귀] 

○ 貴는 갑골문에서 두 손과 광주리와 흙(土)을 그려 흙 속에서 뭔가를 파거나 건져내는 모습을 그렸다. 광주리는 종종 생략되기도 했으며, 이후 흙(土) 대신 조개(貝·패)가 들어가 지금처럼 변했다. 복잡한 자형의 변화만큼 貴에는 여러 가지 뜻이 함께 들어있었다. 갑골의 자형에 의하면 '흙 속에서 어떤 것을 파내다' 가 貴의 기본적인 뜻으로 추정된다.

○ 고대 문명은 큰 강을 중심으로 이루어져서 흙이나 갯벌에서 파내는 것들은 고대인들의 주요 먹거리인 동시에 생필품을 조달하는데 반드시 필요한 것들이었다. 따라서 흙이나 갯벌에서 파낸 것들은 조개(貝)와 마찬가지로 아주 귀한 것들이었다. 그래서 貴하다. 가격이 높다는 뜻이 생겼다. 그리고 여기서 확장되어 '파내어 다른 곳으로 옮기다'나 파낸 곳이 '무너지다'는 의미도 함께 생겼다. 또 조개 등을 건져내는 광주리에 주목하여 그 도구인 삼태기도 지칭

22) 甲骨文과 金文에서 풀 수 없는 자형들은 『說文解字』를 참조.
河永三『 한자야, 미안해 "너무 재밌어서"』, 랜덤하우스, 2007. 재인용

했다.
○ 이렇게 여러 뜻을 가지 貴는 이후 새로운 의미부를 더하여 각각의 새 글자로 태어났다. '귀하다'는 뜻은 가장 중심된 의미였기에 그대로 남았지만, '다른 곳으로 옮기다'는 뜻을 나타낼 때에는 책받침 부수를 더하여 遺로 분화했다. '무너지다'는 뜻을 나타낼 때에는 阜(언덕 부)를 더하여 隤(무너질 퇴)나 水를 더하여 潰(무너질 궤)로, 삼태기를 나타낼 때에는 竹을 더하여 簣(삼태기 궤)등으로 분화했다.

+ 貴 (귀하다 귀) : 이 자형을 갑골문에서 살펴보면, 흙 속에서 무언가를 열심히 찾아내고 보니 조개였다. 그 당시 조개는 물물교환의 수단으로서, 화폐의 가치가 있었다. 중국어에서 '비싸다'란 의미로 많이 쓰이는데, '귀하다' 에서 '비싸다'로 뜻이 확장된 것임을 알 수 있다. 우리는 이 세상에 단 한 명밖에 존재하지 않는 귀한 존재이다. 우리 안에 숨어있는 진정한 가치를 보물을 캐듯 찾아내어, 노력하고 아름답게 개발시켜 나갈 때 그 가치가 더욱 빛날 것이다.

2) 夏 [여름 하] 

○ 夏는 금문에서 크게 키워 그린 얼굴에 두 팔과 발이 그려진 사람의 모습을 했다.
○ 크게 그려진 얼굴은 古代 漢字에서 일반적으로 분장을 한 제사장의 모습이며, 두 팔과 발은 율동적인 동작을 의미한다. 그래서 夏는 춤추는 제사장의 모습이며, 그것은 祈雨祭를 위한 춤이었다.

그래서 '춤'이 夏의 원래의 뜻이며, 祈雨祭에서는 신을 즐겁게 하기 위한 성대한 춤을 추어야 한다.
○ 여기에서 夏에 다시 '크다'는 뜻이 나왔고, 祈雨祭가 주로 여름철에 이루어졌기 때문에 '여름' 도 뜻하게 되었다.
○ 중국인들이 처음 세운 국가를 夏라고 불렀던 것은 바로 '큰' 나라 라는 의미에서였다. 마치 우리 민족을 '한' 민족이라 불렀던 것처럼, 夏에 집을 뜻하는 厂(기슭 엄)이 더해진 厦(하)는 '큰(夏) 집(厂)'을 뜻한다. 그래서 중국어에서는 빌딩을 '따샤(大厦)'라고 번역했다.

+ 夏 (여름 하) : 이 자형을 갑골문에서 살펴보면, 춤을 추는 모습 즉 손과 발을 이용하여 열심을 다해 춤을 추는 모습을 나타내는데, 이는 당시 신에게 잘 보이기 위한 기우제(祈雨祭)를 드리는 모습이라 볼 수 있다. 특히나 여름에 가장 성대하게 기우제를 드렸는데, 그로 인하여 夏가 '크다'라는 의미로 확장되어 사용되었으며, 또한 이러한 기우제는 여름에 가장 성대하게 치러졌기 때문에 후에 '여름'이라는 뜻으로 引伸(인신)되어 사용되었음을 알 수가 있다. 전 세계적으로 이상 기후 현상이 나타나는 것을 보면서 신에게 잘 보이기 위한 기우제를 생각하며, 신에게 기도하는 마음이 더욱 간절해지는 것 같다.

3) 華 [꽃 화] 

○ 華는 금문에서 화사(華奢)하게 핀 꽃이 흐드러져 있는 모양을

그렸으며, 여기에서 '꽃'이라는 의미가 나왔다. 하지만 지금은 中華(중화)에서 볼 수 있듯 '꽃'보다는 중국인들이 자신을 지칭하는 말로 더 많이 쓰인다.

○ 일찍부터 정착 농경을 시작했던 중국에서 곡식은 그들을 살아갈 수 있게 하는 생명과도 같은 존재였기에 꽃에 대한 숭배는 자연스레 이루어졌다.

○ 장쑤(江蘇)성의 한 신석기 유적지에서 발견된 암각화를 보면 사람 얼굴을 한 꽃을 피운 그림이 등장하는데, 이는 꽃이 그들의 조상이라는 꽃 토템을 극명하게 형상화한 것이다.

4) 民 [백성 민] 

○ 民은 금문에서 예리한 침 같은 것에 한쪽 눈이 찔린 모양이다. 옛날 전쟁에서 포로를 잡을 경우, 남자면 한쪽 눈을 찔러 노동력은 보존하되 반항능력은 줄여 노예로 삼았다.

○ 이러한 예는 臧(착할 장)이나 童(아이 동)에서도 그 흔적을 찾을 수 있다. 그래서 民의 원래 뜻은 노예이며, 이후 지배자의 통치를 받는 계층이라는 의미에서 '백성'이라는 뜻이 나왔고, 다시 '사람'이라는 일반적 의미로 확장되었다.

5) 族 [겨레 족] 

○ 族은 갑골문에서 나부끼는 깃대(㫃·언) 아래에 사람(大)이나 화살(矢 · 시)이 놓인 모양인데, 때로는 두 개씩 그려 그것이 여럿

임을 강조하기도 했다. 화살은 가장 대표적 무기이기에 전쟁을 상징한다. 그래서 族은 '화살'이라는 의미로부터 함께 모여 전쟁을 할 수 있도록 같은 깃발 아래에 함께 모일 수 있는 공동체를 뜻하게 되었다. 그러자 원래의 화살이라는 의미는 金(쇠 금)을 더한 鏃으로 '화살촉'의 의미를, 竹(대 죽)을 더한 簇으로 '화살대'를 구분해 표현했다.

☞ 이렇게 볼 때, 民은 통치자의 통치력이 미치는 영역에 살고 있는 사람들이며, 族은 그 통치자의 명령에 자신의 생명을 내놓을 수도 있는 사람들, 즉 전쟁터에 나가 싸울 수 있는 사람들을 의미한다. 따라서 민족이라는 개념은 혈연이나 지연과 같은 생물학적이고 자연적이며 지리적인 특성에 의해 생겨난 고정된 개념이기보다는, 통치자의 지배력이 행사될 수 있는 영역 내에 살고 있는 사람들과 그 지배 이념에 동조하거나, 어떤 형식으로든 종속되어있는 사람들을 의미한다.

6) 禮 [예절 예] 

○ 원래 豊으로 쓰였는데, 이후 示(보일 시)가 더해졌다.
○ 豊은 갑골문에서 윗부분은 옥(玉)이고 아랫부분은 술이 달린 북(鼓 고)의 모양이다. 북은 제사나 祭儀(제의)등에서 신을 경건하게 모시기 위해 사용되었고, 玉은 제사에 쓰던 禮玉을 의미한다.
○ 따라서 예(禮)는 제물을 풍성하게 차려 자신의 마음을 표현하는 것이다. 형식을 갖춰 자신의 마음을 신에게 표현한 것, 그것이

예(禮)란 글자의 유래다.

○ 신과 인간의 관계에서 갖추어야 했던 경건한 마음의 禮節(예절)이 후에는 인간과 인간, 나아가서는 통치자와 피통치자 등의 관계에서 지켜야 할 덕목으로 확정되었으며, 이로부터 각종 제도나 규칙이라는 의미로까지 확대되었다.

☞ 이처럼 예(禮)는 형식과 내용의 총합이다. 문제는 형식과 내용, 어느 것이 더 중요한가이다. 이는 예전부터 논쟁거리였다.

본질적인 입장을 취한 이들은 공자 당대에도 꽤 있었다. 대표적 인물이 극자성과 자상백자다. 극자성이 "군자는 본질만 중시할 뿐입니다. 구태여 꾸밀 필요가 있습니까?" 라고 질문하자, 자공은 "군자에 대한 그대의 설명이 답답하오. 사람 혀[言]의 속도가 너무 빨라 4마리 말이 끄는 수레도 따라가지 못한다는 속담이 있습니다. (말을 삼가십시오.) 문(文)이 질(質)이고, 질(質)이 문(文)입니다. 예컨대, 생각해 보십시오. 호랑이와 표범의 가죽이라도 털을 다 뽑아 놓은 채 바탕인 날가죽만 본다면 개와 양의 가죽과 같을 뿐입니다."라고 반박한다. 그런가 하면, 자상백자란 인물은 "인간의 육체는 자연스런 변화에 순응하는 것이 제일이고, 감정은 그대로 본성을 따르는 것이 제일이다."라고 말하곤 했다. 심지어 공자가 방문했을 때에도 백자는 의관을 갖추지 않은 채 그대로 맞이할 정도였다. 공자는 그의 진솔한 품성은 인정하면서도 격식 없음을 탓하며 "간략하다"고 평했다.

공자는 기본적으로 의식(意識)과 의식(儀式)은 서로 통하고 상호 영향을 미친다고 생각했다. 즉 형식은 내용의 반영이라는 것이다. 비록 허례허식은 경계했지만 적절한 격식을 함께 갖추는 것이 필요하다며 文質彬彬(문질빈빈)의 균형론을 피력했다.

“바탕이 겉꾸밈보다 두드러지면 거칠거나 촌스럽고, 겉꾸밈이 바탕보다 두드러지면 허례허식으로 사치스럽다(質勝文卽野 文勝質卽史).”

문(文)이란 학문이나 예악으로 용모나 동작을 우아하게 꾸미는 일을 말하고, 질(質)이란 인간 본연의 바탕을 말한다. 문(文)만 있는 사람은 고상해 보이지만, 가식적이고 꾸며낸 티가 나기 쉽다. 그래서 진실하지 못하고 허풍을 떠는 듯한 느낌을 준다. 질(質)은 전혀 꾸미지 않은 소박함을 뜻한다. 그러나 소박함이 지나치면 거칠어 보인다. 꾸밈새와 본바탕이 알맞게 어우러져 빛나야 군자라 할 수 있다.

7) 釋 [풀다 석] 과 譯 [번역하다 역] 

‘풀다’는 뜻을 가진 釋  은 의미부인 悉과 소리부인 睪으로 구성되었다.

○ 悉은 갑골문에서 들짐승의 발자국 모양을 그렸는데, 금문에 들면서 획이 조금 구부러져 발자국이 더욱 사실적으로 변했으며, 이후 지금처럼 굳어졌다. 수렵 시절에는 들짐승의 발자국을 辨別(변별)해 뒤쫓아 가며 사냥을 했기 때문에 釆에 分別(분별)하다는 뜻이 생겼다.

○ 釆은 지금은 부수로만 사용되지만, 悉에는 아직 원래의 의미가 남아 있다. 즉 悉은 釆과 心으로 구성되어 짐승의 발자국(釆)을 마음(心)으로 헤아린다는 뜻이다. 그로부터 ‘잘 알다’, 남김없이 ‘모

두', '헤아리다'는 의미가 나왔다.

○ 睪은 소전체에서 위쪽은 目(눈 목)을 가로로 눕힌 모습이고 아래쪽은 幸(다행 행)으로 되었다. 目  은 '보다' 라는 뜻을 가지고, 幸 은 원래 수갑을 그려 죄인을 상징한다. 그래서 睪은 '죄수를 감시하다'가 원래 뜻이다. 그렇다면 '자세히 관찰하다'라는 뜻을 가지는 睪도 釋의 의미를 결정하는 데 관여하는 셈이다. 왜냐하면 釋은 짐승의 발자국(釆)을 자세히 살펴(睪) 변별하듯, 상세하게 풀어내는 것을 뜻하기 때문이다. 그래서 '실을 풀어내다'라는 뜻을 가지는 繹 또한 뒤엉킨 실 [糸(가는 실 멱)]을 자세히 살펴(睪) 풀어내는 것으로 해석할 수 있다.

○ 言(말씀 언)과 睪이 결합된 譯은 『說文解字』의 풀이처럼 '이민족의 말을 풀어내는 것', 즉 飜譯(번역)을 말한다. 한 언어를 또 다른 언어로 풀어내는 것은 至難(지난)한 작업으로 대상 언어의 의미를 잘 살펴야 함은 물론 대응되는 '말(言)'을 대단히 '섬세하게 살펴(睪)' 選擇(선택)해야만 가능한 일이다.

☞ 당나라 때 인도로 건너가 온갖 역경을 겪으며 구해 온 불경을 19년간의 장구한 세월에 걸쳐 번역해 낸 현장 법사의 번역 정신은 아직도 인류의 번역사에 신화로 남아 있다. 산스크리트 문자와 한자라는 완전히 다른 문자 체계, 불교와 유교라는 전혀 이질적인 사상 체계 속에서 그토록 철학적이고 전문적인 용어들을 한자 어휘로 완벽히 소화해 내고, 생소한 경험들을 친숙한 중국의 이야기로 변형시킨 그의 번역 솜씨는 지금도 여전히 모범이기 때문이다.

8) 考 [상고할 고] 

○ 考는 形聲字이다. 金文 중의 形符는 머리가 긴 長發의 노인을 닮았다. 本義는 연령이 많은 사람을 가리키며, 또한 돌아가신 父親을 가리킨다. 게다가 考는 또한 考察(고찰)의 의미를 나타낸다. 이로부터 '硏究(연구)', '推究(추구)' 의 의미로 인신(引伸) 되었다.

☞ 이 자형은 갑골문에서 보면, 사람이 머리를 풀어헤치고 있는 모습임을 볼 수가 있는데 부수가 老(노인 로) 와 같다. 어느 칼럼에서 우연히 사람이 60세가 넘어가서야 비로소 인생의 연륜과 지혜가 담겨 낸 책을 낼 수 있다고 하는 내용을 보게 되었다. 우리 나이가 60세−75세가 되어서야 비로소 인생의 참맛을 알 수가 있다고 한다. 그때 발간해 내는 저서가 가장 인생의 연륜과 지혜를 오롯이 잘 담아낼 수 있는, 그야말로 인생의 참맛이 묻어나는 책을 낼 수 있다고 한다. 이러한 것을 생각해 볼 때, 考(생각하다 고)가 결국은 노인이 머리를 풀어헤치고 있는 모습, 그래서 부수 또한 老(노인 로)와 함께 사용하고 있음을 알 수 있겠다.

9) 處 [곳 처] 

○ 處는 會意字이다. 金文의 處字는 가죽 관을 입고 앉아 있는 사람의 모습을 나타낸다.
○ 本義는 잠시 머무는 곳, 정지하여 휴식하는 곳에서 居住하는 곳으로 인신(引伸)되었다.

10) 葛藤 (갈등)

○ 葛을 구성하는 曷은 소전체에서 曰(가로 왈)과 匃(빌 개)로 이루어졌는데, 曰은 입(口)에 가로획(一)이 더해져 입에서 나오는 말을 형상화했고, 匃는 갑골문에서 '이미 바라다'나 祈求(기구)의 뜻으로 쓰였다. 이처럼 曷은 입을 크게 벌린 모습(曰)에 바라다(匃)의 뜻이 더해져, 목소리를 높여 어떤 것을 요구함을 나타낸다.

○ 曷이 '어찌' 라는 의문사로 가차되자, 원래 의미는 다시 口를 더한 喝로 표현했다.

○ 喝은 喝采(갈채)에서와 같이 입을 벌려 목소리를 높이는 것을 말한다. 그래서 曷로 구성된 合成字(합성자)는 대부분 '입을 크게 벌리고 어떤 것을 요구하다'라는 뜻을 가진다. 예컨대, 渴  은 목이 말라 입을 크게 벌리고(曷) 물(水)을 애타게 그리는 모습을 그렸다. 또 謁(아뢸 알)은 높은 사람을 찾아뵙다(謁見; 알현)는 뜻인데, 말(言)로써 어떤 것을 요구하기(曷) 위해 찾아가다는 의미가 숨어 있다.

○ 藤은 艸와 藤로 이루어졌다. 艸는 초목을 의미하고, 藤은 소전체에서 의미부인 水와 소리부인 朕(나 짐)으로 구성되어 물이 솟구침을 말했다. 滕과 비슷한 구조로 된 글자들, 예컨대 騰(오를 등)은 말(馬)이 날아오르듯 위로 솟구치는 것을, 謄(베낄 등)은 말(言)이 종이 위로 '올려지는 것'을 말한다. 그래서 藤은 솟구치는 물줄기(騰)처럼 여러 갈래로 위를 향해 자라나는 식물(艸)인 등나무를 말한다.

☞ 칡(葛) 과 등(藤)은 모두 넝쿨 식물이다. 넝쿨이 제대로 뻗으려

면 다른 나무를 의지해야 한다. 게다가 이들은 다른 나무처럼 가지를 하나씩 뻗지 않고 여럿으로 갈라진 채로 자란다. 또한 칡은 왼쪽으로, 등나무는 오른쪽으로 감아 올라간다. 그래서 葛과 藤이 결합해 분열과 엉킴의 상징이 되었다. 특히 葛의 曷에는 입을 크게 벌려 어떤 것을 요구함이, 藤의 滕에는 여러 갈래로 솟구치는 물줄기의 뜻이 들어있음을 고려한다면, 葛藤은 자신의 요구를 내세우는 데서 출발한 것임을 알 수 있다.

즉 자신의 요구사항이 많을수록 갈등도 더 커진다고도 생각해 볼 수 있다. 요즘 목소리가 큰 사람이 이긴다고도 하지만, 오히려 목소리가 크면 클수록 갈등의 골이 더 커진다는 것을 이 갑골문의 어원에서 찾아간다면, 한자를 통해 좋은 교훈과 깨달음을 얻을 수 있을 것 같다.

11) 尊 [높다 존] 

○ 尊은 갑골문에서 두 손으로 술독(酉; 유)을 받들고 있는 모습을 그렸는데, 이후 술독을 그린 酉  가 酋(두목 추)로 두 손이 한 손(寸)으로 변하여 지금의 자형이 되었다.

12) 徹 (彻) [거두다 철] 

○ 會意字. 甲骨文과 金文의 徹 字는 음식 식기의 "鬲"와 손을 대표하는 "又" 두 자의 조합으로 완성된 것이다. 의미는 음식을 다 먹은 후에, 사람이 손으로 식기구를 치워간다는 뜻이다.

○ 현재 간체자는 (彻)로 쓰인다. 本義는 철거한다는 뜻이다. '통하다(通)', '꿰뚫다(透)'는 뜻으로 인신(引伸)되었다. 인신된 후에 또 다시 '철퇴하다'는 의미로 인신되었다. 結束하다(끝내다)는 의미도 있다.

13) 擧 [들다 거] 

○ 形聲字. 손(手)는 形이고, 여(與)는 聲이다. 본뜻은 양손으로 위를 향하여 들어 올리는 것이다. 행동(行動)을 가리키는 말로 인신(引伸)되었다. 또한 위를 향하여 인재를 추천하여 등용하는 뜻으로 인신되었다. 흥기(興起)하다. 발동(發動)하다.
○ 특별히 병사를 들어 쓰는 것(擧兵)을 가리킨다. 또한 "신청하다", "제기하다" 란 뜻으로도 쓰인다.

14) 悶 [답답하다 민]

○ 门 (문 문) 字 안에 心 (마음 심)이 들어가 있으니 얼마나 답답할까. 사람이 말할 상대가 없으면 얼마나 외롭고 또 답답하게 느껴질까! 문 속에 마음이 들어있어 나갈 통로가, 발설할 상대가 없으니 얼마나 힘들까 하는 생각을 해 보니, 답답함의 정도를 더욱 느낄 수 있게 되었다. 주위의 힘든 사람들을 둘러 볼 수 있는 여유를 가져야겠다. 우리가 먼저 말할 상대가 없어 답답해하는 사람들에게 다가가 손을 내밀어 잡아 주는 그러한 사람들이 되어야겠다.

15) 憎惡 (증오) 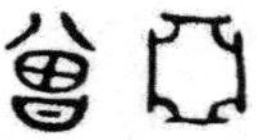

○ 憎은 心  과 曾  으로 구성되었다. 曾  은 금문에서 음식을 찌는 시루와 그 위로 피어오르는 증기(蒸氣)를 그렸다는 것이 정설이다. 시루는 용기 아래에 물을 붓고 중간에 가름대를 놓고 그 위로 찔 음식을 놓아 요리하는 기구이다. 금문의 아랫부분은 용기를, 중간 부분은 가름대의 평면도를, 윗부분은 피어오르는 증기를 형상화한 것으로 볼 수 있다.

○ 曾은 '시루' 가 원래 뜻이다. 하지만 이후 '일찍이' 라는 부사어로 가차되면서 원래 뜻은 瓦(기와 와)를 더한 甑(시루 증)으로 표기하였는데, 瓦를 더한 것은 질그릇으로 된 시루가 대부분이었기 때문이다. 시루는 지금의 모양에서도 상상이 되듯이, 다른 솥과는 달리 여러 층으로 구성된 특징을 갖는다. 그래서 曾은 '층층이 겹을 이룬' 이라는 의미도 갖는다. 예컨대 層(층 층)은 여러 층을 이룬(曾) 집(尸 시), 增은 층층이(曾) 다져 쌓은 흙담(土)으로부터 '더하다'는 뜻을, 贈은 재물(貝 · 패)을 더하여(曾) '증여(贈與)하다'는 뜻을, 繒 (비단 증)은 가는 비단실(糸)로 겹겹이(曾) 정교하게 짠 비단을 말한다.

○ 憎 역시 상대방에 대한 겹겹이 쌓인(曾) 마음(心)을 말한다. 지독한 미움은 단번에 이루어지는 것이 아니라 마음속 아래서부터 층층이 쌓여서 이루어지기 때문이다. 그렇다면 曾은 의미부도 겸하고 있다.

○ 惡는 의미부인 心과 소리부인 亞로 구성된, 독음이 여러 가지인 글자이다. 亞는 갑골문에서부터 지금의 모양과 유사한데, 무덤의

묘실을 그린 것으로 알려져 있다. 즉 무덤의 玄室(현실 · 관을 놓는 곳)의 평면도를 그린 것이 亞이다. 亞에서 사방으로 뻗은 길은 동서남북의 방위를 뜻하며, 이는 당시 사람들이 네모졌다고 생각했던 땅 모양을 상징한다.

○ 갑골문에 의하면 왕의 시신을 안치하는 일 등을 담당하는 관리를 亞士(아사)라고 했는데, 이후의 관직으로 말하자면 商卿(상경) 다음가는 중요한 관직이었다. 이 때문에 그는 제례에서도 처음 잔을 드리는 初獻官(초헌관) 다음의 亞獻官(아헌관) 역할을 담당했다. 그래서 亞에 亞聖(아성)처럼 '버금'이라는 뜻이 생겼다. 이처럼 亞는 시신의 안치와 관련이 있으며, 이후 시신에 대한 두려움이나 거리낌 등으로부터 '흉측하다' 나 '싫어하다' 는 뜻이 담긴 것으로 보인다. 그래서 亞에 心이 더해진 惡는 싫어하는 마음(心), 여기서 다시 '나쁘다'는 뜻이 담긴 것으로 추정할 수 있다.

16) 安 [편안하다 안] 

○ 이 자형은 집 안(宀)에 여자(女)가 있어 '편안하다'라는 뜻으로도 풀이가 되지만, 또 다른 한편으로는 여기서 집 안(宀)은 결혼해서 남편의 집을 말하는 것으로 여자가 결혼 전, 아버지 집에 있을 때가 아니라 남편 집으로 들어갈 때 편안하다는 것으로 풀이할 수가 있다. 따라서 예전부터 노처녀 히스테리가 여기서 나온 것이 아닐까 하는 추측도 해 본다.

17) 進步 (진보) 

○ 進  은 금문에서 새(隹)  가 걸어가는(辵 → 辶) 모습을 형상화했다. 새가 걸어가는 특징은 무엇일까. 새를 자세히 살피면 앞으로만 걸어가지 뒤로는 걷지 못한다는 사실을 발견할 수 있다. 그래서 進은 오로지 앞으로 나아가는 것을 말한다. 비록 걸음이 느리기는 하지만 뒤로 가지 않고 오직 앞으로만 전진하는 새의 걸음을 형상화한 것이다. 하지만 앞으로 한 걸음 한 걸음 나아가는 것은 새의 걸음처럼 빠르지도 못하면서 한편으로는 위태로워 보이기도 하고 안타까워 보이기도 한다.

하지만 여기에는 한 눈 팔지 않고 한 가지 일에만 매진하는 것이 대단한 인내심을 요구하고 때로는 미련하게 보이는 일이지만, 그것이 앞서 나가는 일이라는 의미가 담겨 있다.

○ 步  는 갑골문에서는 두 개의 발(止 지)  로 구성되었는데 위쪽이 오른쪽 발을, 아래쪽이 왼쪽 발을 그려 각각 다른 발의 모양이다. 두 발로 걷는 모습을 그렸으며, 발이 앞쪽을 향해 있어 앞으로 나아가는 것을 그렸음을 알 수 있다. 그래서 涉(건널 섭)은 물을 건너는 발걸음을 그렸다. 또 앞으로 나아가는 것은 올라가는 것과 동일한 개념이다.

☞ 進步란 사람이 오르막을 타고 오르듯이, 뒤돌아갈 수 없는 새의 걸음처럼 느리고 미련해 보일망정 한 방향으로 나아간다는 의미로 풀이할 수 있다. 따라서 진보란 革命이나 革新과 같이 단번에 세상을 바꾸겠다는 야망과는 궤를 달리하는 글자이다.

☞ 進步는 빠른 속도나 급속한 변화가 아니라 아무리 대단한 목표도 작은 것의 꾸준한 실천에서 생겨난다는, 말은 쉽지만 행동으로 옮기기는 어려운 인내심의 필요성을 역설한 글자로도 볼 수 있겠다.

18) 危險 (위험) 과 機會 (기회)  

危機가 機會(기회)라는 말처럼, 위기를 기회로 바꾸는 지혜가 그 어느 때보다 필요한 시기이다.

○ 危 는 소전체에서 바위 언덕 위에 선 사람의 위태함을 그렸다. 이후 사람의 앉은 모습을 그린 형상이 더해져 지금의 危가 되었다. 하지만 갑골문의 危는 소전체와 다른 모양이다. 이에 관한 풀이는 다양하지만, 攲器(의기 · 균형을 살필 수 있도록 설계된 고대 중국의 기물)를 그렸다는 설이 통용되고 있다.

☞ 한때 공자가 노나라 환공을 모신 사당에서 攲器(기울 기, 그릇 기)를 보고서 사당 관리인에게 그것이 무엇인지를 물었다. 그가 앉은 자리 곁에 두는 기물이라고 하자, 공자가 나도 그런 이야기를 들은 적이 있다면서 "속이 비면 기울어지고, 적당하면 바르게 되고, 가득 차면 뒤집어진다던 그 기물이구나" 라고 했다. 이처럼 攲器(기기)는 옛사람들이 자리의 오른편에 두고 일의 처리나 자신의 판단이 한쪽으로 치우치지 않도록 경계로 삼았던 것이다. 자리(座 · 좌)의 오른쪽(右 · 우)에 놓아두는 것이라고 해서 攲器와는 달리 座右라고 불렀고, 거기에는 좋은 글을 자주 새겼는데 이를 좌우명

(座右銘)이라고 하였다. 危는 欹器의 속성처럼 아주 위태로워 균형을 잡기가 힘든 모습을 말한다. 물론 이후에 언덕 위에 올라선 사람의 모습으로 자형이 변하긴 했지만.

○ 機는 木과 幾로 구성되었는데, 幾는 소리부도 겸한다. 幾는 금문에 들면서 나타나며, 베틀을 그린 것으로 알려져 있다. 자형에서 실타래를 형상화한 幺가 두 개 그려졌고, 오른쪽의 戈(창 과)는 베틀의 모양이 변형된 것이며, 왼쪽 아래의 사람(人)은 베틀에 앉아 베 짜는 사람의 모습이다. 따라서 幾는 베틀이 원래 뜻이며, 베짜기는 대단히 섬세한 관찰과 관심이 필요한 작업이기에 '세밀함'이라는 뜻이 생겼다. 그러자 이후 베틀을 따로 표현하기 위해 木을 더하여 機로 발전되었는데, 木을 더한 것은 베틀을 나무로 만들었기 때문이다.

☞ 고대사회에서 베틀은 아마 가장 중요하고 복잡하며 대표적인 機械(기계)였을 것이다. 그래서 機는 복잡한 구조를 가진 기계나 기물을 총칭하게 되었다. 따라서 危機라는 단어는 균형 잡기가 아주 힘든 '위태한 기물'이라는 뜻이지만, 機가 때와 시간을 의미하는 뜻으로 확장되면서 균형을 제대로 제때 잡아 주기만 하면 좋은 기회로 연결될 수 있다는 인식으로 발전된 것으로 보인다.

19) 桎(질)과 梏(곡)  

桎梏이란 발에 차는 차꼬와 손에 차는 수갑이라는 뜻으로, 자유를 가질 수 없도록 구속하여 매우 답답하게 만드는 것을 말한다.

○ 桎  은 의미부인 木과 소리부인 至로 이루어져, 발에 차는 나무(木) 형틀을 말한다. 至가 소리부로 쓰여 '질'로 읽히는 것은 姪(조카 질)이나 窒(막힐 질)에서 볼 수 있고, 독음이 조금 변했지만, 室(집 실)도 마찬가지이다.

○ 至  는 갑골문에서 화살이 땅에 떨어지는 모양을 그려 '도착하다', '이르다'의 뜻을 나타냈다. 이후 '極點에 도달하다'는 뜻으로 확장되어 지극하다는 말이 생겼다. 至가 지극하다는 의미로 쓰이자 발음을 나타내는 刀(칼 도)를 더하여 到(이를 도)가 만들어졌다. '이르게 하다'는 使役(사역)의 의미로 쓰일 때는 손에 매를 든 모습인 攵(칠 복)을 더하여 致(보낼 치)로 만들었다.

○ 梏  은 木이 의미부이고 告가 소리부로, 손에 차는 나무(木) 수갑을 말한다. 告  는 갑골문에서 牛와 口로 이루어져, 소를 희생제물로 삼아 告祝(고축 · 신에게 고하며 빎) 하는 모습을 그렸다. 告가 소리부로 쓰여 '곡'으로 읽히는 것은 鵠(고니 곡), 嚳(고할 곡)에서 볼 수 있으며, 독음이 조금 변했지만, 酷(지독할 혹)도 같은 경우이다. 梏도 두 발을 따로 따로 채우는 것을 말한다. 옛날의 법에 의하면, 桎과 梏은 지은 죄질에 의거해 집행을 엄격하게 구분했다. 즉, 上罪에는 拲(수갑 공)과 桎을, 中罪에는 桎과 梏을 집행했으며, 下罪에는 梏을 집행했으며, 죄를 지은 자가 왕족일 경우에는 죄질에 관계없이 拲을 시행했다고 한다.

20) 革命(혁명)과 改革(개혁) 

革命에서 改革을 거쳐 요즈음은 革新(혁신 · innovation)이 보다 중요한 단어가 되었다.

○ 革  은 금문에서 갓옷을 만들기 위해 짐승의 가죽을 벗겨 말리는 모습이기에 털이 그대로 남아 있는 皮와는 달리 털을 제거한 상태를 말한다. 그래서 革에는 革職(혁직 · 파직하다)에서처럼 '제거하다'는 뜻이 생겼다. 또 革은 동물의 가죽을 인간을 위한 갓옷으로 변화시키는 행위로서, 인간에게 보다 이로운 형태의 변화가 일어남을 의미한다. 그래서 '바꾸다' 의 뜻도 생겼다.

○ 命  은 令에 口가 더해진 구조이다. 令은 갑골문에서 모자를 쓴 사람이 앉아 있는 모습을 그렸는데, 모자는 권위의 상징이다. 그래서 令은 권력을 가진 우두머리를 뜻하고, 우두머리는 命令을 내릴 수 있다는 의미에서 '부리다'와 '명령'이라는 뜻이 생겼다. 命에서의 口은 말을 뜻한다. 그래서 命은 말로써 사람들을 부리는 것을 의미했고, 이후 윗사람이 아랫사람을 부리는 모든 행위를 지칭하였으며, 다시 天命(천명)이라는 뜻도 갖게 되었다.

☞ 革命이란 글자 그대로 命을 바꾼다(革)는 뜻이다. 중국에서 革命은 『周易(주역)』에 처음 나오지만, 현대적 의미의 '革命'은 쑨원(孫文)선생이 1895년 興中會(흥중회)의 巨事(거사) 실패로 일본으로 망명했을 때, 일본 신문에 실린 '중국의 革命黨(혁명당) 領袖(영수) 쑨원의 일본 도착'이라는 기사에서 빌려 쓴 것이 처음

이라고 한다.

○ 改  는 아이를 꿇어 앉혀 매로 가르치는 모습이며, 이로부터 나쁜 습관이나 버릇을 '고치다'는 뜻이 생겼다.

☞ 改革은 잘못된 것을 바로 잡고(改), 바로 잡을 수 없는 것은 바꾼다(革)는 뜻으로, 이미 그 속에 변화에 대한 강력한 메시지가 들어있다.

21) 和合 (화합) 

세상을 살아가면서 和合만큼 중요한 것도 없다. 和合이 바로 相生의 길이며, 相生은 상대(相)를 살리는(生) 것이요, 상대가 살아 있을 때 자신도 살 수 있기 때문이다. 동양 사회에서 그토록 '和'의 정신을 강조했던 이유가 여기에 있다.

○ 和 는 의미부인 口와 소리부인 禾(벼 화)로 이루어졌는데, 금문에서는 지금과 달리 龠과 禾의 결합으로 썼다. 즉 龢는 대나무 관을 여럿 연결하여 만든 피리로, 윗부분의 삼각형 모양은 피리를 부는 사람의 입(口)을, 아랫부분은 피리의 혀(舌 · reed)와 대를 그렸다. 龢는 소전체로 들면서 龠이 口로 줄었으며 口가 왼쪽에 위치한 좌우 구조였으나, 예서체로 들면서 다시 지금처럼 口가 오른쪽으로 놓이게 되었다. 그래서 和는 피리 소리처럼 음악의 '調和(조화)'가 원래 뜻이다. 관현악의 합주에서 보듯 악기는 자신의 고유한 소리를 가지되, 다른 악기들과 화합을 이룰 때 아름다운 소

리를 내며, 편안함과 즐거움과 平和(평화)를 가져다 줄 수 있다.

○ 合  은 단지의 아가리(口)를 뚜껑으로 덮어놓은 모양이며, 단지의 뚜껑은 아가리와 꼭 맞아야만 속에 담긴 내용물의 증발이나 변질을 막을 수 있다는 뜻에서 符合(부합)하다, 合(합)하다는 뜻이 생겼다. 그러므로 화합은 피리 등의 음악 소리처럼 모든 것이 조화를 이루고 딱 맞는다는 뜻이다.

22) 相生 (상생) 

○ 相  은 木과 目으로 구성되어, 눈(目)으로 나무(木)를 자세히 살피는 모습을 그렸다. 그래서 相은 '자세히 살피다'가 원래의 뜻이며, 지금도 觀相(관상)이나 手相(수상)·足相(족상) 등에 그러한 의미가 남아 있다. 이로부터 相對(상대)에서처럼 살피는 대상물이나 대상물의 모습이라는 뜻도 나왔다.

○ 生  은 갑골문에서 싹(屮·철)이 땅 위로 돋아나는 모습이며, 이로부터 '생겨나다'는 뜻이 생겼다. 이후 다시 生育(생육), 살아 있는, 신선한 등의 뜻도 생겼으며, 막 자라난 싹에서부터 '미성숙한'이라는 의미도 가져 生硬(생경·낯선)이라는 뜻까지 생겼다. 그래서 소리부로 쓰인 生 에도 이러한 의미가 든 경우를 자주 볼 수 있다.
예컨대, 甦(소생할 소)는 更(다시 갱) 살아나다(生)는 뜻을, 姓(성 성)은 여자(女)가 낳았다(生)는 의미를, 性(성품 성)은 마음(心)에서 생겨나는(生) 성품을, 牲(희생 생)은 살아 있는(生) 牛(소 우)와 같은 희생을, 笙(생황 생)은 소리를 내는(生) 대나무

(竹)로 된 악기를, 胜(비릴 성)은 고기(肉)에서 나는(生) 비린내를 뜻한다.

☞ 相生은 '내가 자세히 살피고(相) 열심히 바라봄으로써 새로이(生) 깨닫는 것'이라는 의미를 담고 있다. 즉 내가 상대방의 입장을 자세히 살피고 상대를 주목하는 것, 이것은 상대에 대한 배려 차원에서 머무는 것이 아니라 '나', 즉 '자신'에게 새로운 깨달음을 가져다준다. 相生의 字源(자원)은 단지 '같이 잘 살자'는 의미가 아니라 타인에 대한 끊임없는 배려만이 더불어 사는 삶을 만들어 준다는 것을 우리에게 깨우쳐주고 있다.

23) 責任 (책임) 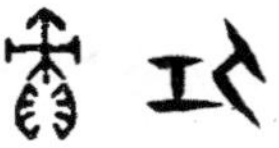

○ 責  은 갑골문에서 朿(가시 자)  와 貝(조개 패)  로 이루어졌는데, 朿는 소리부도 겸한다.

○ 朿는 원래 화살처럼 하늘로 솟은 나무(木) 모양에 양쪽으로 가시가 그려진 모양이며, 이로써 '가시나무'를 형상화했다. 그래서 朿  가 가로로 둘 합쳐진 棘(가시나무 극)은 탱자나무처럼 옆으로 우거져 자라는 가시나무의 특성을, 세로로 둘 합쳐진 棗(대추나무 조)는 하늘을 향해 높이 자라는 가시를 가진 키 큰 대추나무의 특성을 반영해 만든 글자다. 그리고 칼(刀)과 가시(朿)의 속성이 합쳐진 刺(찌를 자)에서 보듯, 가시는 아픔과 어려움과 叱責(질책)의 상징이다.

☞ 貝  는 조개를 그렸으며, 고대 중국에서 화폐로 쓰였다. 그래서 責은 인간의 어려움 중 가장 힘든 것이 경제와 관련된 문제이며, 財貨(재화)와 관련된 이익에서 언제나 분란이 일어남을 보여주는 글자로, '대단히 풂기 어렵고 복잡한 상황'을 말한다. 그래서 責은 가시처럼(朿) 예리하게 꾸짖고 돈(貝)으로 배상하게 하는 책무와 책임감을 말하며, 그런 책무(責)를 짊어진 사람(人)을 債(빚 채)라 했다.

○ 任  은 人과 壬으로 구성되었다. 壬은 갑골문에서 이미 간지(干支)자로만 쓰여 그것이 무엇을 그렸는지 정확하게 알 수는 없으나, 날실(세로 방향으로 놓인 실)이 장착된 베틀의 모양으로 추정된다. 특히 금문에서는 중간에 점을 더해 베를 짤 때 날실 사이로 들락거리는 북(杼 · 저)을 형상화함으로써, 이것이 베틀임을 강하게 시사하고 있다. 그래서 壬은 베틀을 그렸으며, 베짜기는 대단히 정교한 기술이 요구되기에 한 사람이 責任을 지고 도맡아서 해야 가능한 일이었다.

여기에서 壬에 '맡다'는 뜻이 생겼고, 壬이 간지자로 假借되어 쓰이자, 다시 人을 더해 任으로 원래의 뜻을 나타낸 것으로 추정된다. 그래서 任은 어떤 일을 도맡아 책임지는 것을, 飪(익힐 임)은 베 짜듯 세심하게(壬) 음식(食) 만드는 것을, 姙(애 밸 임)은 그 어느 때보다 세심하고 조심해야 할 때를 말한다.

+謮 : 꾸짖을 책, 積 : 쌓을 적, 績 : 실 낳을 적, 蹟 : 자취 적, 賾 : 깊숙할 색

24) 治(치)와 亂(란) 

○ 治  는 秦(진)나라의 소전에 처음 보이는데, 水가 의미부이고 台가 소리부로 治水(치수 : 물길을 다스림)가 원래 뜻이다. 물길(水)은 잘 다스려질(治) 때 기쁨을 줄 수 있는(台) 존재이지만, 잘 다스려지지 않으면 홍수이자 재앙(災)이 되어, 과거 지난 날(昔 · 석)의 가장 아픈 기억으로 남고 만다. 물길(水) 다스림(治)을 뜻한 治가 다른 모든 '다스림'을 지칭하게 된 것은 고대 중국인들이 살았던 황하 강 때문이었다.

☞ 황하강은 물속에 포함된 엄청난 양의 황토와 1km 당 20cm 도 되지 않는 대단히 완만한 경사 때문에 범람도 잦고 물길도 수시로 바뀐다. 황하강의 홍수는 과거 3천 년 동안 1500회 이상 발생한 것으로 알려져 있다. 그래서 황하강의 治水는 治國(치국)의 가장 중요한 일이 되었고, 禹(우)임금은 황하강의 治水 덕택에 성인의 반열에 오르기도 했다. 우임금이 그랬던 것처럼 물길 다스리기의 비결은 바로 順理(순리)에 있다. 順理란 물 흐르는 대로 물길을 내어주는 것이다. 물의 흐름을 억지로 바꾸려다가는 둑이 터지고, 둑이 터지면 모든 농작물은 물론 사람들까지 죽고 만다.

○ 亂  은 금문에서 두 손으로 엉킨 실을 풀고 있는 모습이다. 윗부분(爪)과 아랫부분(又 · 우)은 손이고, 중간 부분은 실패와 실(幺 · 요)을 그렸다. 이후 秦나라와 楚나라의 竹簡(죽간)에 이르면 의미의 정확성을 위해 손을 나타내는 又가 더해졌는데, 소전체에 들면서 乙로 잘못 변해 지금처럼 되었다. 엉킨 실만큼 복

잡하고 풀기 어려운 것은 없다. 그래서 亂이 뒤엉키고 混亂(혼란)함을 나타내는 대표 글자가 되었다. 하지만 엉킨 실은 반드시 풀어야만 베를 짤 수 있다. 그래서 亂은 '정리하다, 다스리다'의 뜻으로도 쓰였다. 亂麻(난마)처럼 얽힌 일들을 한 올 한 올 실 풀 듯 해결해 나간다는 뜻이다.

☞ 이처럼 亂에는 한 글자에 '어지럽다'와 '다스리다'라는 대립된 두 가지 의미가 함께 들어있는데, 이러한 예는 자주 보인다. 예컨대 止(발 지)에는 '가다'와 '멈추다'의 뜻이, 落(떨어질 락)에는 '떨어지다'와 '시작하다'는 뜻이 함께 들어 있다. 反訓(반훈)[23] 이라 불리는 이러한 뜻풀이는 소박하지만 고대 중국인들의 변증법적 사고가 잘 반영된 예들이다. '危機(위기)'도 마찬가지여서 危險(위험)에 처했을 때가 機會라는 한자에 담긴 지혜를 생각하게 해 주는 단어이다.

25) 親分 (친분) 

○ 親  은 금문에서 의미부인 見과 소리부인 辛 으로 구성되었다.

23) 훈고학의 용어로 서로 반대되는 단어로써 뜻풀이하는 방법을 말하며, 해당 글자가 상반되는 두 가지 뜻을 동시에 가지는 특이한 경우를 말한다. 예컨대 落에 '떨어지다/시작'의 뜻이, 止에 '가다/멈추다'의 뜻이, 亂에 '어지럽다/다스려지다'의 뜻이, 買에 '팔다/사다'의 뜻이, 臭에 '나쁜 냄새/향기로운 냄새'의 뜻이 있는 것과 같은 경우를 말한다. 이는 한 사물이 갖고 있는 모순된 두 개념을 동시에 파악한 중국인들의 예리한 인식을 잘 보여준다. 이러한 인식이 없음과 있음, 죽음과 삶, 끝과 시작, 음과 양, 위험과 기회 등의 변증법적 사고를 가능하게 만들었으며, 사물을 총체적으로 인식하는 중국인들의 사유 특징을 반영했다.

見  은 눈을 크게 벌리고 무언가를 주시하는 모습을 그렸으며,

辛  은 墨刑(묵형) 등을 새길 때 쓰던 형벌 칼을 말한다. 사람이란 보면(見) 볼수록 情(정)이 드는 법, 그래서 親에서 見은 눈을 크게 벌리고 다른 이를 보살피는 행위임을 보다 강력하게 상징한다. 여기서 말하는 다른 이란 가족이나 씨족 등 주로 마을 공동체의 구성원을 말했으리라. 이들은 같이 모여 이루어가는 공동생활을 통해 언제나 얼굴을 맞대고 서로를 보살펴 주면서 더욱 親密(친밀)해졌을 것이다. 그래서 見이 親의 의미부로 들었다. 이후 소리부였던 辛이 立(설 립)처럼 잘못 변화되고 木이 들어가 지금의 자형으로 변했다.

그런데 이에 대해 '나무(木) 위에 올라서서(立) 멀리 떠나는 자식을 안타까운 마음으로 바라보는 것이 부모(親)'라고 상당한 상상력을 발휘한 설명도 있지만, 이는 이후의 자형에 근거한 해석이고, 辛과 木이 결합된 親의 왼쪽 부분은 사실은 가시나무의 이름이었다.

☞ 탱자나무처럼 가시나무는 密集(밀집)되어 서로 붙어 자란다. 그렇게 본다면, 소리부였던 이 부분은 '밀집성'을 나타내는 의미부의 기능도 일부 담당하고 있다. 따라서 親은 親近(친근) 등과 같이 감정이 깊고 밀접함이 원래 뜻이다. 여기서부터 兩親(양친)과 같이 가장 가까이서 보살펴 주는 부모라는 뜻이 생겼고, 다시 親戚(친척)과 같이 혈통이나 혼인관계를 가지는 지칭으로도 쓰이게 되었다. 이 모두가 같이 모여서 함께 살았던 옛사람들의 생활상을 반

영하였기 때문일 것이다.

○ 分  은 갑골문에서 刀가 八의 중간에 들어간 모양을 그렸다. 八은 양쪽으로 나누어진 어떤 물체를 상징하고 칼의 모양을 그린 刀은 나눈다는 뜻이다. 그래서 分은 分割(분할), 分別(분별), 部分(부분) 등을 뜻한다. 따라서 재산(貝·패)은 나누면(分) 빈곤(貧·빈)해지는 반면, 사랑이나 보살핌은 나눌수록(分) 더욱 커진다는 의미에서 親과 分이 합쳐졌을 것이다. 親分이란 썩 가깝고 다정한 情分(정분)을 말한다.

+ 紛 (어지러울 분)	粉 (가루 분)	盆 (동이 분)
芬 (향기로울 분)	忿 (성낼 분)	吩 (뿜을 분)
氛 (기운 분)	貧 (가난할 빈)	頒 (나눌 반)

26) 解弛 (해이) 

解弛라는 말은 아무리 경계해도 지나치지 않는 말이다. 어느 위치, 어느 분야를 막론하고 자신의 자리에서 긴장을 풀어서는 안 된다. 극도로 산업화된 오늘날의 자본주의 사회에서 직업윤리나 도덕적 解弛가 더욱 문제가 되는 것은 이전 사회에 비해 道德과 倫理의 구속력이 그만큼 줄었기 때문이다.

○ 解  는 지금의 자형에서도 그 뜻을 정확하게 살필 수 있는 글자로, 牛(소 우)의 角(뿔 각)을 칼(刀)로 분리해 내는 모습을 형상화했다. 다만 갑골문에서는 칼이 두 손으로 되었을 뿐 나머지는

같다. 칼 대신 손으로 뿔을 解體(해체)하여 갈라내는 모습이다. 그래서 解는 解體(해체)가 원래 뜻이며, 이후 理解(이해)하다는 뜻도 가지게 되었는데 理解를 위해서는 '옥의 무늬 결(理)을 살피듯 그 특성을 자세히 풀어서(解)' 解釋(해석) 해야 하기 때문이다.

○ 옛사람들도 마음이 느슨해지는 것을 가장 경계했던 때문일까. 마음(心)이 풀어지는(解) 것을 표현하기 위해 특별히 心을 더하여 懈를 만들었다. '자나 깨나 게으르지 않는 것(夙夜匪懈 · 숙야비해)' 그것은 지금도 여전히 가장 큰 자산이리라.

○ 弛는 弓과 也로 구성되었는데, 弓은 활을 그린 상형자이다. 也  의 자형에 대해서는 의견이 분분하지만 『說文解字』 에서는 소전체에 근거해 여성의 음부를 그린 것으로 풀이했다. 也는 이미 어조사로 쓰여 원래의 뜻을 살피기 어렵지만 也로 구성된 다른 글자들에서 也가 여성의 상징임을 여전히 확인할 수 있다. 예컨대, 地(땅 지)는 '대지(土)의 어머니(也)'로 모든 만물을 생성케 하는 근원이며, 池(못 지)는 '물(水)의 어머니(也)'로 모든 물을 포용하여 한곳으로 모이게 하는 존재이다.

☞ 활과 여성이 만나면 느슨해지고 정신 상태가 해이해진다는 의미에서 弛는 '활시위를 느슨하게 하다'는 뜻이 되었을 것이다. 특히 전쟁에서는 언제나 활시위를 팽팽히 당겨 긴장을 늦추지 말아야 한다. 戰場(전장)에서는 무엇보다 女人에 대한 경계를 게을리 해서는 안된다. 美人計(미인계)의 유혹을 경계한 글자가 弛일지도 모른다.

+ 地 (땅 지)　池 (못 지)　馳 (달릴 치)　他 (다를 타)

27) 企 [바랄 기] 

○ 사람 人과 그칠 止가 합쳐져 있다. ⇒ ‘자기성찰’ 의 의미
☞ 방향을 정해 놓고 열심히 하는 것과 자신이 어디로 가는지조차 모른 채 분주한 것은 다르다. 해결해야 할 문제가 넘쳐날수록 필요한 것은 더 속도를 내는 것이 아니라, 브레이크를 밟고 종종 멈춰서 바라보고 돌아보는 시간이 또한 필요한 것이다.

28) 政 [정치 정] 

○ 정(政)은 정(正)이다.
바를 정(正)은 다스릴 정(政)에서 매질할 복(攵)을 없앤 글자이다.
☞ 매질하는 강제성을 없애고 자발적으로 바르게 변하게 하는 것은 리더십에서 꼭 필요한 부분이다. 리더가 먼저 앞서서 바르게 하면 누가 바르게 되지 않겠는가?

☞ 정치란 무엇인가? 중국 노나라의 대부 계강자가 공자에게 물었다. 공자는 명료하게 답한다. “정치는 바로잡는 것입니다. (政者 正也)” 『論語』

29) 法 [법 법] 

○ 法  은 水와 去로 이루어져 물의 흐르는 속성을 강조했다. 물은 언제나 낮은 곳으로 흐르는 항상성을 지닌다. 이는 法의 정신

이 보편성과 일관성과 형평성에 기반하고 있음을 보여준다. 물론 法의 자형을 역 추적하여 금문으로 거슬러 올라가면 廌(해태 치)가 덧붙여져 있다. 해태는 중국에서 옳지 않은 사람을 자신의 뿔로 받아 죽여 버린다는 전설의 동물이다. 해태의 존재는 法에 기초한 통치가 확립되기 이전의 징벌의 형태를 알려주고 있다. 하지만 이후 廌가 생략됨으로써 法이 징벌의 의미를 넘어 수(水)의 흐름(去)이 지니는 항상성과 보편성처럼 모든 사람에게 공통으로 적용되어야 하는 규약이나 약속의 의미를 강조하였다.

☞ 이후 해태는 사법의 상징이 되어 우리나라에서도 사헌부 관원들이 해치관을 썼고, 지금도 법을 만드는 국회의사당 앞에 해태상이 있다. 법을 무서워하고 두려워할 수밖에 없는 이유가 글자에도 숨어 있는 것이다.

30) 規則 (규칙) 

○ 규(規)는 성인남자(夫)가 보는 시각[見]이란 뜻이다.

○ 칙(則)은 조개 패(貝)와 칼 도(刂)로 구성되어 있다. 여기에서 패(貝)는 솥 정(鼎)을 뜻한다.

☞ 문자를 청동 솥에 칼로 새긴다는 뜻이다. 종이를 발명하기 전에 중요한 서류를 종(鐘)이나 솥에 새겨 넣었던 당대의 풍속을 엿볼 수 있다. 여기서 솥 정(鼎)은 일반 솥이 아니라 상주(商周)시대에 상용된 국사의 보기(寶器)를 뜻한다. 국가 대제(大祭), 대례(大

禮)에 없어서는 안 될 가장 중요한 제기(祭器) 겸 예기(禮器)였다.
※ 칙(則)에 대한 또 다른 해석은 주조한 솥이 굳은 후 거푸집을 묶었던 줄을 칼로 자르는 모습으로 보는 것이다. 합금할 때에는 반드시 정해진 비율을 지켜야 훌륭한 청동을 만들 수 있다. 이것이 확장되어 사회를 탄탄하게 유지하기 위해서는 다양한 인간 활동을 허용하면서도 합리적으로 규제해야 한다는 의미가 되었다. 요컨대, 누구나 공감할 수 있는 가장 보편적인 관점에서 정해져야 하는 것이 규칙이다.

31) 取 [취할 취] 

○ 취할 취(取)는 손(又)에 귀(耳)를 들고 있는 모습이다. 반 고흐도 아닌데 왜 귀를 손에 들고 있을까. 사실 여기에는 고대의 전쟁 문화가 담겨 있다. 고대 중국에서는 전쟁 시 적군의 귀를 잘라 그 숫자로 공로를 나타냈다. 적의 귀[耳] 하나가 머리 하나에 해당해 적의 손[又]에 의해 잘려 전공(戰功)을 가늠하는 잣대가 된 것이다.
○ 진(晉)나라 때의 소전 단계부터 보이는 글자다. 진나라 이전에는 적의 머리를 베어야 했다. 그러나 전투 중에 살인을 할 때는 입공의 증거를 남기되, 앞으로의 행동에 방해되지 않아야 한다. 실전 살육의 고수였던 진나라 사람들은 적병을 죽인 다음 수급(머리)을 매달고 다니기가 불편해 비교적 편리한 방법으로 한쪽 귀만 취했다. 이런 방법은 현대까지도 사용된다. 중국 대륙의 병사들은 잠수정으로 침입해 들어가 초병을 해친 다음 귀만 잘라서 가져가곤 한다.

32) 聝 [귀 벨 괵] 

○ 聝은 뜻 자체가 전쟁에서 귀를 벤다는 의미다.

○ 용감할 감(敢) 또한 '공격할 공(攻) + 귀 이(耳)'로 '적을 치고 귀를 잘라옴이 용감하다'는 데서 유래한 글자다.

33) 得 [얻다 득] 

○ 득(得)은 '척(彳) + 조개(貝) + 마디(寸)' 이다. 사람이 걸어가다 손으로 조개를 줍는, 재물을 취하는 모습이다. 취(取)와 같은 형태다. 조개도 귀한 물건이긴 하지만, 전쟁에서 취(取)한 전리품인 귀 또한 그에 못지않은 가치를 가졌다.

○ 가장 최(最)는 머리의 상징인 귀를 잘라오는 취할 취(取)에서 유래한 글자다. 여기에서 '최고'의 군공(軍功)을 세운다는 뜻이 나왔다. 장가갈 취(娶)는 취할 취(取) 밑에 여자 녀(女)가 붙어 있다. 전쟁에서 여자를 승리의 성과, 즉 전리품으로 얻은 데서 유래한다.

34) 仁 [어질다 인] 

○ 사람 인(人)에 두 이(二)가 합쳐져 있다. 즉 두 사람이란 뜻으로, 사람과 사람 사이의 관계가 인의 기본 바탕이다. 시쳇말로 사람 인(人)이 다섯 개면, 사람 사는 원리를 설명할 수 있다고 한다. '사람이 다 사람이냐, 사람이 사람다워야 사람이지'라는 뜻이다. 사람을 사람답게 하는 것, 그것이 바로 인(仁)이다.

35) 義 [옳다 의] 

○ 양의 뿔을 장식한 의장용 창(我)이 의(義)이다. 고대의 창에는 여러 종류가 있었다. 그 중 아(我)는 적을 물리치기 위한 창이 아니라 아군 혹은 공동체 내 배반자를 처단하거나 결속력을 다지기 위해 쓰였던 창의 종류이다. 여기에서 의장용 창인 아(我)가 '우리'라는 의미를 가지게 되었다.
○ 아(我)에 양의 머리 가죽을 씌우거나 장식을 더해 공동체의 위엄이나 권위를 상징한 것이 의(義)다. 양(羊)은 경건함과 신성함의 상징이었다. 그래서 고대인들은 제의 때 양 머리를 뒤집어쓰고 놀이를 하거나, 깃발 장식에 양을 사용했다. 의장용 아(我)에 다른 동물이 아닌 양 모양 장식을 한 것도 이런 영향이다.

☞ '양 양(羊) + 손 수(手) + 창 과(戈)'로 보고자 한다. 이를 토대로 '손수 창으로 양을 찌르다'로 풀이한다. 그러나 이는 해서체를 바탕으로 한 후대의 해석일 뿐, 갑골문자를 통해 보면, '양 양(羊) + 나 아(我)'로 분해해야 한다고 보는 것이 정설이다.

※ 양(羊)과 아(我)의 조합을 다르게 해석하기도 한다. 톱니 달린 도끼인 아(我)로 양을 죽여 제사를 지냈고, 제물로 바쳐 친 동물의 상태를 보고 길흉을 점친 데서 오늘날의 의미가 파생되었다는 것이다.

36) 美 [아름답다 미] 

○ '대(大) + 양(羊)'이다. 그래서 큰 양이 제물로 바치기에 아름답고 좋다고 풀이하나 이는 오류다. 아름다울 미(美)에서 양(羊)은 의(義)의 양과 마찬가지로 양 장식이다.

☞ 큰 대(大)는 사람이 버티고 선 모습의 상형이다. 원시 축제 때 남자들이 양가죽, 양 뿔 장식으로 치장해 춤을 추는 모습을 담은 것이 바로 미(美)다. 여기에서 '보기 좋다'는 모습의 아름다울 미(美)란 뜻이 파생되었다.

37) 善 [착하다 선] 

○ 양에 대한 고대인의 의식을 보여준다. 고대에는 양을 심판의 동물, 즉 쌍방간 말다툼의 옳고 그름을 판단해 주는 신통력을 지닌 동물로 인식했다. 선(善)은 '양(羊)+언(言)+언(言)'이다. 말씀 언(言)이 두 개 모이면 말다툼할 경(誩)이 된다. 이처럼 말다툼할 때 양이 심판한다는 데서 譱(착할 선)이란 글자가 나왔다.

☞ 사람마다 착하다고 인식하는 것은 다를 수 있지만, '착함에 대한 공통적이고 공개적이며 공정한 기준'은 분명히 정해져 있어야 하니 그것이 바로 의(義)이다. 그런 점에서 선(善)과 의(義)는 통한다.

38) 局 [판국 국]

○ 局은 尺(자 척)과 口(입 구)로 이루어진 글자다. 즉

'말하는 것을 제한하다, 자로 입이 하는 말을 판단하다' 는 뜻이 된다. 그러나 이전 간독문(簡牘文)을 바탕으로, 구부린 시체 모습을 본뜬 시(尸)  와 소리를 결정한 구(句)가 합쳐져 펴지 못하고 구부린 상태라는 뜻에서 '국한되다'란 의미를 가지게 된 것으로 보는 해석이 더 설득력이 있다.

○『說文解字』  에서는 법도 척(尺)과 입 구(口)가 조합된 글자로 풀이한다. 이에 따르면 국(局)은 '말하는 입을 자로 재고 규범화한다.

39) 智 [슬기 · 지혜 지] 

○ 지혜 지(智)는 알지(知)  밑에 날 일(日)이 붙은 글자다. 또는 날 일(日)이 아니라 입모양을 본뜬 왈(曰)이라 보는 경우도 있다.

☞ 가로 왈(曰)은 입을 본뜬 두 개의 글자가 합쳐진 것이다. 즉 사람의 입, 담론을 통해 지혜를 얻을 수 있다는 것을 뜻한다. 일본 속담에 '세 사람이 모이면 문수보살 지혜보다 낫다'가 있다. 문수보살은 대승불교에서 최고의 지혜를 상징하는 보살이다. 세 사람이 모이면 문수보살의 지혜를 이길 수 있다는 것은 곧 집단지성의 힘을 가리킨다. 또 부뚜막의 소금도 넣어야 짜듯 '아는 것도 말할 줄 알아야 지혜'라고 보는 시각도 있다.

○ 알지(知)  밑의 부수를 날 일(日)로 본다면 앎(知)이란 세월이 쌓일수록, 쌓여야 깊어짐을 가리킨다. 즉 지(知)가 지식이라면, 지(智)는 보다 체화된 지혜를 뜻한다고 할 수 있다. 다른 사람의 의견을 수렴하든, 날이 갈수록 깊어지든 지혜는 숙성된 지식이다. 지식이 단지 아는 데 그친다면 지혜는 이를 자기화해 발전시킨 보다 높은 단계다.

○ 지식의 식(識)은 말씀 언(言)과 찰흙 시(戠)  가 합쳐진 글자다. 찰흙 시(戠)  는 소리 음(音)과 창 과(戈)로 구성되어 있다. 예전 고대문자에서 음(音)과 언(言)은 같은 글자로 혼용되어 쓰였다. 즉 말이라면 지혜는 거기에서 한발 더 나아가 자신만의 관점을 보탠 것이다.

40) 信 [믿다 신] 

○ 사람 인(人)과 말씀 언(言)으로 구성된 글자다. 가장 기본적인 해석은 사람(人)이 하는 말(言)은 믿음이 있어야 한다는 의미다. 또는 사람이 등에 말을 지고 있는 모양으로 '글이나 말을 전달해 주는 사람'이란 해석이 있다.

○ 이외에 사람 인(亻)과 입 구(口), 매울 신(辛)이 합쳐진 글자로 보기도 한다.

☞ 매울 신(辛)  은 형벌에 쓰이던 날카로운 도구를 상형한 것

인데, 죄수의 발언(口)이 미덥지 못할 때 고문해 그의 말이 맞는지 알아보았다고 풀이하는 것이다. 이는 전서에서 언(言)과 음(音)이 매우 흡사해 구분하기 어려웠던 데서 오는 오류다. 어느 해석을 취하든 사람의 말은 자신이 이전에 한 말, 행동과 딱딱 맞아 떨어져 믿음이 가게 해야 한다는 데서는 통한다.

41) 狺 [으르렁거리다 은]

○ 개를 뜻하는 견(犭)에 말씀 언(言)이 붙어 의미대로 하자면 '개소리'다. 솔선수범과 언행일치 없이 으르렁거리기만 하는 것은 믿음은 커녕 '개소리'가 될 뿐이다. 한자의 신랄한 유머가 느껴지는 글자이다.

☞ 신뢰는 예전이나 요즘이나 절대로 무너 뜨러선 안 될, 무슨 일이 있어도 지켜야 할 보루다. 병법에서 "적과 싸울 때는 속임수를 이용하고 군대를 통솔할 때는 신뢰를 활용하라"란 말도 있다. 공자는 경제력(식량), 국방력(병사)을 다 포기하더라도 끝까지 지켜야 하는 것이 신뢰라고까지 말한다. 공자는 신뢰없는 리더십은 비유하자면 멍에 없는 수레와 같다고 했다. 요즈음 말로 하자면 핸들 없는 자동차라는 것이다. 신뢰받지 못한 리더는 어떤 일도 할 수 없다. 공자의 제자 자하는 "군자는 신임을 얻은 뒤에 백성을 부리니, 신임을 얻은 뒤에 간(諫)하니, 신임을 얻지 못하고 직언하면 자신을 비방한다고 여긴다"[24] 고 했다.

---

24) "君子 信而後勞其民 未信則以爲厲己也. 信而後諫 未信則以爲謗己也"

☞ 아무리 바른 목표와 좋은 아이디어가 있더라도 상하 신뢰가 구축된 후에 실행에 옮겨야 효과를 발휘할 수 있다.

42) 臣民 [신하 신, 백성 민] 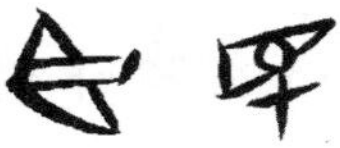

○ 신하 신(臣)  은 원래 노예를 뜻했다. 후대에 와서 왕 앞에서는 결국 누구나 아랫사람인 동시에 노예와 마찬가지이므로 절대복종의 의미가 투영돼 신하라는 뜻을 갖게 되었다. 사람이 똑바로 서 있을 때에는 눈 모양이 가로이지만, 고개 숙인 사람의 옆모양을 보면 눈이 세로 형태다. 그래서 눈을 세로로 표현한 것이 신(臣)이다. 차마 주인을 똑바로 마주 볼 수 없어 눈을 내리깐 모습이다. 왜 똑바로 보지 못하고 눈치를 보겠는가. 명줄을 잡고 있는 주인에 대한 두려움 때문일 것이다.

☞ 신하 신(臣)자가 관련된 글자는 대부분 복종과 관련되어 있다.

신하 신(臣)  과 백성 민(民)  은 유래를 알면, 보기만 해도 가슴이 먹먹해지는 글자다. 사람 사는 것은 예나 지금이나 어쩌면 이렇게 똑같은지, 고대의 갑골문자에서도 '먹고살기 위해' 무릎을 꿇고 눈을 내리깔아야 하는 절절함이 고스란히 전해진다.

○ 환(宦)은 신하 신(臣)  에 집 면(宀)이 더해진 것이다. 즉 감옥에서 감시하는 책임자의 한쪽 눈을 뜻한다. 노예가 노예를 감시하는 형국이니 노예의 우두머리라 하겠다. 주인 입장에선 그 또한 노예일 뿐이나 아마도 노예들 사이에서는 위세가 대단했을 것이다.

언제 어디서든 주인보다 더 무서운 게 마름[25]이 아니던가. 오랑캐는 오랑캐로 제압한다는 이이제이(以夷制夷) 전략처럼 노예를 노예로 제압하는 전략인 셈이다.

○ 단단할 견(堅)은 '신하 신(臣)  + 오른손 우(又) + 흙 토(土)' 로 구성됐다. 눈을 내리깐 채 오른손을 땅에 짚고 무엇을 하겠는가. 바로 충성맹세를 하는 모습이다. 자고로 충성맹세는 굳고 강하게 해야 눈도장을 확실히 찍을 수 있는 법이다. 여기에서 굳고 강하다는 의미가 나왔다.

○ 현명할 현(賢)은 굳을 간(臤)과 조개 패(貝)의 합체자다. 간(臤)은 눈을 내리깔고 있는 아랫사람[臣]과 노동력을 상징하는 손[又]이 합쳐져 순종적으로 일 잘하는 하인의 뜻을 가진다. 여기에 재물의 상징인 패(貝)가 합쳐졌다. 말하자면, 주인의 재산을 잘 지켜주는 노동력이 곧 현명함이다. 알고 보면 구차한 어원인데, 후대에 와서 재덕을 겸비한 것을 뜻하는 '어질다'로 의미가 승격되었다.

○ 백성 민(民) 은 이보다 더 비참하다. 한쪽 눈을 날카로운 도구로 찌르는 모습을 상형 한 것이다. 전쟁에서 패배한 포로로 구성된 노예들을 나타낸 글자다. 전쟁 노예가 된 포로들은 승자의 명령에 순순히 따르지 않았다. 그래서 노동력은 남겨두고 전투력만 없애기 위해 노예의 한쪽 눈을 상하게 하여 거리 감각을 잃게 했다.

---

25) 지주로부터 소작지의 관리를 위임받은 사람을 일컫는다.

43) 水 [물 수] 

○ 물 수(水)는 물이 흘러가는 모양의 상형이다. 가운데 큰 물줄기가 흐르고 양쪽으로 작은 물줄기가 흐르는 모습이다. 보통 강(江)이나 하(河)의 지류를 일컫는다. 강(江)에는 '반듯하다'는 뜻의 공(工) 자가 붙어 물줄기가 비교적 곧게 흐르는 물이고, 황하는 굽이쳐 흐르는 물이다. 수(水)보다 작은 것은 내(川)다. 양쪽 골짜기 사이로 흐르는 물줄기를 말한다.

☞ 공자, 맹자, 순자, 노자, 장자 등 대표적 동양 사상가들은 한결같이 물의 미덕을 배우라고 강조했다. 물에게서 배워야 할 리더의 덕목은 무엇인가? 공자가 『論語』에서 물의 특성과 관련해 언급한 대목은 두 부분이 대표적이다. 『論語』 옹야편에서 공자는 지혜로운 이는 물에서 즐거움을 발견한다고 했다.[26)]

☞ 지혜로운 자와 물은 어떤 점에서 통하는가? 사리(事理)에 밝은 사람은 사리에 통달해 막힘이 없는 것이 마치 물이 자유로이 흐르는 것과 같다. 역동적이어서 막히지 않으므로 즐거워 할 수 있는 것이다. 또한 공자가 시냇물을 보며 탄식하는 대목은 워낙 유명해 예수의 산상수훈과 비견해 공자의 '천(川)상수훈'이라 할 만하다. 먼저 『論語』 자한편의 본문에서 살펴보면, 공자는 시냇물을 보며 탄성을 발한다. "흘러 지나가는 것이 물과 같구나. 밤에도 낮에도 그 흐름을 멈추지 않는 구나 (逝者知斯夫不舍晝夜)." 朱子(주

---

26) "智者樂水 仁者樂山. 智者動仁者靜. 知者樂仁者壽".

자)는 이 말을 勉學(면학)의 의미로 풀었다. 물처럼 그치지 말고 학문에 정진하라는 해석이다.

44) 忠 [참마음 충] 

○ 忠은 가운데 중(中)  과 마음 심(心)  으로 구성돼 있다. 중(中)은 해(日)의 변형이라는 설도 있고, 바람의 방향을 측정하기 위해 장대에 달아놓은 판이라는 설도 있다. 그러나 자신의 씨족을 표시하기 위해 깃발에 상징 부호를 그려 넣었다는 『주례(周禮)』의 기록을 볼 때, 이는 씨족을 상징하는 깃발로 보는 것이 타당하다. 과거에는 집단 안에 중대사가 있으면 넓은 터에 먼저 깃발을 세우고 민중을 집합시켰다. 깃발이 꽂힌 곳이 중앙이자 중심이었다. 이처럼 중(中)은 단지 가운데 위치를 정하는 것을 넘어 기준과 표준의 의미를 지닌다.

또한 중세시대 전쟁에서 병사들이 전투를 벌일 때 성 가운데 가장 높은 곳에 기를 꽂아놓고 병사들로 하여금 결전을 치르도록 소통하는 의미가 있었다고 한다.

○ 심(心)은 '심장'의 상형이다. 중국인들은 생각이나 감정이 모두 머리가 아닌 심장에서 나온다고 여겼다. 인체의 가장 중요한 부분이 바로 심장이다. 그 마음 가운데(中)에 기준의 깃발을 꽂는 것이 바로 충(忠)이다.

☞ 공자는 "군자의 마음은 평안하고 넓지만, 소인의 마음은 항상 근심하고 걱정한다."[27] 고 했다. 맹자는 "평생토록 할 근심은 있지

만 하루 아침의 걱정은 없다"[28] 고 말한 바 있다. 군자가 소인보다 걱정을 적게 하는 것은 걱정거리가 없어서가 아니다. 바로 마음에 중심, 즉 충(忠)을 가지고 있어서 일 것이다.

45) 黑과 黨(흑과 당) 

○ 黨은 黑  이 의미부이고 尙이 소리부인데, 黑은 『說文解字』[29]  에서는 신선하지 못하다, 즉 썩었다는 뜻으로 해석한다. 정의가 아닌, 자신들의 이익만을 위해 무리 짓고 편 가르는 행위는 예나 지금이나 경계해야 할 행위로 인식되었던 것 같다.

○ 金文(금문)에 의하면 黑은 이마에 文身(문신)한 사람을 그려놓았다. 따라서 黑은 죄인에게 가해지는 형벌의 하나인 墨刑(묵형)으로부터 '검다'는 의미가 생겨난 것으로 보아야 하고, 여기에서 다시 어둡다, 혼탁하다, 불법, 사악함 등의 의미가 파생되었다.

○ 黑  에서 파생된 자형이 백성을 뜻한 것은 단순히 머리의 색깔이 검어서가 아니라, 묵형을 받았던 최하층민을 지칭한 데서 의미가 확대된 것으로 보인다. 이는 백성을 뜻하는 民  이 갑골문에서 한쪽 눈이 자해된 모습을 그리고 있어, 형벌을 받았거나 전쟁의 포로가 된 노예를 지칭하는 최하층민에서 점차 백성이라는

---

27) "君子坦蕩蕩小人长戚戚"

28) "有终身之憂无一之患"

29) 北方色也.(1) 火所熏之色也.(2) 从炎. 上出𡆧.(3) 凡黑之屬皆从黑.
'黑'은 북방(北方)의 색이다. 불에 그을린 색이다. '炎(염)'으로 구성되었다. 윗부분[𡆧]은 (연기가) 나오는 창이다. 黑부에 속하는 한자는 모두 黑의 의미를 따른다.

뜻으로 변화해 온 것과도 그 궤를 같이한다.

○ 黑에 出이 더해진 黜은 색깔이 검게 변하여 못 쓰게 되다는 뜻이었으나, 이후 폐기하다, 제거하다, 내몰다는 뜻까지 생겼다. 그러자 出은 의미부의 역할까지 하게 되었다. 하지만 黑은 이처럼 단순히 검은색만 지칭하는 것이 아니라, 갈수록 더럽고 부정적인 뜻까지 가지게 되었다. 예컨대, 黨은 '썩은 무리들'이라는 의미를 내포하고 있으며, 黑心은 나쁜 마음을 말한다.

46) 選擧 (선거) 

選擧는 민주사회의 상징이고 시민사회를 성숙시키고 발전시킬 수 있는 중요한 수단이 된다.

○ 選은 소전체에서부터 보이며 '巽'  과 '辵(쉬엄 쉬엄 갈 착)  ' 으로 구성되었다. 巽  은 갑골문에서 꿇어앉은 두 사람의 모습을 그렸는데, 소전체에서 탁자를 그린 丌(대 기)가 더해져 희생물로 바칠 사람을 뽑는 모습을 구체화했다. 『說文解字』에서는 巽과 같은 글자로 顨(괘 이름 손) 을 제시했는데, 巳(여섯째 지지 사) 대신 머리 頁이 들어간 구조이다. 頁이 화장을 짙게 한 사람의 얼굴을 크게 그려 놓은 것임을 고려할 때, 제사에 쓸 사람이라는 의미를 더욱 강조한 셈이다.

○ 巽을 『說文解字』 에서는 祭需(제수)를 갖춘다는 뜻으로 해석했지만, 제사에 쓸 모든 재료는 가장 훌륭하고 흠 없는 것으로 選別(선별) 해야 하기 때문에 揀擇(간택)하다, 공손하다, 選拔(선

발)하다는 뜻이 생겼다. 選에서 辵은 구성원들 각자가 제사를 위해 마을이나 부족의 중심부로 물건을 보낸다는 의미를 강조하기 위한 것으로 보인다. 따라서 選은 제사상에 바치는 祭物(제물) 처럼 구성원을 위해 희생할 사람을 뽑아(巽) 중앙으로 보낸다(辵)는 뜻이다.

○ 選과 비슷한 구조인 撰은 手(손 수)와 巽이 더해져, 훌륭한 문장을 가려 뽑아(巽) 글을 만들다(手)라는 뜻이다. '가려 뽑아 만들다'는 뜻의 撰이 著述(저술)의 의미를 지니는 것은 述而不作(술이부작 · 서술을 하되 창작은 하지 않는다)이라는 동양적 글쓰기 전통 때문이리라. 또 식(食)과 손(巽)이 더해진 찬(饌)은 제사상에 올릴 골라 뽑은(巽) 맛있는 요리(食)를 뜻한다.

○ 擧(들다 거) 는 여(與)와 수(手)로 이루어졌는데, 여(與) 는 금문에서 舁(마주들다 여)와 口(입 구)와 발음부호인 与(더불다 여)로 구성되어 구령에 맞춰 어떤 것을 함께 드는 모습을 그렸다. 이로부터 '함께' 와 '참여(參與)하다' 는 뜻이 생겼다.

☞ 擧(들다 거)는 여(與)  에 다시 손 수(手)  하나가 추가됨으로써, '힘을 합쳐 무엇인가를 이루어내는 것'은 개개인 스스로 작은 힘을 보탤 때 가능해짐을 강조했다. 따라서 한 사람도 빠짐없이 선거에 참여하는 미덕을 실현함으로써 우리를 위해 제대로 희생할 사람을 뽑아야 할 것이다.

47) 遷都 (천도) 

○ 遷(천)  의 금문자형은 지금과는 조금 달리 표현되었다. 왼쪽은 얼금얼금한 광주리 같은 것을 네 손으로 마주 든(舁 여) 모습으로, 무거운 물건을 함께 들거나 집체 노동을 함께 하는 모습을 그렸다. 여기에다 앉은 사람(卩 절)과 성곽 (口 위)이 결합해 '사람이 거주하는 곳' 을 그린 읍(邑)  이 더해진 것으로 보아, 遷(천)은 사람들이 새로 살 城(성)을 만드는 모습을 형상화한 것으로 보인다. 그래서 遷(천)의 원래 뜻은 築城(축성)이다. 城(성)을 쌓는 것은 새로운 삶터를 위해서이고, 성이 만들어지면 그곳으로 옮겨가기 마련이다. 그래서 '옮기다'의 뜻도 생겼다.

☞ 소전체로 오면서 '옮기다'는 뜻을 강조하기 위해 辵(쉬엄쉬엄 갈 착)  이 더해졌고, 자형의 균형을 위해 오른쪽에 있던 邑(읍)이 준 채 遷(천)으로 통합되어 지금의 遷(천)이 완성되었다.

따라서 遷(천)으로 구성된 한자는 '옮기다'는 뜻을 가진다. 예컨대, 韆(그네 천)은 '革(가죽 끈 혁)으로 줄을 매어 허공을 가로지르며 이리저리 옮겨가도록 만든 장치'인 그네를, 躚(춤출 선)은 '발(足)을 이리저리 옮겨가며 노는 동작'을 말한다. 또 僊(춤출 선)은 '손과 발을 움직여가며 춤을 추는 사람'을 말했으나, 자리에 구속받지 않고 자유롭게 옮겨 다니는 현실을 초월하여 어느 곳이나 마음대로 오가는 사람이라고 해서 '神仙(신선)'이라는 의미로 확장되었다. 그러자 神仙(신선)을 표현하기 위해 遷(천)과 발음이 유사한 山(산)을 사용한 仙(선)이 따로 만들어졌다. '산에 사는 사람'이라는 뜻의 仙(선)이 신선을 뜻하게 된 것은 산에 땅의 精氣(정기)가 서려 있다는 동양적 사고 때문일 것이다.

○ 都(도)  는 금문에서부터 의미부인 邑(읍)  과 소리부인 者(자)로 구성되었다. 『說文解字』에서 선조들의 신주를 모신 宗廟(종묘)가 설치된 邑(읍)을 都(도)라고 함으로써 邑(읍)중에서도 크고 중요한 邑(읍)을 都(도)라고 했음을 알 수 있다. 이로부터 都(도)는 대도시라는 뜻을 가지게 되었고, 으뜸가는 都(도)를 首都(수도)라고 하였다.

살 곳(邑)을 함께 건설하는 舁(여) 모습을 그린 遷(천)의 자원처럼, 遷都(천도)는 기존의 도시를 폐기하는 것이 아니라 새 삶터를 위해 새 도시를 건설한다는 뜻이다.

48) 官職 (관직) 

○ 識(지), 幟(치). 織(직), 職(직)은 모두 근원이 같은 한자이다.

이들은 원래 戠(시)에서 분화하였는데, 戠(시)  는 금문에서처럼 音(소리 음)과 戈(창 과) 의 결합으로 이루어졌다. 音(음)은 소리 즉 聲音(성음)을 뜻하고, 戈(과)는 날카로운 창이나 칼을 뜻한다. 그런즉 戠(시)는 '칼(戈(과))로 말(音(음))을 새긴다'는 뜻이다.

☞ 인간의 智識(지식)은 경험의 축적을 통해 이루어져 왔으며, 경

험의 축적은 처음에는 입에서 입으로 전해졌겠지만 사회가 발달하면서 기록을 통해 이루어질 수 밖에 없었다. 특히 일찍부터 정착농경을 시작한 중국에서는 『春秋(춘추)』 나 『史記(사기)』 처럼 기록으로 남겨진 다양한 경험들이 그들의 문명 발전에 지대한 역할을 했다. 이렇듯 戠(시)는 口傳(구전)되던 자료를 칼로 새겨 기록으로 남기던 모습이 반영되어, '기록하다'가 원래 뜻이다. 이후 의미를 더욱 구체화하고자 言(말씀 언)을 더해 識(지)가 되었으며, 다시 標識(표지), 認識(인식), 智識(지식)의 뜻도 가지게 되었다.

○ 戠(시)  에서 파생하여 베(巾 건)에 어떤 標識(표지)를 새겨 넣는 것(戠)을 幟(치)라고 한다. 베는 깃발을 상징하며, 깃발에 자기 종족의 標識(표지)를 새겨, 그들의 상징으로 삼았을 것이다. 그래서 旗幟(기치)라는 말이 나왔으며, 여기에는 자신들의 상징을 수놓은 깃발을 앞세우고 용감하게 전진하는 모습이 생생하게 반영되어 있다. 織(직)  역시 실(糸 멱)로 어떤 標識(표지)를 새겨 넣는다(戠 시)는 의미를 강조한 글자이다. 베를 짤 때면 어떤 무늬를 넣기 마련이다. 그래서 '베를 짜다'는 의미로 확대되었다.

○ 職(직)에는 戠(시)  에 耳(이)가 더해졌다. 耳(이)는 갑골문에서 귀 를 그렸다. 한자에서 耳(이)는 다양한 의미를 가진다. 聰(총명할 총)이나 聖(성인 성)에서처럼 '총명함'의 상징이기도 하고, 取(취할 취)나 恥(부끄러워할 치)에서처럼 약탈과 恥辱(치욕)을 대변하기도 한다. 職(직)은 官職(관직)에 있는 사람들의 職務(직무)가 남의 말을 귀(耳 이)에다 새기는(戠 시)데 있

다는 의미를 생동적으로 그린 글자이다. 자신의 생각을 남에게 강제하려는 것이 아니라 언제나 남의 말을 귀담아들어, 남을 위해 봉사하는 것이 職務(직무)의 원래 뜻일 것이다.

49) 保健 (보건) 

○ 保  는 갑골문에서 사람(人)이 손을 뒤로하여 아이(子)를 등에 업고 있는 모습을 매우 생동적으로 그렸다. 서양과 달리 동양에서는 아이를 등에 업는데, 이러한 전통이 갑골문 때부터 이미 존재했음을 알 수 있는 글자이다. 保는 이로부터 '保護(보호)하다'는 뜻을 갖게 되었는데, 이 추상적 개념을 고대 중국인들은 어미가 자식을 업어 키우며 보살피는 장면으로 그려냈다. 자식에 대한 어미의 保護 본능만큼 더한 것이 있을까. 그들의 뛰어난 통찰력이 돋보이는 글자이다.

☞ 保  에 衣(옷 의)  가 더해진 褓는 아이를 보호해 주는 '포대기'를 말하고, 土를 더한 堡는 적의 침공으로부터 보호해 주는 '작은 성(城)'을 말한다. 황허 강 유역에 살았던 고대 중국인들은 성을 만들 때에도 돌이 아닌 진흙을 다져 만들었다. 그래서 堡는 城에서처럼 흙을 뜻하는 土가 더해졌다. 堡가 '작은 城'을 뜻하게 된 것은 保에 '보호하다'는 뜻 이외에도 어린아이라는 意味素(의미소)가 들어있기 때문일 것이다.

○ 健은 人과 建  으로 이루어졌는데, 建은 소리부와 의미부의

역할을 함께 하고 있다. 사람은 등과 가슴을 곧추 세우고 설 수 있을 때가 健壯(건장)할 때이기 때문이다. 人은 서 있는 사람의 옆모습을 그렸고, 建  은 갑골문에서 길을 뜻하는 彳(조금 걸을 척)과 손(又 · 우)으로 붓(聿 · 율)을 잡고 무엇인가를 그리는 모습이다. 그것은 도로(彳)의 설계도이거나, 길(彳)에서 어떤 설계도를 그리는 것을 표현한 듯 보인다. 설계도가 만들어져야 건물을 세울 수 있는 법, 그래서 '建設(건설)하다'는 뜻이 생겼다.

+ 鍵(열쇠 건) 楗(문빗장 건) 腱(힘줄 밑동 건)

50) 福 (복) 과 富 (부)  

중국 음식점에 가면 붉은 종이에 커다랗게 쓴 福자를 거꾸로 넣어 놓은 장식물을 자주 볼 수 있다. 거꾸로는 倒를 뜻하고, 倒는 이르다는 뜻의 到와 통한다. 그래서 이는 '福이 들어오다(到)'는 뜻을 상징한 것이다.

○ 福  은 갑골문에서처럼 바로 술독(酉)  을 두 손으로 들고 조상의 신주(示) 앞에서 따르고 있는 모습을 그렸다. 이후 두 손을 나타내는 부분은 생략되고 술독(酉)의 모양이 조금 변해 지금처럼 되었다. 조상신에게 술(酉)을 올려 福을 기원하는 제사(示)에서 福이라는 의미가 생겼다.

○ 술독(酉)을 집 안(宀)에 모셔 둔 모양이 富이다. 술독까지 갖추었으니 갖출 수 있는 것을 다 갖추었다는 뜻에서 富裕(부유)에서처럼 '넉넉하다'는 뜻이 나왔다. 이처럼 고대사회에서 술은 대단히

중요했다. 그리스 신화에서도 주신이 등장하듯, 술은 농경사회를 포함해서 고대사회에서 풍요의 상징이었다. 술을 빚기 위해서는 우선 식량의 문제가 해결되어야 하기 때문이다. 따라서 풍요를 기원하는 제사는 언제나 술을 수반하게 되었고, 집 안에 술독을 모셔 놓고 있는 모습이 富의 자원(字源)을 형성하게 된 것이다.

☞ 모든 사람이 바라는 福이어서 그런지 福에 대한 그리움도 다양하다. 五福(오복)은 長壽(장수), 富(부), 康寧(강녕), 好德(호덕), 善終(선종)을 말한다. 그 중에서도 長壽가 최고였던지 壽福이라는 단어가 만들어졌다. 중국의 그림에 자주 등장하는 박쥐(蝠)는 특유의 이중성과 괴상하게 생긴 형상에도 불구하고 蝠이 福과 발음이 같다는 이유에서 중국인들의 사랑을 받아왔다. 그들은 한 걸음 더 나아가 박쥐만 그리지 않고 꽃사슴(鹿)도 함께 그려놓는다. 鹿은 祿(녹봉 록)과 발음이 같다. 그래서 박쥐와 사슴을 함께 그린 그림은 '福祿'을 뜻한다. 富(부귀 부)와 壽(장수 수)에 대한 추구가 福(복)의 전부라고 생각할 수 있겠지만, 荀子(순자)의 말처럼 "근심을 없앨 수 있으면 그것이 바로 福"일 것이요, 그처럼 걱정을 줄이며 담백하게 살 수 있으면 그만이다.

51) 奉仕 (봉사) 

○ 奉  은 금문에서 모나 어린 묘목을 두 손으로 받들고 있는 모습을 그렸다. 아마도 농경을 중심으로 살았던 고대 중국 사회에서 농작물을 신에게 바쳐 한 해의 풍작을 비는 모습을 형상화한 것

으로 추측된다. 이로부터 '받들다'는 뜻이, 다시 奉獻(봉헌)에서처럼 '바치다'는 뜻이 생겼다. 그러자 원래의 의미를 나타낼 때에는 手를 더하여 捧으로 분화했다.

○ 仕 는 人이 의미부이고 士가 소리부이다. 人은 선 사람의 측면을 그렸음을 쉽게 알 수 있지만, 士의 자형에 대해서는 의견이 분분하다. 어떤 사람은 士가 工(장인 공)과 같은 도구를 그렸다고 하기도 하며, 어떤 학자들은 두 손을 가지런히 맞잡은 채 단정하게 앉은 법관의 모습을 그렸으며 그로부터 선비라는 뜻이 나왔고 다시 남성을 아름답게 부르는 명칭이 되었다고 해석하기도 한다.
하지만 牛(수컷 소)를 뜻하는 牡(수컷 모)의 갑골문 자형에 들어있는 士 의 모습처럼 士는 남성의 생식기를 그렸으며, 이로부터 남성이라는 의미가 선비와 같은 지식인을 지칭하는 개념으로 발전했다는 해석이 더 설득력이 있다. 왜냐하면, 士로 구성된 다른 글자들, 예컨대 壯은 爿(나무조각 장)이 소리부이고 士가 의미부인데, 壯丁(장정)에서처럼 씩씩하고 강인한 '남성'을 지칭하고, 壻(사위 서)는 胥(서로 서)가 소리부이고 士가 의미부인데 사위를 뜻하고, 吉은 집 입구(口) 밖에 세워 놓은 남성의 성기(士)를 그려 그것을 숭배하고 吉祥物(길상물)로 섬기던 의미를 담아 士로 구성된 글자들이 모두 남성 숭배와 관련되어 있기 때문이다.

☞ 이러한 관련된 글자들로 볼 때, 士의 경우 초기 단계에서는 갑골문 牡(수컷 모)의 형태처럼 남성의 생식기를 그렸으며, 이후 세로획에 장식용의 점이 더해졌고 금문 단계에서는 그 점이 가로획으로 변해 지금의 士와 같이 변한 것으로 추정할 수 있다. 남성의

생식기로부터 생식력이 강한 건장한 남성의 상징이 되었으며, 남성에 대한 총칭으로, 다시 선비 등의 의미로 발전되었다. 두 손을 모으고 단정하게 앉은 법관의 모습이라는 해석은 금문 단계 이후의 자형에 근거한 것으로 보인다.

○ 仕  는 바로 남성(士)이라는 사람(人)이 할 일이라는 의미로, 고대 남성 중심 사회에서는 벼슬살이, 즉 정치를 배워 남을 위해 일함을 상징했다. 그래서 奉仕(봉사)란 그러한 벼슬살이처럼 인류와 나라와 남을 위해 그 직분을 받들고 자신을 희생해가며 힘쓰는 것을 말한다.

52) 成長 (성장) 

○ 成  은 갑골문에 의하면 도끼와 점으로 이루어졌는데, 점은 도끼로 쪼갠 어떤 물체를 상징한다. 이는 "화살을 부러뜨려 誓約(서약)을 하고", "피를 나누어 마셔 盟約(맹약)을 삼던" 것처럼, 과거에 盟誓(맹서)를 하던 儀式(의식)을 형상화한 것으로 보인다. 따라서 盟約이 원래 뜻이고, 이후 '完成(완성)'에서처럼 이루다는 뜻이 생겼다. 그러다 秦(진)나라의 小篆體(소전체)에서 소리부인 丁이 더해져 지금처럼 변했다. 成에 言이 더해진 誠은 말(言)이 이루어지려면(成) 지극 精誠(정성)을 다해야 한다는 뜻이 담겨 있다. 말이란 본디 이루어지기 어렵고 믿을 수 없는 것이기 때문이다.

○ 長  은 갑골문에서 머리를 길게 풀어헤친 노인의 모습을 형상화했다. 머리를 길게 풀어헤쳤다는 것은 자신의 머리를 간수하

지 못할 정도로 나이가 들었음을 의미한다. 따라서 長은 머리가 '길다'는 의미에서 '늘어나다'는 의미를 갖게 되었고, 머리가 긴 사람은 바로 나이가 든 年長者(연장자)였다.

☞ 일찍부터 정착 농경을 시작했던 고대 중국에서는 나이가 많은 사람이 구성원의 대표이자 지도자였다는 점에서, 다시 '首長(수장)'에서처럼 우두머리라는 의미가 생겨났다.

53) 福祉 (복지) 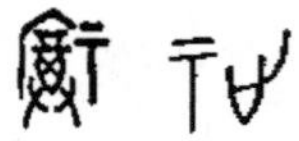

○ 福  은 원래 술독(酉 · 유)을 두 손으로 들고 조상의 신주(示 · 시) 앞에서 술을 따르는 모습으로, 술(酉)을 조상에게 올려 福을 기원하는 제사(示)에서 福이라는 의미가 생겼다.

○ 祉  는 의미부인 示(시)와 소리부인 止(발 지)로 구성되어, 福과 같이 하늘의 보호와 도움이라는 뜻을 가진다.

☞ 이렇게 볼 때, 成長이란 연장자나 우두머리가 되는 것을 목표로 삼는 垂直的(수직적)이고 경쟁적인 의미를 담았고, 福祉는 한 사람에게 복이 집중되지 않고 복이 골고루 흘러가서 모든 사람에게 두루 미치는 水平的(수평적)이고 평등하다는 의미를 가진다.

54) 障碍 (장애)

○ 障은 小篆體(소전체) 에서부터 보이는데, 의미부인 阜와 소리

부인 章이 결합된 글자로, 앞을 가로막은 障碍物(장애물)을 말한다. 阜  는 원래 황토 지대의 반 지하식 움집을 오르내리는 계단을 그렸으며, 그들의 집이 홍수를 피해 주로 언덕 같은 높은 곳에 위치했기에 이후 '언덕'이나 '높은 곳'이라는 의미로 확장되었다.

☞ 章  은 금문에서 죄인에게 墨刑(묵형)을 가하던 칼을 그린 辛(매울 신)에 문신의 형상을 더한 글자로, '새기다'는 의미를 형상화했다. 그래서 章은 새겨진 '무늬'라는 뜻을 갖게 되었고, 글을 아로새긴 것이 文章(문장)이라는 뜻에서 글을 뜻하게 되었다. 산이 없는 中原(중원)의 대평원에서 언덕(阜)은 가장 쉽게 만날 수 있는 길을 가로막는 障碍物(장애물)이며, 중국인들은 이를 토대로 하여 城(성)이나 堤防(제방)을 쌓아 자신이 거주하는 집단을 적의 침입으로부터 防禦(방어)했다. 그래서 阜가 障의 의미부로 자리 잡았으며, 障은 '가로막다'는 뜻과 함께 堤防(제방)이나 城(성)을 뜻하기도 했다.

○ 碍의 원형인 礙(애)는 石과 疑로 이루어졌는데, 石  은 갑골문에서 언덕(厂 · 엄) 아래 놓인 돌덩이(口)의 모습을 그렸다.

☞ 疑  는 갑골문에서 지팡이를 짚은 사람이 길에서 두리번거리며 어디로 가야 할지 몰라 주저하고 있는 모습이며, 금문에 이르면 발(止 · 지)을 더해 그러한 행위를 강조하기도 했다. 그래서 疑는 갈 길을 잃은 모습으로부터 '주저하다' '미혹(迷惑)되다' '의심(疑心)하다' 등의 뜻이 생겼다. 따라서 礙는 돌(石)에 길이 막혀 갈 곳을 가지 못하는  (疑) 모습이다. 이 때문에 礙(애)는 본

래 갖추어야 하는 신체적 조건의 결함으로 인해 자신이 펼쳐야 할 능력에 어려움을 겪는 모습을 뜻하게 되었다.

55) 幸福 (행복) 

○ 幸  은 소전체에서부터 등장하는데 지금의 형체와는 달리 夭  은 거꾸로 선 사람의 모습으로부터 '거꾸로'라는 의미를 그렸다. 그래서 죽는 것(夭)과 반대되는 개념, 즉 '불요(不夭)'를 幸이라 풀이할 수 있을 것이다.

○ 幸 에는 이렇듯 '죽음(夭)을 면하다'는 뜻에서 '행복'이라는 뜻이 담기게 되었다. 이후 幸은 巡幸(순행)과 같이 임금의 지방 시찰을 뜻하기도 하였는데, 고대 사회에서 임금의 지방 시찰은 지극히 幸福한 일이었고 지방민들에게도 幸運을 가져다주는 일로 인식되었던 것 같다. 그리고 人이 더해진 倖은 행복(幸)한 사람(人)이라는 뜻이며, 僥倖(요행)은 뜻밖의 幸運(행운)을 말한다.

56) 健康 (건강) 

'健康하다'는 것은 신체의 강건함도 뜻하지만, 사회 윤리적 개념과 함께 자신의 즐거움이 담보되어야 하는 복합적 개념이기도 하다.

○ 健은 人이 의미부이고 建  이 소리부인 구조이다. 建  은 거리(廴 · 인)에서 붓(聿 · 율)으로 설계도를 그리고 있는 모습

을 그렸으며 이로부터 建設(건설)과 같이 '세우다'의 뜻이 생겼다. 이후 建은 설계도에 의해 세워진 건축물처럼 '우뚝 서다'는 뜻도 함께 가진다. 그래서 健은 우뚝 선(建) 사람(人), 즉 강건하고 튼튼한 사람을 뜻한다.

○ 康  은 자원에 대한 해석이 분분하지만, 갑골문에서 요령을 그린 庚  과 네 점으로 구성되었는데, 네 점은 요령을 연주할 때 나는 소리를 형상화한 것이다.

☞ 네 점은 소전체에서 米(쌀 미)로 변했고, 예서체에서는 다시 氺(물 수)로 변해 지금의 형태로 고정되었다. 따라서 康은 요령 같은 '악기를 연주하다'가 원래 뜻이며, 이로부터 '즐거움을 가져다주는 음악 소리'라는 뜻이 나왔고, 즐거움으로부터 다시 '健康(건강)하다'는 의미가 나왔다.

57) 困窮 (곤궁) 

困窮은 글자 그대로 풀이하자면 '困難(곤란)이 窮極(궁극)에 이르렀다'는 뜻이다.

○ 困  은 갑골문에서 口(둘러쌀 위 · 나라 국)와 木으로 구성되었는데, 이에 대해서는 그동안 다양한 해석이 있었다. 어떤 사람은 口는 문의 네모 틀이고 木은 문빗장으로 문 속에 갇힌 모습을 그려 곤란함의 의미를 나타냈다고도 하고, 어떤 사람은 口는 문을, 木은 문지방을 상징하여 출입을 통제하고 제한함을 형상화했고 그

로부터 어려움의 의미가 나왔다고 풀이하기도 한다.

☞『說文解字』에서 困의 원래 뜻을 '낡은 오두막집(故廬 · 고려)'이라고 풀이한 것을 고려해 보면, 口은 벽으로 둘러친 집을 말하고 木은 변변한 가재도구 하나 없이 집 안에 덩그러니 남은 나무를 형상화한 것으로 보인다. 즉 집이 낡아 주인마저 떠나버리고 시렁이나 걸대로 쓰던 나무(木)만 하나 달랑 남은 다 떨어진 오두막을 그린 것으로 해석할 수 있다.

주인이 떠나버린 낡은 집이라는 의미에서 貧困(빈곤)처럼 '어렵다'의 뜻이, 또 困難(곤란)처럼 '힘들다'는 뜻이, 다시 疲困(피곤)처럼 '지치다'는 뜻이 나왔다. 그리고 어려움과 지침은 구속과 제한에서부터 온다는 의미에서 '구속하다'는 의미가, 주인이 떠난 집이라는 의미에서 '도망가다'는 뜻까지 생겼다.

이렇게 困이 여러 가지 뜻을 가지게 되자, 이러한 의미들을 효과적으로 구분하여 표현하기 위해 糸(가는 실 멱)을 더하여 綑을 만들어 실(糸)로 묶어버림을, 手를 더하여 捆을 만들어 손(手)으로 묶는 것을 나타냈다. 또 目을 더하여 만든 睏(졸릴 곤)은 피곤(困)하여 눈(目)이 감긴다는 뜻이다.

○ 窮은 소전체에서부터 나오는데, 의미부인 穴과 소리부인 躳으로 구성되었다. 穴은 갑골문에서 동굴집의 입구에다 동굴이 무너지지 않도록 양쪽으로 나무받침을 받쳐놓은 모습을 그려, '동굴'의 의미를 형상화한 글자이다. 躳은 다시 임신하여 배가 부른 모습을 그린 身(몸 신)과 연이어진 척추 뼈를 그린 呂(등뼈 려)가 결합되어 '몸'이라는 의미를 나타냈는데, 이후 呂가 소리부인 弓(활 궁)

으로 바뀌었다.

☞『說文解字』에 의하면 竆은 동굴(穴) 끝까지 몸소(躬) 들어가 보는 것을 형상화했다고 했는데, 이로부터 극한에 이르다는 뜻이, 다시 끝이나 極端(극단)이나 竆極(궁극) 등의 뜻이 생겨났다. 그렇게 본다면, 竆에서 躬 또한 의미를 결정하는 데 어느 정도 관여하고 있는 셈이다.

58) 工(공)과 商(상) 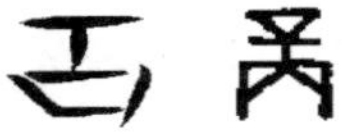

○ 工 은 구조가 대단히 간단하지만, 자원(字源)에 대해서는 논란이 많다. 하지만 갑골문을 보면 흙담을 다질 때 쓰던 돌로 만든 절굿공이나 달구를 그린 것이라는 해석이 가장 적절해 보인다. 工의 위쪽 가로획은 손잡이를, 아랫부분은 절굿공이를 그렸다.

☞ 갑골문을 사용했던 商나라는 지금의 허난(河南) 성 일대에 위치하여 지역의 대부분이 황토였다. 이 때문에 담이나 성을 쌓을 때에는 진흙을 다져서 만들었고, 집을 지을 때도 진흙을 구운 벽돌을 사용할 수밖에 없었다. 그래서 진흙은 그들에게 가장 중요한 건축 재료였으며, 진흙을 다지는 절굿공이가 당시에 가장 대표적인 도구였을 것이다. 그렇게 해서 절굿공이를 그린 工 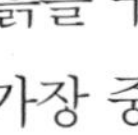은 工具(공구)의 대표가 되었고, 그러한 일에 전문적으로 종사하는 이를 工匠(공장), 그러한 과정을 工程(공정)이라 하게 되었다.
다만, 둥근 모양의 절굿공이가 갑골문에서는 단단한 거북 딱지에 새기기 편하도록 네모꼴로 변했을 뿐이다.

○ 商  역시 자원에 대해 해설이 분분한 글자이다. 하지만 갑골문과 금문의 자형을 종합해보면, 장식용 기둥 두 개와 세 발(足)과 둥그런 배(腹)를 갖춘 술잔을 그린 것으로 보이며 爵이라는 술잔과 비슷하게 생겼다.

59) 利 (날카로움) 과 秀 (빼어남) 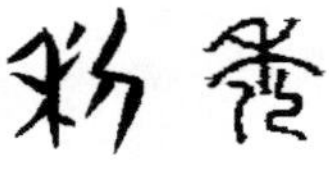

○ 利 는 익어 고개를 숙인 곡식을 그린 禾(벼 화)와 칼을 그린 刀(칼 도)로 구성되었지만, 갑골문에서는 조금 다른 모양이었다. 오른쪽의 刀가 쟁기의 모양이었고, 그 사이로 그려진 점들은 쟁기질할 때 일어나는 흙덩이를 형상화한 것이다. 그래서 利는 곡식(禾)을 심을 밭을 쟁기로 가는 모습을 그렸는데, 이후 쟁기가 칼(刀)로 변했다.

☞ 쟁기질은 인류가 발명한 耕作法(경작법) 중에서 가장 뛰어난 성과이며, 중국은 서구보다 수백 년이나 앞서 쟁기를 발명했다. 쟁기는 날이 날카로워야 적은 힘으로도 밭을 깊게 갈 수 있고, 밭을 깊게 갈아야만 좋은 결실을 기대할 수 있다. 그래서 利는 銳利(예리)하다는 뜻을 갖게 되었고, 예리한 쟁기 날이 많은 수확을 보장해 줄 수 있기에 利益(이익)이라는 뜻도 생겼다. 利에 牛가 더해진 犁는 쟁기에 의한 경작을 사람 대신 소의 힘을 의존하는 모습을 형상적으로 그렸다. 그래서 犁는 쟁기라는 의미 외에도 밭을 갈다, 즉 耕作(경작)이라는 의미를 함께 가진다.

○ 秀는 소전체에서 禾와 乃로 구성되었는데, 乃  는 갑골문에

서 낫 같은 모양의 수확 도구를 그렸다. 낫은 칼에 비해 곡식을 수확하는 데 더 없이 유익한 도구였던 것이다. 그래서 낫(乃)은 곡식(禾) 수확의 빼어난 도구라는 의미에서 '빼어나다'의 뜻이 생겼을 것이다. 물론 『說文解字』를 해석한 학자들은 秀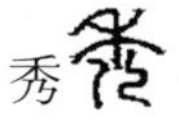를 '꽃이 피지도 않고 곡식알을 맺은 것'이라거나 '곡식알이 아래로 처져 있는 모양'이라고 해석하기도 했지만, 자형과 그다지 맞지 않아 보인다.

☞ 秀에 金이 더해진 銹는 '녹이 슬다'는 뜻이다. 낫과 같이 날이 예리한 부분일수록 녹이 잘 슬게 마련이다. 銹는 상당히 뒤에 출현한 글자이지만, 銹가 갖고 있는 원래의 의미를 충분히 반영하여 만든 글자라 할 수 있다. 秀에 말을 뜻하는 言이 더해지면 誘(꾈 유, 유혹할 유)가 되는데, 사람을 꾀는 말은 주로 말로 하기 때문이다. 꼬드김은 보통의 말이 아닌 상황에 정확하며 빼어난 말일 때 가능하다. 그래서 빼어난(秀) 말(言)은 꼬드김일 가능성이 높음을 경계해야 할 것이다.

60) 勞動 (노동) 

5월 1일은 세계인들이 함께하는 노동절이다. 우리는 '勤勞者(근로자)의 날'이라 이름 붙였지만, 勞와 勤은 사실 같은 뜻이다.

○ 勞 를 『說文解字』에서는 力이 의미부이고 熒의 생략된 모양이 소리부라 했지만, 금문은 두 개의 火와 衣로 구성되었다. 火는 등불을 뜻하고 衣는 사람을 의미하여, 불을 밝혀 밤새워 일하는 모습을 형상화했다. 금문에서는 간혹 衣대신 心이 더해지기도

했지만, 소전체로 들면서 지금처럼 力으로 고정되었다. 힘든 일로 고생스러운 마음을 뜻하는 心보다 육체적 힘을 뜻하는 力이 의미부가 된 것은 원래는 정신적 육체적 노동의 구분이 없던 것에서 육체적 노동이 勞動을 대표하게 되었음을 의미한다.

☞『說文解字』에서 '힘(力) 쓰는 것을 勞'라 하였고, 『爾雅(이아)』에서 '勤과 같은 뜻이다'고 설명한 것도 같은 맥락이다. 나아가 『孟子』에서는 "마음(心)을 쓰는 자는 사람을 다스리고, 힘(力)을 쓰는 자는 남의 다스림을 받는다"고 하여 육체적 노동보다 정신적 노동의 중요성을 강조하기도 하였다.

○ 動  은 重과 力으로 구성되었는데, 重은 소리부 겸 의미부이다. 重은 금문에서 문신용 칼(辛 · 신)과 눈(目)과 東과 土로 구성되었는데, 東은 소리부로 쓰였다. 이러한 모양의 重은 사실 童과 같은 字源을 가진다. 즉 죄를 짓거나 전쟁에 패해 노예가 된 남자 종을 童이라 했다. 童  은 눈(目)을 칼(辛)로 刺害(자해)하여 반항 능력을 빼앗긴 종을 말했는데, 이후 '아이'라는 뜻으로 의미가 변했다. 그래서 重은 눈을 자해 당한 남자 종이 힘든 일을 하고 있는 모습을 형상화했으며, 이로부터 '過重(과중)하다'는 뜻이 생겼다. 이런 연유로 童과 重은 鐘(종 종)에서처럼 지금도 자주 같이 쓰인다. 重은 이후 動作(동작)을 강조하기 위해 辵(쉬엄쉬엄 갈 착)이나 力이 더해졌으나, 결국에는 고된 일이나 强制(강제)를 뜻하는 力이 대표로 채택되어 지금의 動이 되었다. 따라서 動은 '고된 일을 강제하다'가 원래 뜻이며 '움직이다'는 뜻이 나왔다.

61) 貿易 (무역) 

貿는 나누어진(卯) 두 편 사이를 화폐(貝)로써 교환하고 바꿈을 말한다. 여기에 易이 더해짐으로써 貿易은 '바꾸다'는 의미가 더욱 강조된 모양이 되었다.

○ 貿는 貝(조개 패)와 卯로 구성되었는데, 卯는 소리부도 겸한다.

貝  는 조개 화폐를 뜻하고, 卯  는 갑골문에서 어떤 것을 두 쪽으로 대칭되게 갈라놓은 모양이다. 특히 갑골문에서는 희생물을 '두 쪽으로 갈라' 제물로 바쳐 지내는 제사를 말하기도 했다. 이후 卯는 '죽이다', '가르다'는 뜻 외에도 '나누다'는 의미로 쓰이게 되었다. 예컨대, 留(머무를 류)는 田과 卯로 이루어졌는데, 들판의 논밭(田)에 낫 등으로 잘라(卯) 남겨둔 수확물을 뜻하며, 이로부터 '남겨두다'의 뜻이 생겼다.

○ 柳  는 분리하기(卯) 쉬운 특성을 가진 나무를 말하는데, 버들피리에서 보는 것처럼 버드나무(柳)는 물이 오르면 껍질과 속이 쉽게 분리되는 속성을 가진다. 후세에 들면서 버드나무는 이별의 상징이 되기도 했다. 그것은 멀리 떠나는 사람에게 버들가지를 꺾어 보냈기 때문이다. 그런가 하면 劉는 卯와 金과 刀로 구성되어, 쇠(金) 칼(刀)로 갈라 죽이는(卯) 것을 말한다.

○ 易  의 금문 자형에 대해서는 의견이 많지만, 발이 달린 도마뱀을 그렸다는 것이 일반적이다. 그렇다면 도마뱀이 易의 원래 뜻이다. 그러나 고대 중국인들은 도마뱀을 카멜레온과 혼동하였던지 도마뱀이 환경을 따라 색깔을 잘 바꾼다고 생각하는 바람에 易

에 '바꾸다'와 '쉽다'는 뜻이 생겼고, 그때에는 '이'로 구분하여 읽었다. 그리고 원래의 도마뱀은 虫(벌레 충)을 더한 蜴으로 분화시켜 표현했다.

또 下賜品(하사품)으로 내렸다. 그 하사품은 필요에 따라 다른 물건으로 쉽게 바꿀 수 있는 옥, 비단, 청동 등이 대부분이었다. 그래서 賜에는 다른 화폐(貝)로 바꿀(易)수 있도록 내리는 물건이라는 뜻이 들어있다. 그런가 하면 주석을 말하는 錫은 순수한 구리를 청동으로 만들 때 첨가하는 가장 중요한 요소의 하나이며, 그러한 과정을 거쳐 구리는 솥(鼎 · 정)이나 鐘(종) 같은 여러 가지 아름다운 청동기물로 태어난다. 그래서 錫은 여러 다른 물건으로 바꾸어(易) 만들 수 있는 금속(金)이라는 뜻이다.

62) 舟 (주) 와 市場 (시장) 

우선 市자의 뿌리를 찾아, 가장 오래된 모습인 갑골문으로 거슬러 올라가서 살펴보면, 이 글자는 그동안 무척 많은 변화를 겪은 글자이므로 기존의 학설만으로는 설명이 어렵다.

○ 甲骨文에서는 市  는 발(止 · 지)  과 돛(帆 · 범)이나 바닥이 평평한 배(舟)  로 보이는 형상을 그려놓았다. 止는 오가는 행위를 뜻하고, 돛은 배를 상징하고 배는 가장 초기 형태의 교역인 물물교환의 장소를 뜻한다. 배  는 옛사람들에게 동네와 동네를 이어주는 통로 구실을 했을 것이다. 그러던 것이 주나라 때의 금문에 들어서면, 止와 八과 丂(기교 교)로 구성된 형태로 변

했는데, 이를 두고 근대의 林義光(임의광)은 "八은 나누다(分 · 분)는 뜻이고, 丂는 끌어들이다(引 · 인)는 뜻이다. 사고파는 이들이 물건을 나누어 벌려놓고 사람을 끌어 들인다"고 풀이했다.

이 자형이 兮甲盤(혜갑반)이라는 청동기 銘文(명문)에 등장하는 것으로 보아, 西周(서주) 후기 때에는 이미 여러 물건을 벌려놓고 사람들을 끌어들이는 진정한 의미의 사장이 출현했음을 알 수 있다. 그 후 다시 지금의 자형처럼 巾이 들어간 구조로 변했는데, 巾은 깃발을 상징한다. 시라카와 시즈카(白川靜)의 말처럼 巾은 "시장이 서는 장소를 표시하기 위해 세워 놓은 "標識(표지)"로서, 오늘날로 말하자면 공정 거래가 이루어질 수 있도록 감독을 용이하게 하고, 많은 사람들이 쉽게 찾을 수 있도록 한 것을 의미한다.

○ 場  은 土가 의미부이고 昜이 소리부인 구조로, 신에게 제사를 드리던 평지를 말한다. 하지만 昜이 陽(볕 양)의 초기 글자로 제단 위로 떠 있는 태양을 그린 것임을 고려해 보면, 이는 태양신에게 제사를 드리던 장소를 뜻하여 의미부의 기능도 함께 하는 것으로 보인다. 이후 場은 곡식을 널어 말리던 햇볕이 잘 드는 평평한 마당이나 사람이 많이 모이는 場所(장소)를 뜻하게 되었다.

63) 稅(세)와 賦(부) 

稅金은 백성의 재산권이 인정되기 시작하면서 생겨난 제도이다. 따라서 중국에서도 稅金은 노예제에서 봉건제로 이행하는 시기인 春秋(춘추)시대부터 등장하기 시작한다. 稅金을 뜻하는 한자로는 稅와 賦가 대표적이다.

○ 稅  는 禾가 의미부이고 兌가 소리부로, 옛날 전답을 경작하는 대가로 내던 농지세를 말했다. 전답에서 수확한 곡식의 일정 비율을 세금으로 납부했기에 禾가 의미부로 들어갔다. 稅는 이후 농지세뿐 아니라, 세금을 매겨 물리는 모든 稅金으로 의미가 확장되었다. 兌는 갑골문에서 입을 크게 벌린 사람(兄 · 형)과 두 점으로 구성되었는데, 두 점은 위로 나온 숨을 상징한다.

따라서 兌  는 사람이 입을 벌리고 웃는 모습을 그렸으며, '기쁘다'가 원래 뜻이다. 이후 兌가 '바꾸다'는 뜻으로 가차되자, 원래 뜻을 나타낼 때에는 심리 상태를 뜻하는 心을 더하여 悅이 되었다. 稅에 기쁘다는 뜻의 兌가 들어간 것은 주목할 일이다. 백성들의 피를 짜내어 가능한 한 많은 세금을 거두어들이는 것이 통치자들의 즐거움이었기 때문일까. 여기서 기쁨(兌)은 아마도 백성을 착취하는 데서 얻는 사디즘적 기쁨이라기보다는 풍년이 들어 세금을 넉넉하게 거두어들이는 데 따른 '기쁨'이었을 것이다.

○ 賦는 貝(조개 패)  가 의미부이고 武가 소리부이다. 이 역시 稅金을 말하지만 稅가 곡식(禾)으로 내는 세금이라면 賦는 돈(貝)으로 내는 세금을 말한다. 武 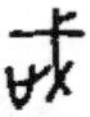 는 갑골문에서 止(발 지)와 戈(창 과) 로 구성되어, '步武(보무)'에서처럼 '무기를 메고 가는 씩씩한 발걸음'을 뜻했으나 이후 武器(무기)나 武力(무력)이라는 뜻으로 의미가 확장되었다. 따라서 賦는 武가 의미부의 역할도 함께하고 있다. 이처럼 賦는 화폐로 내는 세금을 뜻하다가 徵收(징수)나 賦與(부여)의 뜻도 가졌다. 그래서 天賦(천부)라고 하면

‘하늘이 내려준’, ‘선천적으로 타고난 것’을 말한다.

64) 消費 (소비)

○ 消는 水와 肖로 이루어졌다. 소리부도 겸하는 肖는 전국문자에서 小  와 肉(月 · 고기 육)  으로 이루어져, 잘게 썰어놓은 고깃덩어리를 말했다. 고기를 잘게 썰어놓으면 고기의 종류에 관계없이 대체로 비슷해 보이며 구분하기가 힘들다. 이로부터 肖에는 ‘작다’의 뜻 이외에도 ‘닮다’는 의미가 나오게 되었다. 보통 不肖(불초)라고 하면 자식이 부모 앞에서 자신을 낮추어 부르는 말인데, 부모만큼 훌륭하게 닮지(肖) 못한(不) 못난이라는 뜻이다. 이로부터 肖에는 다시 어리석고 별 볼일 없는 사람이라는 뜻이 생겼다.

○ 消는 주로 ‘얼음이 녹다’ 는 의미로 쓰였는데, 그 속에는 큰 덩어리의 얼음이 작은(肖) 물(水)로 변하는 모습이 형상적으로 표현되어 있다. 이후 消는 消失(소실)이나 消滅(소멸) 등의 뜻이 생겼고, 이로부터 ‘다 써버리다’ 는 의미까지 생겼다. 이에 비해 銷(녹일 소)는 금속이 녹는 것을 말하는데, 이 역시 큰 광석 덩어리가 녹아 작은(肖) 금속(金)으로 변하는 형상이 반영되어 있다. 또 削(깍을 삭)은 어떤 물건을 刀(칼)로 잘게 깎아내는 것을 말하며, 그러한 도구인 ‘창칼(書刀 · 서도)’을 말하기도 한다.

○ 費는 소전체에서 貝(조개 패)와 弗로 이루어졌는데, 弗은 소리부도 겸한다. 貝  는 조개 화폐를 뜻하고, 弗  은 갑골문에서 화살을 실(己 · 기)로 동여매어 놓은 모양을 그렸다. 제대로 펴

지지 않아 화살로 쓸 수 없는 것을 실로 묶어 바로잡고 있는 모양을 그린 것으로 보인다. 그래서 弗의 원래 뜻은 바로 잡다(矯正·교정)이며, 제대로 펴지지 않은 화살이라는 뜻에서 '바르지 않다'는 뜻이 생겼고, 다시 부정사로 쓰이게 되었다.

☞ 消費의 '消'는 '녹아 없어지다'는 뜻을, '費'는 '돈을 바르게 쓰지 않는 것'을 말한다. 이 단어는 소비가 결코 미덕이 될 수 없었던 고대사회의 특징을 반영한 글자라고 할 수 있다.

65) 吝嗇 (인색) 

○ '아끼고 아끼다' 는 뜻의 吝嗇(인색)은 독음이 어려워 시험에도 자주 나오는 한자어이다. 吝은 갑골문에서부터 口와 文(무늬 문)으로 구성되었는데, 文은 소리부도 겸한다.

○ 文  은 사람의 시신에 칼집을 낸 데서 무늬라는 의미가 나왔고, 획을 교차시켜 글자를 만들었기 때문에 다시 文字(문자)라는 의미를 갖는 글자다. 그리고 화려한 무늬나 문장으로부터 '빛나다'는 뜻을 가지기도 한다. 그래서 吝은 '빛나는(文) 말(口)'이란 '아끼는' 데서부터 나온다는 의미를 형상화한 글자로 볼 수 있다. 吝을 구성하는 文이 옛 글자에서 종종 彣(채색 문)으로 대체되어 쓰인 것도 이러한 추정을 반증해 준다.

○ 嗇  은 지금의 자형에서는 알아보기 힘들지만 금문에서만 해도 윗 부분은 來(올 래)였고 아랫부분은 기단이 만들어진 창고

를 그렸음이 분명하다. 來  는 갑골문에서 잎이 여럿 난 보리(밀)의 형상을 그렸다. 보리는 중앙아시아가 원산지로 일찍부터 중국에 수입된 농산물의 하나다. 그래서 來에는 외지에서 들어온 곡물이라는 뜻에서 '오다'는 의미가 생겼다. 그리고 원래의 보리를 나타낼 때에는 길게 뻗은 뿌리의 형상을 더한 麥(보리 맥)으로 분화했는데, 보리는 땅 속 깊이 뿌리를 내려 건조한 지역에서도 잘 자라는 곡물이기 때문이다.

○ 嗇  은 '보리(來)를 수확하여 기단이 만들어진 창고에 보관'하는 모습을 그린 글자이다. 기단을 만든 것은 지면의 습기로부터 곡식을 보호하기 위한 조치였을 것이다. 보리는 하늘이 내려준 선물이라고 할 정도로 고대 중국에서 귀중한 곡물이었기에 어떤 다른 곡물보다 아끼고 잘 보관해야만 했다. 그래서 嗇은 '아끼다'는 뜻이 생겼고, 다시 곡식을 보관하는 '창고' 나 담장을 둘러 창고를 만든 데서 '담'이라는 뜻까지 갖게 되었다. 그러자 이러한 의미를 더욱 정확하게 구분하기 위해 禾를 더한 穡(거둘 색)으로 '곡식(禾)의 수확'을 나타냈는데, 사실은 '곡식'이 중복되어 들어간 모양이다. 그리고 嗇에 土 대신 爿(나무 조각 장)을 더하여 牆(담장)으로 쓰기도 했는데, 그것은 爿이 발음도 나타내지만 곡식 창고의 울타리를 나무로 만들었다는 것을 반영하는 것이기도 하다. 嗇에 艸(풀 초)가 더해진 薔은 薔薇(장미)를 뜻하는데, 그것은 薔薇가 담벼락(嗇)을 따라 잘 자라는 넝쿨식물(艸 · 초)이기 때문이다.

66) 貯 (저장) 과 蓄 (축적)  

○ 貯  는 원래 宁로 썼는데, 지금의 자형에서는 宀 (집 면) 과 丁(넷째 천간 정)으로 구성되었다. 하지만 사실은 宀가 가로획(一)으로 이루어졌던 것이 잘못 변한 글자이다. 宁는 갑골문에서 궤짝 속에 어떤 물건(一)이 들어있는 모양인데, 어떤 경우에는 조개(貝 · 패)를 그려 넣어 그것이 조개임을 구체화했다. 금문에 들면서 貝가 궤짝 바깥으로 나와 아래쪽에 위치했고 소전체에서 다시 좌우 구조로 되었다가, 이후 궤짝이 宀으로 변해 지금의 貯가 완성되었다.

○ 貝  는 옛날 화폐로 쓰였기 때문에 돈이나 재물을 상징한다. 그래서 貯는 궤짝 속에 조개 화폐와 같은 재물을 모아둔 모양으로서 '쌓아두다'는 의미를 그려낸 글자이다. 宁는 貯蓄(저축)에서도 보듯이 오랫동안 지속적인 노력에 의해서만 가능하다. 그래서 宁는 '쌓다'는 의미 이외에도 '오래'라는 뜻을 가지기도 한다.

○ 蓄  은 艸(풀 초)와 畜으로 구성되어 곡물(艸)을 비축하는(畜) 것을 말한다. 畜은 갑골문에서 실타래처럼 꼬인 창자와 그 아래로 달린 밥통을 그렸는데, 밥통 속에 음식물이 들어 있는 모습을 형상하여 胃(위) 속에 음식물이 '쌓이다'는 의미가 되고, 다시 '먹이다'는 뜻이 나왔다. 소의 胃에서 보듯이 동물은 위로 되새김질도 하고 인간과는 달리 거기에 음식을 저장하기도 한다. 또 동물의 위는 원시 시절 물을 긷거나 저장하는 도구로, 여행 때에는 물통으로 요긴하게 사용되었을 것이다. 그리하여 畜에는 '저장하다'는 의미

가 생겼고, 家畜(가축)은 사람들이 필요할 때 쓸 수 있도록 집(家)에서 기르는(畜) 동물을 말한다.

이후 정착 농경이 본격화되면서 '저축'은 주로 곡물의 저장을 의미했고 그래서 艸를 더한 蓄과 禾(벼 화)를 더한 稸(쌓을 축) 같은 글자들이 나왔는데, 의미는 모두 동일하다. 지금이 아무리 消費(소비)의 시대라 해도 貯蓄(저축)은 아무리 강조해도 지나침이 없는 미덕임에 틀림없다.

67) 僞造 (위조)

○ 僞는 人과 爲로 구성되었는데, 爲는 소리부도 겸한다. 爲  는 갑골문에서 손(又 · 우)으로 코끼리(象 · 상)를 움직여 일을 시키는 모습을 그렸다. 이로부터 '일을 시키다' 혹은 '일을 하다'는 뜻이 생겼다. 그래서 僞는 '사람(人)이 시켜서 하는 일(爲)'이란 뜻으로, 자연적인 것과 조화를 깨뜨리는 것을 의미한다. 동양에서는 전통적으로 人爲的(인위적)인 것에 대한 부정적인 인식이 존재해왔다. 그래서 노자의 말처럼 無爲自然(무위자연), 즉 인위적인 것 없이 자연 상태로 두는 것이 최상의 덕목이었다. 그래서 집을 지어도 자연과 조화를 이루어야 하고, 사는 것도 대자연으로 돌아가는 것이 최고의 삶이었다. 그렇지 못한 것은 모두 인위적인 것이요, 곧 거짓이자 虛僞(허위)로 인식되었다. 爲에 言이 더해진 譌(잘못될 와) 역시 거짓말이라는 뜻이다.

말(言)로 하는(爲) 것은 모두 '거짓'이며, 서구의 말(logos) 중심주의와는 달리 '말'은 믿을 수 없는 것으로 인식하였음을 나타내주는 글자이다. 譌의 俗子인 訛는 말(言)이 진실을 변화시킨다(化)는 사실을 더욱 형상적으로 표현하기 위해 만들어진 글자이다.

○ 造  는 辵(쉬엄쉬엄 갈 착)과 告로 구성되었는데, 이의 자형에 대해서는 이설이 많다. 금문 단계만 해도 지금의 자형에다 舟(배 주)나 宀(집 면)이 더해지기도 했고, 심지어는 金이나 貝 등이 더해진 모양이었는데, 소전체로 오면서 지금의 자형으로 통일되었다. 造를 구성하는 辵  은 원래 行(갈 행)의 줄인 모양과 止(발 지)  가 합해진 것으로 가다는 동작을 나타내고, 告  는 소(牛) 같은 희생물을 제단에 올려 어떤 상황을 신에게 알리는(口) 모습을 그린 글자이다.

그래서 造는 나아가(辵) 알린다(告) 는 뜻으로 해석할 수 있는데, 금문 등의 자형을 참고해 보면, 작업장(宀)에서 배(舟)나 청동기물(金)이나 화폐(貝) 등을 만들었을 때 조상신에게 그의 완성을 알리는 모습을 그린 것으로 추정할 수 있다. 그래서 어떤 물건의 製造(제조)나 완성이 造의 원래 뜻이다.

☞ 한자에서 '만들다'는 뜻을 가지는 다른 글자인 作(지을 작)이 옷을 만드는 것을 형상화한 것인데 비해, 造는 청동 기물이나 화폐 등과 같이 개인이 아닌 국가가 만들 수 있는 물품의 製造(제조)를 뜻한다. 그래서 造는 作에 비해 더욱 큰 것을 만든다는 점에서 차이가 있다.

68) 合同 (합동) 

合同은 한국어에서는 '모여 하나가 되다'는 뜻이지만, 현대 중국어에서 '허통(合同)'이라고 하면 契約書(계약서)를 말한다. 함께(合) 동의하다(同) 는 뜻이다.

○ 合  은 갑골문에서 윗부분은 뚜껑을, 아랫부분은 아가리(口)를 그렸다. 그래서 合은 장독과 같은 단지의 입구를 뚜껑으로 덮어놓은 것과 같은 모양이다. 뚜껑은 단지와 꼭 맞아야만 속에 담긴 내용물의 증발이나 변질을 막을 수 있다. 고대사회에서 단지와 그 뚜껑의 크기를 꼭 맞추는 것도 기술이었을 것이다. 그래서 合에 符合(부합)하다, 合(합)하다는 뜻이 생겼다. 몸체와 뚜껑이 합쳐져야 완전한 하나가 되기에 '모두', '함께'라는 뜻도 함께 가지고 있다. 한편 찬합과 같이 뚜껑으로 덮을 수 있는 그릇을 나타낼 때에는 皿(그릇 명)을 더하여 盒이라 사용하였다.

그리고 合에서 파생된 恰은 마음(心)이 합쳐진(合) 것으로 恰似(흡사)함을, 洽은 물(水)이 합쳐진(合) 것으로 洽足(흡족)함을 나타내며, 祫(합사할 협)은 함께 모아(合) 지내는 제사(示), 즉 合祭(합제)를 말한다.

○ 合과 유사한 구조를 가진 글자가 會 인데, 갑골문에서 윗부분은 지붕을, 중간 부분을 창고를, 아랫부분은 창고의 문(口)을 그렸다. 고대 중국이 농경사회였던 점을 감안할 때 창고는 곡식을 저장하는 곳이었을 것이다. 穀倉(곡창)에는 여러 종류의 곡식을 함께 저장해두었을 것이고, 이로부터 '모으다'는 뜻이 생겨났다.

따라서 會議(회의) 나 同門會(동문회) 등에서 보듯이 會는 곡식을 창고에 모으듯 사람들이 어떤 목적을 위해서 모이는 것을 의미한다.

○ 同 은 갑골문에서 아랫부분은 입(口)이고 윗부분은 가마 같은 들것을 그렸다. 따라서 이 글자는 가마와 같은 무거운 것을 구령(口)에 맞추어 '함께' 들어 올리는 모습을 형상화한 듯하다. 이와 유사한 구조가 여기에 손 네 개(舁 · 마주들 여)가 더해진 興(일어날 흥)이다. 興  은 손 네 개를 더욱 강조하여 형상화함으로써 들것을 구령에 맞추어 네 손(舁)으로 함께(同) 들어 올리는 모습을 그렸다.

69) 換率 (환율) 

○ 換은 의미부인 手(손 수)  와 소리부인 奐으로 이루어졌으며, '(어떤 것을 가져와) 바꾸다'가 원래 뜻이다. 手는 다섯 손가락이 그려진 손을 형상화한 글자이고, 奐은 소전체에서 두 손(廾)과 동굴 집(穴)과 사람(人)으로 구성되었는데, 『說文解字』 에서는 사람(人)이 높은 동굴 집(穴) 위에 서 있는 모습이라고 설명했다. 奐은 인간이 살던 집의 가장 원시적 형태인 동굴에 두 손의 형상을 더함으로써, 어떤 것을 집으로 가져와 '바꾸다'는 의미를 그렸다. 그러나 이것이 단순히 '바꾸다'는 의미이기도 하지만, 집의 형상과 그 집에 서 있는 사람의 모습과 관련지을 때, 자신의 소유가 아닌 것을 자신의 소유로 바꾼다는 의미로 보인다.

換率(환율)은 돈을 바꾸는 것을 의미하지만, 이것 역시 자국 화폐의 용도에 맞도록 돈의 가치를 비율에 맞게 변화시킴을 뜻한다.

○ 率 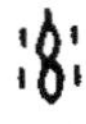 은 여러 뜻과 독음을 가지는 글자여서 시험에도 자주 나오는 글자이다. 率은 금문에서 실타래 모양의 중간 부분과 양쪽으로 점이 여럿 찍힌 모양이다. 중간의 실타래는 동아줄을 말하고 양쪽의 점은 동아줄에서 삐져나온 까끄라기를 상징한다. 동아줄은 비단 실이 아닌 삼베나 새끼줄로 만들 수 밖에 없다. 따라서 비단 실과는 달리 양쪽으로 삐져나온 까끄라기가 그려졌다. 이처럼 率의 원래 뜻은 '동아줄'이다. 동아줄은 배를 묶거나 거대한 물체를 끄는 데 사용된다. 그래서 率에는 率先(솔선)에서 처럼 '이끌다'는 뜻이, 또 이끄는 것에 '따라가다'는 뜻이 생겼다. 이때에는 輕率(경솔)에서처럼 '솔'로 읽힌다. 한편 동아줄의 '이끌다'는 의미를 살려 무리를 이끄는 지도자나 우두머리라는 의미에서 '장수'라는 뜻이 파생되었고, 이 경우에는 '수'로 읽히며 帥(장수 수, 거느릴 솔)와 같이 쓰기도 한다.

70) 謙遜 (겸손) 

○ 謙 은 言과 兼으로 이루어졌다. 言은 말을 뜻하고, 소리부도 겸하는 兼  은 갑골문에서 손(又 · 우)으로 볏단(禾 · 화) 둘을 잡고 있는 모습을 그렸다. 손(又)으로 볏단(禾) 하나를 잡은 모습을 그린 것이 秉임을 고려하면, 兼은 두 가지 이상의 사물이나 행위를 동시에 잡거나 하는 것을 말한다. 이로부터 兼에는

'겸하다'는 뜻이, 다시 어떤 것을 '하나로 묶다'는 의미가 생겼다. 그래서 謙은 말(言)을 묶어둔다(兼)는 의미로 풀이된다. 그것은 말을 많이 하는 것보다 말을 적게 하는 것, 즉 침묵이 미덕으로 간주되고 그 무엇보다 중요한 행동 규범으로 기능해 온 전통을 형상적으로 그려낸 글자이다. 동양 사회에서는 전통적으로 모든 불행은 입, 즉 말(言)에서 나오기에 말을 삼가는 것을 최고의 덕목으로 여겨왔기 때문이다.

이처럼 兼으로 구성된 글자들은 주로 '묶어두다'는 의미를 가진다. 예컨대, 鎌(낫 겸)은 볏단을 움켜쥐고 베는 금속(金) 도구인 낫을 말한다. 또 廉(청렴할 렴)은 처마(广 · 엄)가 한곳으로 모이는(兼) 곳이라는 뜻에서 '모서리'의 의미가 나왔고, 모서리는 집에서 각진 곳이며, '각이 지다'는 품행이 올곧음을 상징하여 '淸廉(청렴)'이라는 뜻까지 나온 글자이다. 그런가 하면 慊(흡족하지 않을 겸)은 어떤 것을 풀지 않고 마음(心) 속에 묶어두는(兼) 것을 말하며, 여기에서 '싫어하다'는 뜻이 나왔다. 嫌(싫어할 혐)은 사람(女)에 대한 불만족이나 의혹 혹은 의심 등을 말하는데, 사람의 상징으로 여자(女)가 채택된 것은 남성 중심 사회의 일면을 엿보게 해준다.

○ 遜은 辵(쉬엄쉬엄 갈 착) 과 孫(손자 손)으로 구성되었는데, 孫  은 소리부도 겸한다. 辵은 彳(조금 걸을 척)과 止(발 지)가 합쳐져 길(彳)을 가다(止)는 의미를 그렸으며, 이후 행하다나 실천하다는 의미까지 가지게 된 글자이다. 孫은 금문에서 子와 糸(가는 실 멱)으로 구성되어, 실(糸)처럼 계속 이어지는 자손(子)이라는 의미에서 '손자'의 의미를 그려냈다. 그래서 遜은 자손

(孫)들이 해야 할 행동거지(辵)를 말한다. 즉 자손들이 부모나 조상을 대하는 것처럼 언제나 공손하고 양보하며 뒤로 물러나는 '謙遜함'을 말한다. 이처럼 謙遜의 謙은 말(言)을 묶어두고(兼) 적게 하는 것을, 遜은 자손(孫)들이 가져야 할 행동거지(辵)를 말한다.

71) 慣習 (관습) 

慣習은 한 사회에서 '오랫동안 습관이 되어 익숙해진 질서나 규칙'을 말하고, 慣習法은 그러한 '사회적 관습이 사회적 규범으로 자리 잡은 것'으로 성문법과는 구별된다.

○ 慣은 心  과 貫  으로 이루어졌는데, 貫은 소리부도 겸한다. 貫  은 갑골문에서 貝가 빠진 毌으로서, 끈이나 꼬챙이로 어떤 물건을 꿰어놓은 모양을 하였는데, 소전체에 들면서 꿰어놓은 것이 조개(貝)임을 구체화하여 지금의 貫이 되었고, 그것 때문에 화폐의 단위로도 쓰였다. 그래서 貫은 '꿰다'는 뜻을 가지며, 이로부터 貫通(관통)의 의미가, 다시 習慣(습관)의 뜻이 나왔다. 꿰어놓은 것은 보통 같은 물건이었기에 '동일함'의 뜻도 생겼다. 고대 중국은 집성촌을 중심으로 마을이 발달했기에 貫은 자신 및 가족이 태어나 자란 혈연적 동일성이 확보된 곳이라는 뜻에서 다시 貫籍(관적 · 본적지)이나 고향까지 뜻하게 되었다.

그렇게 볼 때 慣은 심리적인(心) 동일성(貫), 즉 같은 무리로 묶을(貫) 수 있는 마음(心)을 의미한다. 따라서 慣은 동일한 마음, 즉 같은 뿌리에서 나온 태생보다 더 오래된 심리적 유대에서 연원

(淵源)하며, 그것은 칼 융의 말을 빌리자면, '집단 무의식'에 해당할 것이다.

○ 習  은 갑골문에서 羽(깃 우)와 日로 구성되었는데, 소전체에 들면서 日이 소리부인 白이 되어 형성구조로 변했다. 羽는 날짐승의 깃털을 그린 상형자로 날갯짓을 상징하며, 日은 태양을 그린 글자로 '세월'이나 '날'을 의미한다. 그래서 習은 어린 새가 나는 것을 배우기 위해 오랜 세월 동안(日) 끝없이 날갯짓(羽)을 반복하는 모습을 그린 글자로, '여러 번 날다(數飛 · 삭비)'가 원래 뜻이다.

이후 習은 어떤 것을 배워 자신의 것으로 만들기 위해 반복적으로 練習(연습)하고 익힘을 말하게 되었다. 반복적 연습은 처음에는 지속적으로 쌓이면 '익숙함'이나 습관이 된다. 고대 중국인들은 새가 태어나면서 바로 날지 못함을 알았다. 새가 하늘을 나는 것은 태생적인 것이라기보다는 끊임없는 반복의 결과로 인식하였다. 그것은 처음에는 반복이요 연습이지만, 반복의 횟수가 무한대로 증식하면서 태생적 속성처럼 여겨지게 된다.

이처럼 慣習에서 慣은 한 집단의 동일한 마음이자 유사한 사유를 말하며, 習은 그 사유의 수행, 즉 사유를 사유로써 끝내지 않고 반복적으로 실행하여 그 사회의 규범으로 정착된 것을 말한다.

72) 規範 (규범) 

規範은 인간이 행동하거나 판단할 때 마땅히 따르고 지켜야 할 가치 판단의 기준을 말한다.

○ 規 는 소전체에서 夫와 見으로 구성되었는데, 夫  는 사람의 정면 모습(大)에 비녀를 꽂은 모습을 그려 '성인이 된 남자'를 나타냈고, 見  은 사람(儿 · 인)과 눈(目)을 그려 눈을 크게 뜨고 사물을 관찰하는 모습에서 '보다'는 뜻을 형상화했다. 그래서 規는 글자 그대로 성인 남자(夫)가 보는(見) 것을 말한다. 여기서 성인 남자는 결혼한 남자를 뜻한다. 결혼하지 못한 남자는 성인 대우를 받지 못했을 것이고, 결혼은 충동적인 젊은 남자를 판단력 있고 책임감 있는 성숙한 남자로 만든다. 이처럼 고대 중국에서는 나이 든 성인의 지혜를 최고의 판단 준거로 인식했다.

그래서 성인이 된 남자(夫)  가 보고 판단하는 것을 당시 사람들은 그들이 따라야 할 사회의 法度(법도)나 典範(전범)이라는 뜻이 생겼다. 그것은 고대 중국이 일찍부터 정착 농경을 시작한 사회로, 이동 없이 한 곳에 정착해 삶을 꾸려 나갔기 때문에 경험을 중시하였고 경험의 중시는 연장자에 대한 존중으로 이어졌던 문화적 배경과 관련되어 있다.

○ 範은 소전체에서 원래 수레(車)로 '길을 떠날 때 도로의 신에게 지내는 제사'를 뜻했고, 范은 대나무로 만든 모형 틀을 뜻하여 서로 다른 글자였다. 하지만 範은 范과 글자가 비슷하여 자주 혼동해 쓰이면서, 지금은 모범이라는 의미의 范이 쓰일 자리를 範이 모두 차지하고 말았다.

○ 范은 의미부인 竹 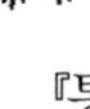 과 소리부인 氾으로 구성되어, 대나무로 만든 모형을 말했다. 『통속문』에서는 '흙으로 만든 형틀을 型

(거푸집 형), 쇠로 만든 것을 熔(鎔)(녹일 용), 나무로 만든 것을 模(법 모), 대(竹)로 만든 것을 范이라 한다'고 했다.

그렇다면 范은 模範에서와 같이 어떤 기물을 만들어내는 표준, 즉 거푸집이라는 의미이다. 거푸집은 동일한 형태를 찍어내는 표준이 되기에 范에는 표준이라는 뜻이 담겼다. 그래서 範圍(범위)는 표준(範)을 둘러싼(圍 · 위) 주위를 말하고, 範疇(범주)는 거푸집이라는 틀(範)에서 만들어져 나온 것을 밭두둑처럼 구분해 놓은 분류를 말하며, 師範(사범)은 선생(師)의 자질을 만들어내는(範) 곳을 말한다.

73) 容恕 (용서)  

요즈음 세상을 보노라면 그 어느 때보다 容恕가 절실한 때임을 실감한다.

○ 容 은 금문에서만 하더라도 內(안 내)와 口로 이루어졌는데, 內는 納(들일 납)의 원래 글자이며 口는 그릇의 입을 상징하여, '어떤 물체를 용기에다 넣다' 는 의미를 형상화한 글자이다. 그래서 容은 원래 '담다', '收容(수용)하다'이다. 하지만 소전체로 오면서 容의 형체가 조금 변해 지금처럼 宀과 谷으로 구성되었다. 집(宀)은 사람이나 물건이 들어갈 수 있는 공간이며, 특히 골짜기(谷)는 굳이 노자의 말이 아니더라도 모든 것을 수용하고 받아들일 수 있는 텅 빈, 지극히 넉넉한 공간이다. 속이 가득 차 있으면 다른 것을 받아들일 수 없으며 비어야만 다른 것을 받아들일 수 있듯, 빈 공간은 남의 입장을 이해하고 남의 잘못을 너그럽게 받아들

이는 상징이다.

○ 恕  는 如  와 心  으로 구성되었는데, 如는 갑골문에서 다시 女  와 口  로 이루어져 '말(口)을 잘 따라야 하는 여인(女)', 즉 순종적 존재로서의 여성이라는 이데올로기가 반영된 글자이다. 이로부터 如는 따르다, ~와 같다는 의미를 가지게 되었다.

○ 心  은 원래 심방이 잘 표현된 심장의 실제 모양을 그렸으며, 옛사람들은 마음이나 생각이 심장에서 나온다고 생각했기에 心은 사고 활동과 관련된 의미를 가진다. 그래서 恕는 '마음(心) 가는 대로(如) 하다'는 의미이다. 마음 가는 대로 한다는 것은 무엇일까. 바로 상대에 대한 '용서'를 말한다.

☞ 공자의 사상을 물었을 때, 증자는 선생님의 사상은 한 마디로 '忠(충)'과 '恕(서)'라고 했을 정도로 용서(恕)는 공자의 핵심적인 실천 도덕이기도 하다. 이처럼 容恕는 속에 어떤 것이라도 들어올 수 있도록 마음을 비우는 것이요, 그 비워진 마음(心)이 시키는 대로(如), 그 마음이 가는 대로 하는 것을 말한다. 물론 순자의 '성악설'도 있지만, 인간의 마음은 언제나 순수하고 착하다고 본 '성선설'은 중국이 전통적으로 따르는 견해였다. 恕는 바로 그 순수하고 착한 마음이 결정하는 대로 그대로 따라 하는 것이 바로 '容恕'라는 의미이다.

☞ 우리는 마음속 본래의 생각과는 달리 항상 자신이 처해 있는 입

장과 상황에서 상대를 대하고 자신이 살 방도를 찾기 쉽다. 그것은 항상 자신 속에 들어있는 원래의 마음과는 다르게 변질되어 나타나도록 만든다. 그것을 경계하여 언제나 텅 빈 마음처럼 해야 한다는 경계를 담은 것이 容恕이다.

74) 倫理 (윤리) 

倫理란 인간이 사회를 살면서 지켜야 하는 도리와 규범을 말한다. 동양과 서양, 옛날과 오늘날의 倫理가 같을 수는 없겠지만, 동양에서는 전통적으로 親(친), 義(의), 別(별), 序(서), 信(신)을 강조해왔다. 즉 부모와 자식 간에는 사랑이, 임금과 신하 간에는 의리가, 부부간에는 구별이, 어른과 아이 사이에는 차례가, 친구 사이에는 믿음이 있어야 한다는 것이다.

○ 倫  은 人  과 侖  으로 구성되었는데, 侖은 소리부도 겸한다. 侖은 금문에서 多管(다관) 피리를 그린 龠(피리 약)의 모양을 닮았는데, 윗부분은 입을, 아랫부분은 대를 엮어놓은 모양을 그렸다. 아마도 多管으로 된 피리 같은 악기를 볼 때의 條理(조리)나 순서를 형상화한 것으로 보인다. 그래서 侖은 순서나 條理라는 의미를 가진다. 예컨대 倫은 사람들 사이의 次序(차서 · 차례)를 말하는데, 일찍 정착 농경을 시작한 고대 중국은 경험에 의한 나이 중심의 사회였기에 사람들 간의 次序가 倫理의 핵심 개념으로 자리 잡았다.

○ 輪은 수레의 바퀴를 말했는데, 수레바퀴는 여러 부속품으로 구성되어 장착하는 데 일정한 순서가 필요하기 때문에 侖이 소리부

로 채택되었다. 그런가 하면 論은 論理에서와 같이 '말의 조리'를 말하는데, 事理(사리)를 분석하여 조리 있게 설명하는 것을 말한다. 그리고 그러한 귀납의 결과를 지칭하기도 하는데, 理論이나 唯物論(유물론) 등과 같은 경우가 그러하다.

○ 理 는 의미부인 玉(옥 옥)과 소리부인 里로 구성되었다.

里 는 금문에서 밭의 형상을 그린 田과 흙을 뭉쳐 세워 놓은 형상을 그린 土로 구성되었다. 밭(田)은 경작지의 상징이고 땅(土)는 거주지를 뜻한다. 그래서 이 둘이 결합된 里는 사람이 모여 사는 마을을 뜻하게 되었고, 鄕里(향리)가 원래 뜻이다. 옛날에는 5隣(린)을 里라 불렀는데, 隣은 다섯 집(家)를 헤아리는 단위였다.

그래서 里는 지금의 개념으로 하면 다섯 마을 정도의 의미가 될 것이다. 이후 里는 거리의 단위로도 쓰였는데, 1里는 다섯 마을이 분포하는 마을의 길이에서 나온 것으로 추정할 수 있다. 理는 '玉을 다듬다'가 원래 뜻인데, 原石(원석)에서 玉을 분리해내기 위해서는 무늬 결을 따라서 분리해야만 가능하다. 그래서 理에 '다스리다'는 의미가 들어가게 되었다. 또 옥의 무늬 결처럼 존재하는 사물의 理致(이치)나 條理(조리)를 뜻하기도 하였다.

75) 貞(곧음) 과 眞(참) 

고대의 점술가는 미래의 예언가이자 공동체의 불운을 미리 막아주는 우두머리 역할을 수행했다. 貞과 眞은 이러한 옛 점술가의 지위를 아주 잘 보여주는 글자이다.

○ 貞 은 갑골문에서 의미부인 卜과 소리부인 鼎으로 구성되었는데, 이후 鼎이 貝로 잘못 변했다. 卜은 거북점을 칠 때 불로 지져 열에 의해 갈라지는 거북 딱지의 형상이고, 그 갈라진 각도나 모양으로 점괘를 판단한 데서 '점'이라는 뜻이 나왔다. 그래서 貞은 원래 신에게 '물어보다'는 뜻으로 사용되었다. 이후 불에 지진 거북 딱지가 직선을 그리며 갈라진 데서 '곧다'는 뜻이 나왔고, 지금은 '곧다'는 의미가 주로 쓰인다. 貞人은 상나라 당시 최고의 점인 거북점을 주관하고 점괘를 판단하던 점복관을 말한다. 때로는 상나라 왕이 직접 貞人의 역할을 수행한 것으로 보아 그 지위가 대단히 높았음을 알 수 있다.

○ 眞 은 善(선) 과 美(미) 와 함께 인류가 추구하는 세 가지 지향점 중의 하나이지만, 이의 자형에 대해서는 아직 잘 알려져 있지 않다. 『說文解字』에서 '眞은 신선이 모습을 변화시켜 승천하는 것을 말한다. 匕와 目과 乚과 八로 구성되었는데, 八은 신선의 탈것을 말한다' 고 했지만, 금문의 자형과 어떤 연계도 지을 수 없다. 眞이 금문에서야 등장하는 것으로 보아, 이 개념은 전국시대 말부터 유행한 신선 사상과 관련이 있는 것으로 보인다. 하지만 그 근원은 상나라 때의 貞人(정인 · 점복관)에서 찾을 수 있다.

☞ 신과 교통하고 신의 말을 인간세계에 전달해 주던 상나라의 貞人처럼, 주나라에 들면서 천지간의 道를 체득한 仙人(선인)을 부를 다른 명칭이 필요해졌다. 그것은 신탁의 시대에서 인문의 시대로

역사가 진전했음을 상징하기도 했다. 그래서 貞에서 분화된 글자가 眞이고, 이후 眞人(진인)은 이러한 사람의 최고 호칭이 되었다.

이후 眞은 신의 소리를 듣기 위해 점복을 행할 때의 몸과 마음가짐처럼 '眞實(진실)됨'과 '참됨', 그리고 '眞理(진리)'라는 뜻으로까지 확장되었다.

76) 心 (마음 심) 과 意志 (의지)  

한 단계를 마무리하고 새로운 출발을 할 때면 언제나 뜻을 세운다. 뜻을 세우는 데는 마음을 다잡는 것이 제일 첫 단계이다.

○ 마음을 뜻하는 心  은 금문에서 중간 부분은 心室(심실)을, 바깥 부분은 心房(심방)을 그렸다. 心臟(심장)이 원래 뜻이며, 이로부터 '마음'이라는 의미가 생겼다. 고대 중국인들은 '생각'이 머리가 아닌 마음에서 나온다고 생각했다. 그래서 思, 想, 念 등과 같은 생각과 관련된 글자들은 대부분 心을 의미부로 삼고 있다.

○ 思  는 원래 머리를 뜻하는 囟(정수리 신)과 心으로 구성되어, 사고가 심장과 두뇌에서 나오는 것임을 그렸다. 思는 두뇌(囟)가 동원되었다는 점에서 맹자가 말한 "심장의 기능은 생각하는데 있다"고 한 것에 비해 다소 진보적이다. 하지만 한나라의 隸書(예서)로 오면서 囟이 田으로 변했다. 그것은 농경을 중심으로 삼았던 중국인들이 논밭(田)에서 나는 농작물의 생산력을 높이기 위해 온갖 마음과 갖은 생각(心)을 다 쏟아 고민하는 모습을 반영한 것이 아닌가 생각된다. 이렇듯 思는 원래 사고(思考)하다는 뜻이었

으나 이후 思母曲(사모곡)이나 想思(상사)에서처럼 그리워하다는 뜻도 포함하게 되었다.

○ 意  는 秦(진)나라의 小篆(소전)에 들어 처음 등장하는데, 글자 그대로 '마음(心)의 소리(音)'라는 뜻이다. 마음속의 생각이 악기의 소리처럼 밖으로 표출될 때 그것은 바로 뜻(意)이 된다. 그래서 意에 口가 더해진 噫(탄식할 희)는 마음속에 품은 뜻이 입(口)을 통해 저절로 나온다는 뜻이요, 憶(생각할 억)은 記憶(기억)이나 追憶(추억)에서처럼 마음속에 묻어두었던 생각(意)을 마음(心) 속에 다시 한 번 묻어둠으로써 축적되어 쌓여 있다는 의미를 가진다.

○ 지금의 志  는 士(선비 사)와 心으로 구성되었지만, 戰國시대 문자에서는 之(갈 지)와 心으로 구성되었다. 그래서 마음(心)이 가는(之) 바, 즉 志向(지향)이 원래 뜻이었다.

☞ 『詩經』에서 "시란 뜻을 말한 것이요, 노래란 말을 읊조린 것이다.(詩言志, 歌永言)"라고 한 것은 바로 이를 두고 한 말이다. 즉 뜻이 나아가는 바가 바로 志인데, 志는 아직 밖으로 표현되지 않은 뜻을 말하고, 그것을 언어(言)로 표현한 것이 詩라는 말이다. 하지만 漢나라의 隸書(예서)에 들어서면서, 志가 士로 구성됨으로써 '선비(士)의 마음(心)이 곧 뜻'이라고 해석되었고 立志(입지 · 뜻을 세우다)라는 뜻으로 주로 사용되었다. 그래서 志는 마음이 가는 길이라는 원래의 넓은 의미에서 선비의 뜻으로 의미가 축소되었다. 모든 선비가 관직에 나가는 것은 아니지만 관직에 오를 수

있는 자가 선비여야 했다. 그래서 선비의 뜻의 객관적 기록이 誌(기록할 지)가 되는데, 선비의 뜻(志)을 말(言)로 기록하다는 뜻이고, 墓誌石(묘지석)에서처럼 공식적 기록을 誌라고 한다.

77) 剛 (강함) 과 柔 (부드러움) 

'外柔內剛(외유내강)' 이라는 말이 있다. 겉은 부드러워 보이지만 속은 더없이 강하다는 뜻이다.

○ 剛  은 금문에서부터 刀(칼 도)와 岡(산등성이 강)으로 구성되었는데, 岡은 소리부도 겸한다. 刀는 칼의 모양을 그렸으며 강함의 상징이다. 또 岡은 山과 网(그물 망)으로 이루어졌는데 산이 그물망처럼 이러진 산맥의 '산등성이'를 뜻한다. 돌이 드러난 산등성이의 이미지가 '강인함'으로 이어지듯, 岡은 '강함'을 뜻한다. 그래서 綱은 그물을 버티는 강한(岡) 줄(糸)을, 鋼은 강한(岡) 쇠(金) 즉 강철을 말한다. 하지만 이후 岡의 자형에서 网의 형상을 잘 분별하지 못하게 되자, 다시 山을 더한 崗(산등성이 강)을 쓰기도 하였다. 그래서 崗역시 岡과 같은 뜻이며, 다시 이로부터 산비탈이나 산등성이 같은 곳에 세워진 '哨所(초소)'를 뜻하기도 하였다.

만리장성을 가본 사람이라면 험준한 산등성이를 따라 끝도 없이 만들어진 長成(장성)의 모습을 쉽게 기억할 것이다. 그 長成을 따라 자로 잰 듯 정해진 간격마다 哨所를 세웠고, 다시 몇 개의 초소마다 전진 초소를 만들었다. 초소는 적의 침입을 막기 위해 언제나 보초(步哨)가 자신의 위치를 지키는 곳이다. 그래서 崗에는 항상 지키는 자리라는 의미에서 '직장'이라는 뜻이 생겼다.

현대 중국어에서는 실직을 '샤강(下崗)'이라 하는데, 자신이 지키던 직장(崗)에서 내려오다(下)는 뜻이다.

○ 柔는 소전체에서도 矛  (창 모)와 木  (나무 목)으로 구성되었다. 창(矛)의 나무자루(木)라는 뜻으로, 훌륭한 창은 창의 재질도 강해야겠지만, 그에 못지않게 중요한 것이 나무자루의 柔軟(유연)한 탄력성이라는 의미에서 만들어진 글자이다. 그래서 柔는 '나무의 성질이 柔軟함'이 원래 뜻이고, 이로부터 부드러움이나 온화함의 뜻까지 생겼다. 蹂躪(유린)이라는 단어에 등장하는 蹂(밟을 유)는 발(足)로 연약한(柔) 존재를 '짓밟다'는 뜻이다.

☞ 강함은 부드러움에 대칭되는 말로, 전자는 남성의 상징이요 후자는 여성의 상징이었다. 남성이 절대적 우위였던 시절, 老子(노자)는 부드러움이 강함을 이긴다는 말로, 여성의 우위를 역설적으로 표현했다. 겉과 속으로 이를 모두 갖춘 '外柔內剛'이라면 이것이야말로 진정한 강함이 아닐까.

78) 軟 (부드러움) 과 硬 (딱딱함)

'마이크로 소프트(Microsoft)'사를 중국어로는 '웨이란(微软)' 公司(공사)라고 한다. '마이크로(micro)'를 미세하다는 뜻의 微로, '소프트(soft)'를 부드럽다는 뜻의 軟으로 번역한 것이다. 이처럼 현대 중국어에서 软(軟의 간체자)은 부드러운 것, 즉 '소프트(soft)'한 것을 지칭한다.

○ 軟은 원래 輭으로 썼는데, 지금은 속자인 軟이 정자인 輭보다

훨씬 자주 쓰인다. 輭은 車와 耎으로 구성되었는데, 耎은 '커다란(大) 수염(而)'을 말한다. 기다랗게 자란 수염은 짧은 수염에 비해 훨씬 부드럽다. 그래서 耎에 '부드럽다'는 뜻이 나왔다. 輭은 '부드러운(耎) 수레(車)', 즉 덜컹거림을 방지하기 위해 수레바퀴를 새끼줄로 감싼 出喪(출상)용 수레를 말했는데, 이후 부드러움을 나타내는 대표자가 되었다. 다만 欠(하품 흠)으로 변화된 속자가 유행해 지금은 속자가 정자를 대표하는 형국이 되었다.

○ 현대 중국어에서는 '하드웨어'를 '잉젠(硬件)'이라 하듯 '하드(hard)'한 것을 모두 '잉(硬)'이라 한다. 硬은 의미부인 石과 소리부인 更으로 구성되었는데, 딱딱함의 이미지를 돌(石)에서 가져왔음을 쉽게 추측할 수 있다.

○ 옛날에는 更을 으로 썼다. 更은 갑골문에서 손에 막대를 쥐고(攴 · 복) 무엇인가(丙 · 병)를 움직이는 모습을 그렸는데, 대상은 鬲(솥 역)이라는 鼎(정)처럼 생긴 솥을 말한다고 알려져 있다. 어쨌든 이로부터 移動(이동)이나 '바꾸다' 등의 의미가 생겼다. 更은 變更(변경)과 같이 바꾸다가 원래 뜻이며, 이후 三更(삼경)과 같이 시간을 헤아리는 단어로, 更新(갱신)과 같이 '다시'라는 부사적 용법으로도 쓰였다. 다만 '다시'라는 뜻으로 쓰일 때에는 독음을 '갱'으로 읽는 데 주의해야 하는데, 更生(갱생)이나 更衣(갱의) 등이 그러하다.

79) 師 (스승 사) 

'스승'을 뜻하는 대표적인 한자는 師이다.

○ 師 는 갑골문에서 帀가 빠진 모양인데, 이의 상징에 대해서는 의견이 분분하다. 하지만 이것을 가로로 눕히면 丘陵(구릉)의 형상이어서 '작은 언덕'을 그린 것이라는 설이 설득력이 있어 보인다. 끝없이 펼쳐진 황토 평원에서 丘陵(구릉)은 여러 가지 특수한 기능을 해왔다. 홍수로부터 침수를 막아주기도 하고, 주위에서 쳐들어오는 적을 조기에 발견하여 방어할 수 있도록 해주었다. 심지어는 하늘과도 통할 수 있는 곳으로 생각되기도 했다. 그래서 고대 중국인들은 城을 이러한 구릉에다 세웠으며, 王陵(왕릉)도 이러한 곳에다 만들었다. 都城(도성)이나 왕릉이 위치한 곳은 반드시 軍士(군사)들이 지키게 마련이다. 그래서 師에 '軍師'라는 뜻이 생겼으며, 옛날에는 2500명의 軍隊(군대)를 師라고 했다.
○ 금문에 들어 이러한 의미를 더 강조하기 위해 '사방으로 둘러치다'는 뜻의 帀을 더해 지금처럼 師가 되었다. 이후 師에는 軍師처럼 '많다'는 뜻이 생겼고, '三人行必有我師 (삼인행필유아사 ; 여럿이 있으면 그 중에 반드시 나의 스승이 있다)' 라는 말처럼 다시 '스승'이라는 뜻이 나왔다.

※ 스승을 부르는 말로 先生이 있다. 先 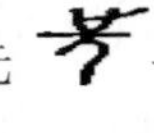 은 갑골문에서 발(止)이 사람(人) 앞으로 나간 모습으로부터 '먼저'라는 의미를 그렸다. 『韓詩外傳』 에서는 '道를 아는 자를 先生이라 하는데, 그것은 먼저 깨우쳐주기 때문이다'라고 했다. 경험이 중시되었던 고대 중국에서 '먼저 태어난' 것을 풍부한 지식의 소유자이며 교육의 주체로 간주했기 때문이다. 이 밖에도 스승을 지칭하는 말은 많다.

학문을 파헤친다는 뜻에서 學究(학구)가, 선생을 존중하여 서쪽 자리에 앉게 한다는 뜻에서 西席(서석)이, 학생과 선생의 자리를 한 키(丈) 정도 떨어지게 한다는 뜻에서 '函丈(함장)'이, 스승을 모범 삼아야 한다는 뜻에서 '師範(사범)' 등이 그러하다. 이 모두 스승을 존중하고 교육을 중시해 온 전통에서 나온 아름다운 호칭들이다. 그런가 하면 師傅(사부)는 군사 지도자(師)와 베 짜는 전문 기술을 지도하고 전수하는 사람(傅)을 합친 말로 고대사회에서 가장 중요한 전문 기술의 전수자를 일컫는 말이었다.

80) 勝(승)과 敗(패) 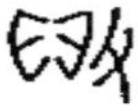

민주주의 사회에서 選擧(선거)의 승패는 깨끗하게 인정하는 진정한 勝敗(승패) 정신에 기반을 둔다.

○ 勝은 소전체에서부터 보이는데, 의미부인 力과 소리부인 朕으로 구성되었다. 『說文解字』에서는  자형의 모습을 하고 있다. 力  은 갑골문에서부터 쟁기의 모습을 그려, 쟁기질에 필요한 힘을 상징했다. 力이 의미부로 기능하는 勝은 오늘날과는 달리 고대 사회에서는 힘(力)이 센 사람이 힘이 약한 사람을 제압했던 것, 즉 육체의 힘이 勝負(승부)에서 중요했음을 의미한다.

○ 朕 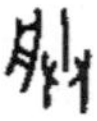 은 갑골문에서 배를 그린 舟(배 주)와 두 손으로 무엇인가를 든 모습을 그렸다. 손에 든 것을 두고 불, 도끼, 祭器(제기)라는 다양한 주장이 제기된다. 하지만 갑골문 때부터 朕(나 짐)은 이미 商나라 왕 스스로를 지칭하거나 '나', '우리' 등의 의미로만 쓰였기 때문에 이의 정확한 자원을 살피기가 쉽지 않다. 그래서 이러한 용법은 가차에 의한 것이라는 설이 지배적이다. 하지만 배를 고

치는 모습이든, 배가 순항할 수 있도록 제사를 지내는 모습이든, 배의 항로나 그 안전을 책임지는 자는 바로 배의 주인인 '자신' 혹은 자신이 속한 '우리'일 수밖에 없다는 의미에서 朕이 1인칭 대명사, 특히 존중의 의미가 포함된 의미로 사용되었을 가능성도 배재할 수는 없어 보인다.

○ 敗 는 갑골문에서 鼎  과 攵  으로 구성되었는데, 鼎(솥 정)은 간혹 貝(조개 패)로 대체되었으며, 이후 貝가 대표로 남아 지금처럼 되었다. 鼎이 貝로 바뀐 것은 형체가 유사한 데서 비롯된 오류로 한자 발전사에서 자주 볼 수 있는데, 則(법칙 칙)이나 貞(곧을 정)도 그러한 예에 속한다. 鼎  은 세 발 솥을 뜻하고 攵(칠 복)  은 손에 막대기를 든 모습이다. 그래서 敗는 손에 막대를 들고 솥(鼎)을 깨는 행위가 잘못 만들어진 솥을 깬다는 단순한 의미도 있겠지만, 九鼎(구정)의 전설[30]에서 보듯이 鼎이

---

30)  (일명 구룡신정(九龍神鼎)) 하(夏)나라의 시조 우왕(禹王)이 만들었다고 하는 전설상의 9개의 보정(寶鼎, 정(鼎)은 금속으로 만든, 발이 셋, 귀가 둘 달린 크고 귀한 솥). 우왕이 순(舜) 임금의 명을 받들어 황하(黃河)의 치수(治水)에 성공한 후 천하를 아홉 개의 주(州)로 나누고 각 주의 특산에 따른 공부(貢賦, 각 지역에서 국가에 바치는 특별한 진상품)를 정해주어 통치의 자원으로 삼게 했음(이것이 바로 유명한 '우공구주(禹貢九州)'이다. 우공구주(禹貢九州)는 형(荊)·양(梁)·옹(雍)·예(豫)·서(徐)·양(揚)·청(青)·연(兗)·기(冀)의 9주를 의미한다). 이때 우왕의 성덕(聖德)에 감읍한 구주의 수장들이 각 주의 진귀한 금속을 모아 바쳤고 우왕은 이를 재료로 삼아 9개의 정(鼎)을 차례로 제작해 대대로 왕위 전승의 보기(寶器)로 삼게 했다고 함. 이후부터 정(鼎)은 국가·국통(國統)·왕위·제업(帝業) 등을 상징하는 말로 두루 쓰이게 되었고, 구정은 하나라를 거쳐 상나라로, 다시 주나라로 전승되었다고 함. 따라서 구정을 소유한다는 것은 바로 천하를 다스릴 만한 덕업(德業)과 공명(功名) 및 정통성을 갖추었다는 사실을 상징함. [네이버 지식백과] 구정 [九鼎] (열국지사전, 2001)

단순한 솥의 의미를 넘어서 부족이나 국가의 정통성을 상징하는 존재임을 생각해 볼 때, 鼎의 파괴는 敗北(패배)와 연결된다. 그래서 敗는 '부서지다' 는 뜻이 생겼고, 다시 '敗北(패배)하다'는 뜻도 생겼다.

81) 豫備 (예비)  

豫備란 미리 준비한다는 뜻이다.

○ 豫 는 소전체에서 象(코끼리 상)과 予로 구성되어, 큰 코끼리를 뜻했다. 코끼리는 의심이 많은 동물이어서 일을 하기 전에 반드시 먼저 생각을 한다. 이러한 특성이 있어서 豫想(예상)하다는 뜻이 생겼다. 코끼리는 또 몸집이 대단히 큰 동물이지만 다른 동물을 해치지 않는다. 이러한 특성에서 '관대하다'는 뜻도 나왔다. 逸豫(일예)[31]가 그런 뜻이다. 지금의 허난 성을 줄여서 豫라 부른다. 그리고 허난 성의 상징 동물도 코끼리이다. 허난 성의 省都(성도)인 정저우(鄭州)에 가 보면 곳곳에 코끼리로 만든 상징물이 있다. 그것은 상나라 때 코끼리가 그곳에 많이 살았기 때문이다.
○ 預는 頁(머리 혈)과 予로 구성되었는데, 머리(頁)를 내밀다(予)는 의미로부터 豫想(예상 ; 미리 생각함)하다는 뜻을 그렸다.

予  는 베틀의 북 끝이 서로 교차 되어 있는 모양인데, 한쪽 북에는 실이 달려 있다. 북은 베를 짤 때 씨실의 꾸리를 넣어 날실의 틈으로 오가게 하며 씨실을 풀어주는 구실을 하는 장치로 배처럼

31) '멋대로 즐기며 노는 놈'이란 뜻이다.

생긴 나무통을 말한다. 북을 오가게 하면서 베를 짜는 것에서 予는 베틀의 북이라는 의미 외에 '밀다'는 뜻이 생겼고, 다시 '밀어주다'는 뜻이 생겼다. 그리고 밀어주는 쪽은 '자기 쪽'을 뜻하여 1인칭 대명사로도 쓰였다. 그렇게 되자, 북을 나타낼 때에는 木을 더하여 杼(북 저)로 분화하였다. 따라서 抒는 손(手)으로 풀어내는 것(予)을 말하여, 抒情(서정)은 마음속의 情緖(정서)를 풀어내는 것을 말한다.

○ 序는 나란히 늘어서 있는(予) 집(广 · 엄)을 뜻하여, 원래는 동서로 늘어서 있는 廂(상 · 집의 주체가 되는 간의 양쪽으로 늘어선 간살)을 지칭했다. 序는 本堂(본당)과 廂房(상방)이 차례로 늘어서 있음으로부터 順序(순서)나 序列(서열) 등의 뜻이 생겼다.

○ 備  는 갑골문에서 화살 통에 화살을 넣어 놓은 모습을 그렸다. 防禦(방어)를 위해 무기를 잘 準備(준비)해 놓은 모습이다. 準備란 규정에 맞도록 정확하게(準 · 준) 對備(대비)한다는 뜻이다. 이후 이러한 準備의 주체를 나타내는 人이 더해져 지금처럼 되었다. 『說文解字』에서 備를 설명하면서 "사람은 언제나 勤愼(근신)해야 한다"고 했다.

언제나 삼가고 조심하면서 미래를 對備하고 準備해야 함을 경계했던 것이다. 또 『資治通鑑(자치통감)』에는 이런 말이 있다. "사람에게 다 갖추기를 요구해서는 아니 된다. 단점은 버리고 장점만 취하면 된다."

82) 戰爭 (전쟁) 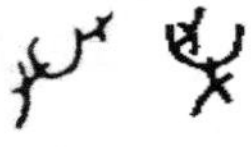

○ 戰  은 금문에서부터 單과 戈로 구성되어 있다.

單  의 윗부분은 돌 구슬을 양 끝에 매단 줄을 던져 짐승을 옭아매던 사냥도구를, 아래쪽은 손잡이가 달린 커다란 그물을 그렸다. 戈  는 矛(창 모)가 뾰족한 창을 말하고 戟(창 극)이 끝이 갈라진 창을 말하는 데 비해, 낫처럼 생긴 창을 말한다. 그래서 戰을 구성하는 왼쪽의 單은 사냥도구를, 오른쪽의 戈는 전쟁을 상징한다. 원시 수렵 시절은 더욱 그러했겠지만, 고대사회에서 전쟁과 사냥은 둘이 아닌 하나였다. 둘 다 생존과 직결되어 있다는 점에서 그랬고, 평화로울 때의 수렵 도구는 전쟁 때의 무기로, 평화로울 때에 수렵 대열은 전쟁 때의 진군 대열이 되었다는 점에서도 그렇다. 그래서 사냥은 곧 전쟁 연습이었다. 따라서 戰은 戰爭이나 戰鬪(전투)가 원래 뜻이며, 예나 지금이나 戰爭 앞에서 두려워 떨지 않는 사람이 없었기에 戰慄(전율)이라는 뜻도 생겼다.

○ 爭  은 사회가 발달하면서 이후에 발생한 글자로, 소전체에서 어떤 물건을 손으로 서로 빼앗으려 다투는 모습을 그렸다. 즉 국가와 국가, 민족과 민족, 혹은 보다 좁혀서 공동체와 공동체, 그리고 개인과 개인 간의 다툼을 형상화한 글자이다. 그래서 爭奪(쟁탈)이나 鬪爭(투쟁)에서처럼 '다투다'가 원래 뜻이며, 競爭(경쟁)의 뜻도 나왔다. 따라서 爭에 手가 더해진 掙(찌를 쟁)은 다툼(爭) 때문에 상대를 찌르는 동작(手)을, 言이 더해진 諍(다툴 쟁)은 옳은 견해를 위한 말(言) 경쟁(爭)을, 目이 더해진 睜(눈 크게 뜰 정)은 다툼(爭)으로 눈(目)을 부릅뜨고 상대를 노려봄을 말한다.

다툼은 언제나 싸움을 낳고, 싸우면 소리가 나게 마련이다. 그래서 爭은 싸울 때 나는 날카로운 소리와도 관련되어 있다. 예컨대 箏(쟁)은 대로 만든 거문고 비슷한 13현의 악기를, 錚(쇠소리 쟁)은 날카로운 쇳소리를, 琤(돌소리 쟁)은 돌이 깨지는 소리를 뜻한다.

83) 正 (정) 과 派兵 (파병) 

派兵은 군대(兵)에서 나누어(派) 보낸다는 뜻이며, 그것은 전쟁을 치르기 위함이다. 하지만 전쟁이 그토록 빈번했던 그 옛날에도 전쟁은 최후의 수단이어야만 했고, 正(바를 정)의 字源(자원)에서도 보듯 정의로울 때만 용인되었다.

○ 正  은 원래 성(口 · 나라 국)을 치러 가는(止 · 지) 모습을 그렸으며, 그 征伐(정벌)은 언제나 정의로워야 한다는 뜻에서 '正義(정의)'의 의미가 나왔고, 이후 彳(조금 걸을 척)을 더한 征으로 征伐(정복)의 원래 의미를 나타냈다.

○ 派  는 원래 永에서 만들어진 글자이다. 永  은 갑골문에서 강(水)에서 수영을 하는 사람(人)의 모습을 그렸다. 이후 永이 끝없이 이어지는 긴 강처럼 永遠(영원)하다는 의미로 뜻이 확장되자 원래 뜻을 나타낼 때에는 다시 水를 더하여 泳을 만들었다. 그래서 口가 더해진 咏은 유유히 흐르는 물처럼 '길게(永) 읊조리다(口)'는 뜻이며, 言이 더해진 詠(읊을 영)도 같은 뜻이다.

☞『說文解字』에 의하면 永을 반대로 뒤집어 만든 글자가 派라고 했다. 그래서 派는 永과 의미적으로 직접적인 연관을 가지며, 물의 支流(지류)가 원래 뜻이다. 이로부터 나뉘다, 類派(유파), 分派(분파) 같은 뜻이 생겼다. 반면 派에 水 대신 肉(月 · 고기 육)이 들어간 脈은 血脈(혈맥), 즉 근육(肉)을 따라 물 흐르듯 온몸 전체를 흐르는 혈관을 말한다. 脈은 혈관을 강조하기 위해 肉대신 血을 더한 衇(혈관 맥)으로, 물처럼 흐름을 강조하기 위해 永을 더한 脉(혈관 맥)으로도 쓰는데, 모두 같은 글자들이다. 脈은 이후 山脈(산맥)이나 水脈(수맥), 動脈(동맥) 등처럼 혈맥과 같은 속성을 가지는 모든 것을 통칭하기도 했고, 신체의 혈맥처럼 중요하다는 뜻에서 命脈(명맥 · 목숨)과 같은 용례로도 쓰였다.

○ 兵 은 갑골문에서 두 손으로 도끼(斤 · 근)를 쥐고 있는 모습이다. 그래서 兵器(병기)나 兵士(병사)와 같은 뜻이 생겼다. 현대에 와서는 兵을 변형시킨 새로운 글자로 乒(물건 부딪히는 소리 병)과 乓(풍소리 병) 등이 등장했는데, 이들이 합쳐진 '핑팡(乒乓)'은 현대 중국어에서 '핑퐁(ping-pong)'의 대역어로 쓰인다.

84) 串(곶)과 灣(만)

○ 串은 毌  과 자원이 같은 글자로, 갑골문에서 끈이나 꼬챙이로 어떤 물건을 꿰어놓은 모양을 그렸다. 毌(꿰뚫을 관)은 금문에 들면서 그 물건이 조개(貝)임을 구체화해서 지금의 貫(꿸 관)이 되었고, 串은 이와 달리 네모꼴 물건들을 세로로 꿰어놓은 丨(뚫을 곤)모양으로 분화하였다. 이후 串은 형상성을 더욱 강화하

여 弗(꼬챙이 찬)을 만들기도 했는데, 串에 다시 세로 꼬챙이(丨)를 하나 더 더한 모양이다. 그래서 串은 貫과 같은 의미를 가지지만 '꼬치/고지'나 '곶감'이라는 말에서 볼 수 있듯이, 주로 '꿰다'는 의미에 치중되어 있다. 우리말에서는 '꼬치'처럼 바다 쪽으로 길게 내민 육지를 '곶'이라 하는데, 이 '곶'을 한자의 串으로 표기했다. 따라서 串을 '곶'으로 읽는 것은 우리말에서만 존재하는 특수 용법이다.

○ 배가 정박하여 머무를 수 있는 곳이 灣이라면, 육지가 바다를 향해 튀어나온 곳이라 배가 머물 수 없는 곳이 串이다. 따라서 灣은 이질적인 문화가 섞이고 혼합되며 문화 간 교류가 일어나는 곳이라면, 串은 독자적인 문화가 시작되는 곳이자 고유한 지리적 경계가 이어지는 곳이다.

○ 灣 역시 지리적 경계가 될 수 있지만 그 특성상 문화적 경제적 교류가 시작되어 지구화와 세계화에 일익을 담당할 수 있는 곳이라면, 串은 육지의 가장 변두리이자 다른 문화와 쉽게 섞이기 힘든 곳이다. 그래서 串은 시발점이 되는 동시에 한 문화의 독자성을 주장하는 장소이기도 하고, 변화하지 않기에 정체될 수 있는 곳이기도 하며, 문화와 문명의 중심에서는 가장 떨어져 있는 변방이자 변두리로 쉽게 배제되고 간과될 수 있는 곳이기도 하다. 이처럼 串은 변방이기는 하지만 폐쇄성을 특징으로 하기에, 그곳은 자기 문화의 독자성과 자국 문화의 우월성을 배타적으로 주장할 수 있는 이중적인 장소이기도 하다.

85) 對話 (대화) 

○ 對 는 갑골문에서 왼편 자형은 악기를 내걸기 위한 나무 걸이를 그렸고, 오른 편은 손(又·우)의 모습이다. 그래서 對는 손(又)으로 악기의 걸이를 내달고 있는 모습이고, 이로부터 '올리다', '받들다'는 뜻이 생겼다. 이후 소전체에 들어서면서 又가 寸(마디 촌)으로 변하고 왼편 자형의 아랫부분에 土나 口가 더해졌으며, 해서체에서는 口가 士(선비 사)로 변해 지금의 자형이 되었다.

○ 話는 言 과 舌  로 구성되었는데, 言과 舌은 비슷한 구조에서 출발한 글자이다. 舌은 갑골문에서 아랫부분은 입(口)을, 윗부분은 어떤 것이 길게 뻗어 두 갈래로 갈라진 모습이다. 일반적으로 사람의 혀를 그렸다고 하나, 혀라면 둘로 갈라진 것이 차라리 뱀의 혀라고 해야 할 것이고, '혀'를 그리면서 사람의 혀가 아닌 뱀을 그렸다는 것도 이상하다. 그래서 위는 대나무를, 아래는 대로 만든 악기의 혀(reed)를 그린 것이라 생각한다. 그것은 갑골문에서 舌에 가로획을 하나 더한 것이 音이고, 音에 다시 가로획을 더한 것이 言이라는 것에서 해석의 근거를 찾을 수 있다.

○ 音은 舌  에다 거기서 나오는 소리의 상징 부호인 가로획을 더함으로써 사람의 소리가 아닌 '악기의 소리'를 나타냈으며, 言은 音에다 다시 가로획을 더함으로써 악기의 소리와 사람의 소리를 구분하고자 한 것으로 보이기 때문이다.

☞ 話를 달리 譮(말할 화)로 써서 '잘 모아놓은(會)  말(言)

'이라는 의미를 그렸듯, 話는 '혀(舌)를 잘 놀리는 말(言)'을 의미한다. 그래서 對話라는 단어에서 읽을 수 있는 것은 상대를 존중하고 상대와 조화를 이루어야 한다는 정신이다.

☞ 對의 출발이 소중한 악기를 내거는 것처럼 조심스럽다는 뜻이고, 나중에 口가 土로 바뀐 것은 對話가 선비의 정신에 입각한 것이어야 한다는 의미를 담고 있다. 그리고 話는 원래 악기의 소리에서 출발한 것처럼 대화가 악기의 화음만큼이나 조화로워야 한다고 생각되었기 때문이다.

86) 文字 (글)와 言 (말) 

文字는 지금 한 단어로 쓰이지만 文과 字는 서로 다른 뜻이었다. 文은 文자가 더 이상 분리되지 않는 것처럼 단독으로 된 기초자를 말하고, 字는 字가 宀(집 면)과 子의 결합으로 이루어진 것처럼 기초자가 둘 이상 합쳐진 합성자를 말한다.

○ 文  은 지금은 글자를, 그리고 글자가 모여 글이 되기에 문장(文章)을 뜻하지만, 최초에는 '무늬'를 뜻했다. 文은 갑골문에서 사람의 가슴 부위에 칼집을 새겨 넣은 모습이다. 무슨 목적으로 몸에다 칼집을 내었던 것일까. 그 대상은 산 사람이었을까 죽은 사람이었을까.

원시 수렵 시절에는 하늘로부터 받은 수명을 다하여 죽는 자연사보다는 수렵이나 전쟁을 하다가 죽는 사고사가 훨씬 많았고 보편적인 죽음이었을 것이다. 원시인들은 사고로 피를 흘리며 죽어 가는 동료를 보면서 몸 속에 든 영혼이 피를 타고 나와 육체에서 분리되는 바람에 죽음에 이른다고 생각했다. 하지만 드물게도 피를 흘리지 않은 채 죽은 삶도 생겼으며, 그럴 경우에는 영혼이 육체에서 분리될 수 있도록 인위적으로 칼집을 새겨 피가 흐르도록 했다. 그래도 피가 흐르지 않을 때에는 시신에 朱砂(주사 · 붉은 색 안료)를 칠하거나 뭉친 흙을 붉게 칠해 시신 주위에 뿌리기도 했는데, 이는 '피 흘림'을 통해 영혼이 육체에서 분리될 수 있도록 하기 위한 주술 행위였다. 이로부터 文  에는 시신에 새긴 칼집이라는 뜻에서 무늬의 의미가 나왔고, 글자가 획을 교차시켜 무늬처럼 만든 것이기에 '글자'라는 뜻이 생겼다. 이후 文이 글을 주로 하는 文人(문인)이라는 의미까지 갖게 되자 원래의 무늬라는 뜻은 糸(가는 실 멱)을 더한 紋으로 분화되었다.

○ 字 는 금문에서 宀과 子가 합성된 글자로, 원래는 집안에서(宀) 아이(子)를 낳아 자손을 불려가듯 '불려 나가다'를 뜻했다. 하지만 이후 字는 더 이상 분리되지 않는 기초자인 文처럼, 둘 이상 결합하여 만들어진 글자를 뜻하게 되었다. 이렇게 볼 때 文은 원래 영혼을 육신에서 분리될 수 있도록 하기 위해 시신에 무늬를 새겼던 조치였던 것처럼, 文은 영혼이 출입하는 통로였고, 그래서 언제나 정신(心)과 통하거나 밀접하게 연결되는 전통을 보여 왔으며, 단순히 글자나 무늬가 아닌 人文(인문) 정신을 통칭하는 개념으로 쓰여 왔다.

○ 言 의 경우 아랫부분은 사람의 입(口)을, 윗부분은 퉁소의

소리를 내는 부분인 혀(舌, reed)를, 양쪽에 첨가된 두 획은 대의 잔가지를 그린 것으로 추정할 수 있다. 이 두 획은 생략되기도 하고 가끔 두 점으로 나타나기도 하는데, 통소에서 나는 '소리'를 추상화한 것으로 해석되기도 한다. 그래서 言은 원래 악기 이름, 특히 23개의 관을 연결한 다관 악기처럼 큰 통소를 불렀던 것임을 말해주며, 이후 言이 사람의 '말'을 뜻하게 되자 다시 管(큰 통소 언)으로 분화하고, 악기의 소리는 言에다 소리를 상징하는 가로획을 더한 音으로 독립한 것으로 추정된다.

이렇게 볼 때, 言은 인간의 혀가 아닌 통소와 같은 악기가 만들어내는 개별적 소리에서 출발했을 뿐이며, 그래서 文이 인간의 영혼과 연계된 관계로 모든 인문 정신을 포함하는 개념으로 기능한 반면 言은 訛(그릇될 와), 詐(속일 사), 變(변할 변) 등에서 처럼 대부분 부정적이고 가변적이며 믿을 수 없는 것으로 인식되었다. 즉, 言은 인간 영혼 일반의 은유로 사용된 것이 아니라 현상이자 부분이며, 인간이나 사물의 변하기 쉬운 소리였기 때문에 그 속에 영혼이나 정신이 개입할 여지는 없었던 것으로 보인다.

○ 이에 반해 文은 言이 가지고 있는 불완전한 속성을 지양하고 인간의 정신이나 정신의 내면성과 더 긴밀하게 연관되어 있다. 文  이 어원적으로 무늬에서 출발한다는 말은 정신이 아닌 육체의 아름다움, 혹은 치장의 표면적인 아름다움을 뜻하는 것이 아니라, 시간과 더불어 사라지는 유한한 육체에 칼집을 내어서 인간 정신의 영원함을 보전하기 위한 시도로 보이기 때문이다.

따라서 言과 文의 자원을 통해 한자에서는 정신의 내면성을 설정하는 것은 言이 아니라 文이라는 결론에 이르게 되며, 소쉬르가 문자의 특성으로 폄하하였던 바로 그 속성도 한자에서는 文에 해당하는 것이 아니라 言에 해당한다는 것을 보여준다.

87) 正義 (정의) 

正義(정의)는 성문화된 규약이라기보다는 개별의 공동체가 주어진 상황에 대처하는 방식의 정당성을 뜻한다고 볼 수 있다.

○ 正  은 원래 口(나라 국)과 止(갈지)로 구성되어 성(口)을 정벌하러 가는(止) 모습으로 征伐(정벌)의 의미를 그렸는데, 口이 가로획(一)으로 변해 지금의 正 이 되었다. 征伐(정벌), 즉 전쟁은 언제나 초법적이요 法의 바깥에 있을 수 있지만, 그렇다고 해도 타당하고 모두가 합의할 수 있는 올바른 명분을 가져야만 한다. 여기서 正에 '바르다'는 뜻이 나왔고, 그러자 원래의 뜻은 彳(조금 걸을 척)을 더해 征으로 분화했다.

○ 義  는 갑골문에서도 羊의 뿔과 날이 여럿 달린 창을 그린 我로 구성되어, 창(我)에 양 뿔(羊) 장식을 단 '의장용 창'을 그렸다. 해태를 '뿔이 하나 달린 양'으로 묘사해왔듯이, 여기에서 羊은 악한 자를 처벌하는 해태와 통하는 개념으로 볼 수 있다.
○ 我는 외부의 적과 싸우기 위한 무기가 아니라, 내부의 적을 처단함으로써 단결을 고취하기 위한 상징으로서의 창이기 때문에 '의장용 창'인 我가 '우리'라는 의미를 가지게 되었다. 따라서 義는 '우리'라는 집단 내부의 결속을 다져 '정의를 실현하고 구현하는 창'인 셈이다.

☞ 이렇듯 자원에 입각해서 法과 正義의 개념을 살필 때, 法이 모든 사람에게 적용되는 보편적인 것이라면, 정의는 성(城)을 정벌하러 간다(正)든가, 우리(我)의 공동체 내부의 선을 실현하는 대단히 구체적이고 특수한 상황과 연계되어 있다고 볼 수 있다.

88) 批評 (비평) 과 評論 (평론) 

○ 批는 手와 比 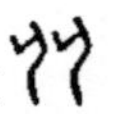 로 이루어졌는데, 比는 소리부도 겸한다. 手는 손의 형상을 그렸고, 比는 갑골문에서 몸을 굽히고 손을 위로 받든 두 사람이 나란히 선 모습으로부터 '나열하다' 나 '견주다'의 뜻을 그려냈다.

○ 評은 言 과 平 의 합성자인데 平은 소리부도 겸한다. 言 은 갑골문에서 舌(혀 설)에다 추상부호인 가로획(一)이 더해진 모양으로, 혀에 의해 만들어지는 '말'을 형상화했다.

○ 平의 금문 자형에 대해서는 아직 정확한 자원이 밝혀지지 않고 있다. 『說文解字』 에서는 '말이 고르게 퍼지는(八) 것'을, 혹자는 나무를 평평하게 깎는 손도끼를, 또 다른 이는 저울을 그렸다고도 했지만, 모두 자형과 그다지 일치해 보이지 않아 확정하기 힘들다. 다만 批評은 물건 등을 손(手)으로 나열시켜 놓고 어느 것이 더 낫고 못한 지를 언어(言)로써 가려내고 저울질하는(平) 작업이라 풀이할 수 있을 것이다.

그래서 비평의 언어는 자신의 이해관계나 유 · 불리에 좌우되지 않는, 편견과 치우침이 없는 공평한(平) 언어(言)를 사용해야 한다. 하지만 오늘날과 같은 복잡한 사회에서 공평무사한 어휘를 찾기란 쉽지 않다. 그것은 사회 그 자체가 무엇보다 인간관계를 근본으로 하고 있기 때문이다.

○ 批評(비평)은 종종 '評論'이라는 단어로 대체되기도 한다. 평론이란 문학이나 음악, 회화 작품 등이 순서에 맞고 구도에 맞아 조화를 잘 갖추었는가, 즉 그 질서와 구도가 제대로 잡혔는가를 말로 평가하는 것이다.

☞ 評은 앞의 설명처럼 '공평한 언어'를 말하며, 論 은 言과 侖으로 구성되었다. 侖 은 금문에서 윗부분은 입을, 아랫부분은 대를 엮어놓은 모양을 하여 管(관)이 여럿 달린 피리(龠 · 약)와 닮았다. 아마도 龠과 같은 악기를 불 때의 條理(조리)나 순서를 형상화한 것으로 보인다. 그래서 論은 사리를 분석하여 조리 있게(侖) 설명함(言)을 말한다.

☞ 評論(평론)은 물론 정치나 사회에 대한 論評(논평)일 수도 있다. 하지만 자원(字源)으로 볼 때, 評과 論이 결합된 評論이 질서(侖)와 구도에 맞게 잘 되었는가를 말(言)로 평가(評)하는 것이라면, 批와 評이 결합된 批評은 구체적 대상을 손(手)으로 나열해(比)놓고 평가(評)하는 것이므로 보다 구체적이고 세밀하기 마련이다. 그래서 특정 영화나 소설 등과 같이 구체적 대상을 제시할 수 있는 경우에는 批評이라는 말이 적합하고, 정치 전반이나 광범위한 문화적 현상을 평가할 경우에는 評論이 보다 적절한 어휘가 된다.

89) 膳物(선물)과 賂物(뇌물)  

○ 膳 은 月과 善으로 이루어졌는데, 善은 소리부도 겸한다. 月  은 원래 잘라놓은 고깃덩어리를 그렸다. 善  은 갑골문에서 양의 눈을 그렸고, 금문에서는 羊  과 誩(말 다툼할 경)  의 결합으로, 말다툼(誩)과 같은 분쟁을 羊의 신통력으로 판단해 준다는 믿음으로부터 옳고 선한 의미를 형상화했다. 그러므로 膳은 좋은(善) 일에 쓰이는 고기(肉)을 말한다.

고대사회에서 제일 중요하고 좋은 일이 제사였으므로, 膳은 그 '제사에 쓰이는 고기'를 말했다. 제사에 올리는 고기는 가장 신선하고 맛있는 것을 쓰기에, 평소 고기를 쉽게 접할 수 없었던 당시에는 제사 후에 나누어 먹는 고기가 대단한 膳物(선물)이었을 것이다. 지금이야 먹을 것이 풍부하여 명절이나 제사 음식이 제 가치를 인정받지 못하지만, 먹을 것이 귀하던 시절 최상급의 고기는 더할 나위 없이 좋은 膳物이었을 것이다. 따라서 한자의 자원으로 본 膳物은 정말 순수한 개념의 선물이다.

○ 賂는 貝  와 各 으로 구성되었는데, 貝는 조개 화폐로 재화를 상징한다. 各은 갑골문에서 거꾸로 된 발(止)과 집의 입구(口)를 그려 집에 '도착하다'는 뜻을 형상화했다. 그래서 賂는 재화(貝)가 이르는(各) 것을 말한다.

☞ 선물과 뇌물의 차이는 무엇일까? 선물은 순수한 마음으로 그냥 주는 것이고, 뇌물은 대가를 바라고 주는 것이다. 선물은 주고 받는 사람 모두 기쁜 마음이고, 뇌물은 부담이 되는 것이다.

90) 實在 (실재) 

○ 實  은 금문에서 宀(집 면)과 田과 貝로 구성되어 집 안(宀)에 곡식(田)과 화폐(貝)가 가득 들어있는 형상을 그렸다. 그러던 것이 진나라의 소전체에 들면서 田과 貝가 합쳐져 돈을 꿰놓은 모양인 實으로 변해 지금의 자형이 되었다. 그래서 實의 원래 뜻은 집안에 곡물과 재물이 '가득 차다' 이며 이로부터 充滿(충만)과 充實(충실)의 뜻이 생겼다. 이후 과일은 꽃이 수정되어 열매가 열리고 속이 가득 차서 맛있는 먹거리가 된다는 점에서 果實(과실)이라는 뜻이, 다시 結實(결실)에서처럼 열매를 맺다는 뜻까지 갖게 되었다. 속이 가득 찬 것은 속이 텅 빈 虛構(허구)와 대칭을 이루면서 事實(사실)이나 진실의 의미가 생겨났다.

○ 在  는 금문에서 才 와 土 로 이루어졌는데, 才는 소리부도 겸한다. 才는 갑골문에서 새 싹(屮)이 땅(一)을 비집고 올라오는 모습을 그렸다. 겨우내 움츠렸던 연약한 새싹이 단단한 대지를 뚫고 올라온다는 것은 여간 경이로운 일이 아니며 신비스럽기까지 하다. 그래서 才는 더없이 연약한 새싹이 딱딱한 땅바닥을 비집고 올라올 정도의 훌륭한 재주나 才能(재능)을 뜻하게 되었다. 땅 위로 새싹을 틔우려면 온 힘을 다해야 하고 몹시 힘겨운 일이기에,

才은 '겨우'라는 부사적 의미까지 생겼다. 이후 才에다 흙을 뜻하는 土를 더하여 새싹이 움트고 있는 곳이 바로 대지이며, 그 대지 위로 생명이 탄생하고 존재함을 나타냈다. 이로부터 在에는 存在나 實在, 實存 등의 뜻이 생겼다.

○ 在와 유사한 예로 存 은 才 에 子 가 더해진 것으로 아이(子)가 새싹을 틔우듯(才) 태어나 살아가고 존재함을 형상화한 글자이다. 그러므로 자원으로 볼 때, 實在는 인간이 쉽게 지각할 수 있는 집안에 가득한 화폐, 곡식, 과실 등과 같은 사물을 형상화한 在가 합쳐져 만들어진 글자로, 인간의 지각 여부와는 별개로 실제로 존재하는 모든 것을 지칭하는 개념이라 풀이할 수 있다.

91) 哀悼 (애도)

○ 哀는 금문에서 口와 衣로 구성되었다. 口 는 입을 그렸고, 衣 는 목과 옷섶이 함께 그려진 상형자이다. 그래서 口는 슬퍼 우는 哭(곡)을 상징하고, 衣는 喪禮(상례) 때 입는 상복을 뜻한다. 사랑하는 사람이 죽었을 때보다 더 슬픈 일이 있을까. 그래서 '슬픔'의 의미를 곡소리(口)와 그때 입는 옷(衣)을 합쳐 만들었다.

○ 悼는 의미부인 心 과 소리부인 卓(세울 탁)으로 구성되어, 슬퍼하는 마음(心)의 의미를 그려냈다. 卓은 금문에서 서 있는 사람(人)과 早(새벽 조)로 이루어졌는데, 일찍(早) 서는 아이(人)를 말한다. 금문의 다른 자형에서는 早가 子로 바뀌어 이러한 의미를 더욱 강조하기도 했다. 直立(직립)은 인간이 동물과 구별되는 중

요한 특징의 하나이다. 곧바로 서서 걸어 다님으로써 인간의 두 손은 해방될 수 있었고, 해방된 두 손으로 도구를 사용하고 노동을 함으로써 문명을 일으킬 수 있었다. 그래서 일찍부터 설 수 있다는 것은 조숙함으로, 나아가 뛰어난 것으로 인식되었을 것이다. 이로부터 卓에는 卓越(탁월)과 같이 뛰어나다, 높다 등의 뜻이 생겼다.

여기서 파생된 倬(클 탁)은 人을 더 보태서 뛰어난(卓) 사람(人)을, 晫(밝을 탁)은 태양(日)이 높이 떠 강하게 빛나는 것을, 棹(탁상 탁)은 나무(木)로 높게(卓) 만든 탁자를 말한다. 하지만 높이 있는 것(卓)은 손(手)으로 흔들면 떨어지게 마련이다. 그래서 掉(흔들다 도)에는 '떨어지다', '버리다'의 뜻도 생겼다. 그렇다면 掉에서처럼 悼는 떠나가는 사람을 버리는(卓) 마음(心)을 그렸다.

☞ 哀悼(애도)는 사랑하는 사람을 떠나보내며 상복을 입고 슬피 곡을 하는 '의식(ritual)'을 표현한 단어이다. 이는 죽음을 단순히 슬퍼하거나 극복하기 위한 관습이라기보다는 哀悼(애도)라는 절차를 통해 다른 세상으로 떠나버린 존재와 자신을 분리하는 행위이자 '의식'이다.

92) 藥(약)과 毒(독)

그리스어 '파르마콘(pharmakon)'은 藥과 毒이라는 어원을 함께 가진다. 그러나 한자의 어원은 다소 다르다.

○ 藥은 艸와 樂으로 구성되었는데, 樂은 소리부도 겸한다.

樂 은 갑골문에서 두 개의 幺 (요 · 실타래)와 木  이

합쳐진 모습인데 幺는 현악기를, 木은 나무로 만든 악기를 뜻한다. 금문에 들어 白이 더해졌는데, 白은 소리부라는 것이 일반적인 풀이이다. 그래서 樂의 원래 뜻은 악기이며, 이로부터 '음악'이라는 뜻이 생겼다.

○ 藥은 『說文解字』에서는  의 모습을 하고 있다. 음악(樂)은 고대 중국에서 禮(예)와 함께 개인의 심성을 닦고 나라를 다스리는 가장 중요한 개념의 하나였다. 그것은 사람의 마음이 음악으로 안정되고 즐거워지는 특성을 활용한 것이다. 이로부터 樂에는 '즐겁다'는 뜻이, 다시 '좋아하다'는 뜻이 생겼다. 물론 전자는 '락'으로, 후자는 '요'로 읽힘에 유의해야 한다. 이렇듯 藥은 즐거움(樂)을 주는 풀(艸)을 말한다. 고통에서 벗어나게 해주는 藥, 그 약은 지금처럼 화학 물질이나 가공된 약이 아니라 생활 주변에서 쉽게 찾을 수 있는 풀이 가장 대표적이었을 것이다.

○ 毒 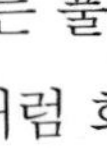 은 『說文解字』에서는 의미부인 屮(싹 날 철)과 나머지가 소리부로 구성된 형성 구조이며, 이의 이체자로 篙(메꽃 복)과 刀(칼 도)가 합쳐진 글자를 제시하여 식물의 일종으로 풀이했다. 하지만 소전체를 자세히 살펴보면, 毒은 비녀를 꽂은 여인(每)에 가로획이 둘 더해진 모양으로, 머리에 비녀 등 장식물을 여럿 꽂아 화려하게 치장한 모습임을 알 수 있다. 따라서 毒은 평범하고 정숙한 부인과는 달리, 비녀 이외에 많은 장식물을 주렁주렁 달고 짙은 화장을 한, 아름다우나 남자를 파멸로 몰아갈 수 있는 여성의 모습을 담았다고 할 수 있다. 毒은 이른바 '팜므 파탈(femme fatale)'의 이미지, 즉 화려함과 아름다움이 어머니(母)에 비교될

수 없을 정도로 뛰어나지만 그 유혹이 너무나 강하여 사람을 파멸로 몰고 가는 여성을 말한다.

93) 儒 (선비) 와 文人 (문인)

○ 동양 사회에서 지식인을 뜻하는 儒(선비 유)는 갑골문에서 떨어지는 물과 팔을 벌리고 서 있는 사람을 그려 목욕하는 모습을 형상화했다. 제사를 지내기 전 沐浴齋戒(목욕재계)하는 모습을 형상화했다. 이후 이러한 제사가 주로 祈雨祭(기우제)였던 때문인지 금문에 들어 물이 雨로 바뀌었고, 이후 사람의 모습이 而(말이을 이)로 잘못 변해 儒가 되었다.

○ 儒  (『說文解字』)는 초기 단계에서 여러 가지 뜻을 함께 가졌다. 먼저, 목욕재계하여 제사나 예식(禮式)을 집전하는 사람이라는 뜻에서 제사장을 의미했다. 또 그들은 제사를 통해 신에게 어떤 요구를 했을 것이며, 거기에는 신에게 바치는 물품이 필요했다. 그래서 '구하다', '기다리다', '필요한 물품' 등의 뜻까지 생겼다. 이러한 여러 의미들은 이후 적당한 의미부를 첨가하여 새로운 글자로 독립하였는데, 제사장을 의미할 때에는 人을 더하여 儒가 되었다. 제사장은 그 집단의 지도자였으며, 지도자는 여러 경험과 학식을 갖춘 사람이어야 했다. 그래서 이후 儒는 학자나 지식인을 통칭하는 개념으로 쓰였으며, 그러한 사람들의 집단을 儒, 그러한 학파를 儒家(유가), 그러한 학문을 儒學(유학)이라 부르게 되었다.

☞ 고대의 학자들은 斌(빛날 빈)에서 볼 수 있는 것처럼 文(문)과 武(무)를 겸비했다. 하지만 이후 세월이 흐르면서 武는 점점 경시

되고 文이 중시되는 사회로 변해갔다. 특히 조선 시대에는 그러한 경향이 더욱 강해, 당시 사용했던 俗字(속자)에서 儒를 人과 需의 조합이 아닌 人과 文의 조합으로 사용함으로써 지식인은 곧 文人임을 천명하기도 했다. 다음으로 물(水)을 다시 보태어 濡(적실 유)가 되었는데, 목욕재계하는 물에 주목하여 새 글자를 만든 것이다.

☞ 老子의 말을 빌리지 않더라도 물은 부드러움과 柔軟(유연)함의 상징이다. 이 때문에 懦는 마음(心)이 柔弱(유약)함을 말하고, 孺(젖먹이 유)는 軟弱(연약)하고 부드럽기 그지없는 보들보들한(需) 갓난아기(子)를 뜻하며, 糯(찰벼 나)는 쫀득쫀득하여(需) 찰진 쌀(米·미)을 뜻하며, 蠕(꿈틀거릴 연)은 지렁이 같이 연한(需) 벌레(虫·충)가 움직임을 말한다. 다만 제사에 바치는 물품인 祭需(제수) 등을 뜻할 때에는 원래 글자 그대로 남았다. 祭需는 제사(祭)에 필요한(需) 여러 가지 물품을 말한다.

94) 陰(음)과 陽(양) 

○ 陰 은 秦(진)나라의 小篆(소전)에서처럼 통상 阝(阜)가 의미부로 侌이 소리부로 간주된다. 하지만 陰의 원래 형태는 侌이며, 阝가 추가된 것은 이후의 일이다. 侌은 今이 소리부이고 云이 의미부인데, 云은 지금은 '말하다'는 의미로 쓰이지만, 원래는 구름(雲·운)의 모습을 그린 글자다. 따라서 侌에 뿌리박힌 생각은 구름으로 인해 해가 보이지 않는다는 것이다. 하지만 세월이 지나면

서 흐린 날의 경우는 雨(우)를 더하여 霒(흐릴 음)으로, 응달의 경우는 阝를 더하여 陰이 되었다.

阝는 지상가옥의 건축술이 발달하기 이전, 땅을 파서 반지하식 흙집을 만들어 살았던 시기에 집 안으로 들어가기 위한 계단을 그린 글자로 이후 '집 위쪽의 땅'을 의미하였다. 따라서 陰은 자연스레 陰地(음지)와 연관되었다.

○陽 은 원래 昜으로 썼다. 昜  은 갑골문에서처럼 제단(T) 위로 솟아 있는 태양(日)을 그렸으나, 나중에 햇빛을 강조하기 위해 광채(彡·삼)을 더하여 昜이 되었다. 여기서 제단은 태양신을 모시던 흔적으로 보인다. 이후 다시 阜가 더해져 陽이 되었고, '햇빛을 받고 있는 땅'이라는 의미에서 陽地(양지)와 연관되었다. 하늘과 땅, 빛과 어둠 등의 이분법적 개념에 익숙한 우리는 陽을 긍정적 개념으로, 陰을 부정적 개념으로, 양을 남성과 하늘에 연결시키고 음을 여성과 땅에 연결시켜 양을 음의 상위 개념으로 생각하는 경향이 있다.

☞ 하지만 字源으로 보면 음과 양은 이러한 위계질서를 나타내는 개념이 아니라 손등과 손바닥, 등과 배 같은 대칭적 개념이었다. 즉 陰은 구름이 해를 가린 모양이며, 陽은 제단 위로 태양이 크게 솟아 있는 모양이다. 따라서 陽은 주로 밖으로 훤히 드러난 외양을, 陰은 숨어 있거나 가려져 있는 내면을 나타낸다고 볼 수 있다. 예컨대 德(덕)이란 마음(즉 내면)으로 쌓고 그 덕을 베풀 때에 밖으로 과시하지 않아야 하기에 陰德(음덕)이라 하고 陽德(양덕)이라고는 하지 않는다. 반대로 陽尊(양존)은 '겉으로만 존경하는 척하는 행위'를 뜻한다. 그러므로 양과 음은 대칭적 개념에 불과하

지, 좋고 나쁨의 가치 판단이 더해진 개념은 아니었다. 남녀의 개념이 양과 음에 연결되고 다시 尊과 卑의 개념에 연관된 것은 한참 뒤의 일이다.

95) 差異 (차이)와 差別 (차별) 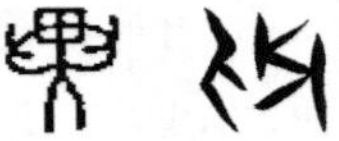

○ 差는 금문에서 左와 나머지 부분으로 구성되었는데, 左는 왼손을, 나머지 부분은 짚을 그렸다. 그래서 差는 왼손으로 새끼를 꼬는 모습을 형상화하였는데, 왼손으로 꼬는 새끼는 오른손으로 하는 것에 비해 정확하지도 못하고 굵기가 가지런하지 못하기 마련이다. 이로부터 差에는 參差(참치·들쑥날쑥하여 가지런하지 못한 모양)에서와 같이 '들쑥날쑥하다'나 差異에서처럼 '모자라다'라는 뜻이 생겼다. 이것은 아마도 고대사회에서 오른손을 긍정적 의미로 수용했던 것에 비해 왼손에 대해서는 부정적 의식을 가졌기 때문일 것이다. 그러자 원래의 '꼬다'는 뜻은 手를 더하여 搓(비빌 차)로 분화했다. 差은『說文解字』에서는  의 모습을 하고 있다.

○ 異  는 갑골문에서 가면을 쓴 얼굴을 한 사람의 정면 모습에다 두 손으로 얼굴을 가리키고 있는 형상이다. 얼굴에 가면을 쓴 모습은 鬼(귀신 귀)나 畏(두려워할 외)에도 나타나는데, 옛날 역병이 들면 귀신을 쫓아내기 위해 얼굴에 무서운 형상의 가면을 썼던 것에서 유래한다. 커다랗게 만든 무서운 가면을 얼굴에다 썼으니, 이는 분명 다른 사람과는 달리 보였고 그 모습은 特異(특이)했을 것이다. 이로부터 異에 '다르다'나 '특별나다'는 뜻이 생겼다.

○ 別  은 지금의 모양과 달리 갑골문에서 冎(뼈 발라낼 과)와 刀(칼 도)로 이루어져, 칼로 뼈를 발라내는 모습을 그렸다. 이로부터 '구분해 내다'는 뜻이 생겼고, 분리라는 의미도 생겨났다.

☞ 이렇게 볼 때, 差異는 글자 그대로라면 모자라고(差) 이상하다(異)는 뜻이었으나 異에는 特異에서처럼 다른 것과 달라 훌륭하다는 뜻까지 있다고 볼 때 반드시 부정적 의미만 담긴 것은 아니다. 하지만 差別은 모자라는(差) 존재를 전체에서 발라내 구분한다(別)는 뜻을 담고 있다. 이렇게 볼 때 差異가 수평적 개념이라면, 差別은 수직적 개념이라 할 수 있다. 현대 사회에서 差別보다는 差異를 인정하는 사회가 중요하다고 하는 것은 바로 이 때문이다.

96) 乾 (하늘) 과 坤 (땅)

○ 乾과 坤은 八卦(팔괘)의 괘 이름으로, 乾은 하늘을, 坤은 땅을 상징하여 天地(천지)를 뜻하기도 한다. 그런가 하면 하늘과 땅의 속성처럼 乾은 양을 뜻하여 강건함의, 坤은 음을 뜻하여 부드러움의 대명사가 되었다. 乾은 소전체에서 乙(새 을)과 倝(햇빛이 빛나는 모양 간)으로 구성되었는데, 乙의 자원에 대해서는 의견이 분분하지만 『說文解字』의 해석에 의하면 '乙은 식물이 자라는 모습을, 倝은 태양이 숲 사이에 솟아오를 때 빛이 온 사방으로 뻗는 모양을 그렸다'고 했다. 그렇다면 乾은 초목이 햇빛을 받으며 자라는 모양을 형상화했다고 볼 수 있다.

乾은 『說文解字』에서는  의 모습을 하고 있다.

◯ 坤은 의미부인 土  와 소리부인 申  으로 이루어졌는데, 申은 의미부도 겸한다. 坤은 땅을 뜻하기 때문에 의미부로 土가 채택된 것은 쉽게 이해되지만 申이 소리부이자 의미부로 채택된 연유는 좀 더 깊은 관찰이 필요하다. 申은 지금은 간지자로 쓰이지만, 갑골문에서는 번개의 모양을 그렸다. 강렬한 섬광을 내뿜으며 번쩍이는 번개의 모양을 그린 申이 이후 간지자로 가차되자, 의미를 분명하게 하고자 雨를 더해 電(번개 전)으로 분화했다. 번개는 비가 올 때 나타나기 때문이다.

하지만 번개는 자연현상으로서의 단순한 번개일 뿐만 아니라, 여러 상징을 가진다. 여러 문명권에서 번개는 햇빛과 마찬가지로 번식과 파괴의 양면을 가지는 상징으로 이해되지만, 중국에서는 자연의 대단한 힘과 무한한 생명력을 상징한다. 그래서 번개(申)를 제사 (示 · 시) 대상으로 삼아 그 어느 신보다 중시하던 모습을 그린 것이 神(신)이다.

'번개 신' 이후 모든 '神(신)'들의 총칭으로 자리 잡게 된 것도 이러한 배경 때문이다. 번개는 음전기와 양전기가 만나 강렬한 에너지를 발산하고, 음과 양의 결합은 새 생명의 탄생을 의미한다. 그래서 坤은 대지(土)가 갖고 있는 생명력(申)을 상징한다.

坤은 『說文解字』에서는  의 모습을 하고 있다.

☞ 坤과 같은 의미를 가지는 地(땅 지)가 土  와 여성의 음부를 뜻하는 也(이끼 야)  로 구성되어 대지가 갖는 생명력을 형상화한 것과 같은 이치이다. 그렇다면 머리를 크게 그린 사람의 정

면 모습을 그려 머리와 맞닿은 하늘을 그린 天이 실제의 하늘을 뜻한다면, 乾은 초목 등 만물을 성장하게 하는 태양과 같은 하늘의 역할을 형상화한 글자로 보인다. 마찬가지로 土에 생식력의 상징인 也가 더해진 地가 실제 존재하는 땅을 뜻한다면, 坤은 대지 위의 만물의 생장을 주관하는 땅의 기운이나 神등을 형상화한 것으로 해석할 수 있다.

97) 羊 (양) 과 吉祥 (길상)   

○ 한자에서 羊은 대단히 좋은 의미로 쓰인다. 道德(도덕)의 지향점인 善에도, 藝術(예술)의 지향점인 美에도 羊이 들어있는데, 모두 吉祥(길상)의 최고 상징어들이다. 羊은 양을 그린 상형자로, 곡선 모양의 뿔을 특징적으로 그렸다. 고기와 젖은 양식으로, 가죽과 털은 옷감으로 쓰였고, 성질 또한 온순하고 군집 생활을 하는 특징 때문에 羊은 대단히 유용하고 중요한 존재이자 신에게 바치는 가장 대표적인 희생물이었기에 犧牲羊(희생양)이라는 말도 생겼다.

○ 羊 에 示가 더해지면 祥 이 된다. 祥은 가장 소중한 가축인 양을 상에 올려 정성껏 제사를 모시는 모습이다. 이러한 정성에서 나온 신의 계시는 주로 吉兆(길조)였기에 지금의 '상서스럽다'는 뜻이 생겼다. 羊은 善惡(선악)과 是非(시비)를 가릴 수 있는 정의의 동물이기도 했다.

○ 善 은 갑골문에서 羊 의 눈(目)을 그렸다. 이후 目 대신 言이 더해졌고, 다시 지금처럼 변했다. '양의 눈'으로 묘사된

善은 양의 정의로움과 정직함을 상징한 글자이다. 譱은 말다툼, 즉 訟事(송사)를 뜻하여 是是非非(시시비비)를 가려줄 수 있는 양의 상징성을 그렸다. 뾰족하고 긴 뿔을 가진 양은 不正(부정)한 이를 받아 죽이는 동물로 묘사되고 있다. 그래서 '뿔이 하나인 양(一角之羊)'으로 獬豸(해치) 즉 해태를 묘사했고, 해태는 정의와 法(법)의 수호신으로 존재해왔다.

○美  는 羊과 大로 이루어졌다. 이를 두고 살찌고 큰(大) 羊이 유용했기 때문에 이것이 바로 '아름다움'이라는 유물론적 해석과 원시 축제에서 볼 수 있듯이 양가죽을 덮어쓰고 아름답게 치장하여 춤추는 모습에서 '아름다움'이 나왔다는 유심론적 해석이 나왔다. 하지만 字源(자원)으로 본다면 大는 사지를 벌리고 서 있는 사람의 정면 모습을 그린 글자이므로, 언뜻 보기엔 후자가 더 원시적 의미에 근접해 보인다. 하지만 양가죽을 덮어쓴 것은 양을 잡아오거나 양을 부리는 사람이 그만큼 용맹스럽고 건장한 모습을 과시하기 위한 행위였을 것이다. 고대사회의 가치에 부합하는 그러한 인간형과 큰 양이 가지는 유용성이 당시의 심미관을 형성했다고 볼 수 있기에 이 두 해석이 대립되는 것만은 아니다. 美 자에 반영된 미의식은 美가 인간에게 작용하는 유용성과 인간의 당대의 가치에 의해 형성되었음을 보여주고 있다.

98) 熱 (열)과 熟 (숙) 

○熱 은 갑골문에서 손에 횃불을 들고 있는 모습인데, 횃불

의 받침대와 타오르는 불꽃이 사실적으로 그려졌다. 금문에 들면서 횃불이 나무처럼 변함으로써 埶(심을 예)와 혼용하게 되었고, 『說文解字』에서는 금문의 자형을 계승하고 다시 火를 더하여 지금의 爇로 변했다. 그래서 爇은 '불을 태우다'가 원래 뜻이며, 이후 加熱(가열)이나 熱情(열정) 등의 뜻이 생겼다. 현대 중국어에서는 갑자기 유행하거나 인기 있는 것을 '러(熱)'라고 하기도 하는데, 우리말의 熱風(열풍)이나 '붐(boom)' 정도에 해당하는 말이다.

◯ 熟 은 갑골문에서는 火가 더해지지 않은 孰이었다. 孰의 왼쪽(享)은 커다란 기단 위에 지어진 높은 집 모양으로 宗廟(종묘)를 상징하고, 오른 쪽은 두 손을 받쳐 들고 있는 사람의 형상으로 종묘에 祭物(제물)을 올리는 모습을 그렸다. 익힌 고기를 祭物로 사용했던 때문이지 孰은 처음에 '삶은 고기'라는 뜻으로 쓰였다. 금문에 들면서 孰의 자형이 조금 복잡해지는데, 祭物의 내용을 구체화하기 위해 羊을 더하는가 하면, 동작을 강조하기 위해 발을 그려 넣기도 했다. 그러다가 隸書(예서)에 들어 지금의 孰으로 고정되었다.

이후 孰이 '누구' 나 '무엇'이라는 의문대명사로 가차되어 쓰이자, 원래 뜻을 표현할 때는 火를 더하여 熟으로 분화했다. 그리하여 熟은 '익히다'는 뜻을 전담하여 표현했고, 다시 成熟(성숙)이나 熟練(숙련) 등의 뜻은 물론 사람 간의 익숙함도 뜻하게 되었다. 참고로 享과 亨은 같은 자원에서 출발한 글자로 宗廟(종묘)의 형태를 그려 모두 '祭物로 드리는 삶은 고기'가 원래 뜻이었다. 하지만 이후 둘로 분화하여, 享은 제사를 받는 입장에서 '누리다'는 뜻을, 亨은 제사를 드리는 입장에서 제사를 잘 모시면 만사가 亨通(형통)한다고 해서 亨通(형통)의 의미로 쓰였다. 그러자 '삶다'는 뜻을 나타낼 때에는 다시 火를 더하여 烹(삶을 팽)이 되었다. 烹은 兎死狗烹(토사구팽)[32]이라는 고사로 우리에게 매우 익숙한 글자이기도 하다.

99) 焦點 (초점) 

○焦  는 금문에서부터 등장하는데, 지금처럼 隹와 火로 구성되었고, 새(隹)를 불(火)에 굽고 있는 모습에서 '굽다'는 의미를 그려냈다. 이후 굽는 과정에서 나타나는 특징으로부터 '황흑색'이나 '파삭파삭하다' 등의 뜻이 나왔다. 새는 돼지나 닭 등 다른 가축과는 달리 크기가 작았기 때문에 한눈을 팔았다가는 모두 태워먹기 십상이다. 그래서 焦에는 불을 크게 피웠다가 새를 태워버릴까 안절부절 조바심을 내다는 뜻에서 焦燥(초조)라는 말이 나왔다. 따라서 焦에는 절대 한눈팔지 말고 집중해야 한다는 의미가 들어있다.

○點은 의미부인 黑  과 소리부인 占  으로 이루어졌는데, 黑은 갑골문에서 墨刑(묵형·이마에 먹물을 드리던 고대의 형벌)을 한 모습으로서, '검다'는 뜻을 형상화한 글자이다. 占은 갑골문에서 卜과 口가 결합 된 모양인데, 卜은 옛날 점을 칠 때 불로 지진 거북딱지나 동물 뼈가 갈라지면서 생기는 흔적을 상형한 글자이

---

32) 兎死狗烹(토사구팽) ; '사냥하러 가서 토끼를 잡으면, 사냥하던 개는 쓸모가 없게 되어 삶아 먹는다'는 의미로 필요(必要)할 때 요긴(要緊)하게 써 먹고 쓸모가 없어지면 가혹(苛酷)하게 버린다는 뜻이다.

고, 口는 그러한 흔적을 보고 길흉을 해석함을 의미한다. 갑골문의 다른 자형에서는 占의 의미를 더욱 강조하기 위해 동물 뼈의 형상을 더해 놓은 경우도 있는데, 그것은 동물 뼈가 거북딱지와 함께 占卜(점복)에 가장 보편적으로 사용되었기 때문이다. 그래서 占은 '점치다'는 뜻을 가지며, 갈라진 형상을 보고 점괘를 해석한다는 의미에서 '살펴보다'는 뜻도 나왔는데 佔(볼 점)은 바로 사람(人)이 갈라지는 형상에 근거해 길흉을 점친다(占)는 뜻이다.

☞ 점을 치기 위해 거북딱지나 동물 뼈로 불을 지지면 갈라지는 흔적이 나타난다. 그로부터 占에는 '있다'나 占有(점유)에서와 같이 '차지하다'는 뜻이, 다시 '자리'의 뜻이 나왔다. 그래서 苫(거적 점)은 풀로 만든 '자리'를 말하며, 帖(표제 첩)은 기둥이나 바람벽에 써 붙이는 글귀를, 粘(끈끈할 점)이나 黏(찰질 점)은 무엇인가를 붙일 수 있는 끈적끈적한 성질을 말한다.

그렇게 볼 때 點은 '먹물(黑)'이 찍힌 자리나 지점(占)'으로 해석할 수 있으며, 이 경우 點에서 占은 의미를 결정하는 데도 관여한다. 點은 이후 地點(지점)이나 斑點(반점)의 뜻으로부터 長短點(장단점)에서처럼 사물의 어떤 '부분'을 지칭하는 개념으로 확장되었다. 그래서 焦點은 먹물을 찍어 정확히 표시해 놓은 어떤 지점(點)을 한 눈 팔지 않고 집중하다(焦)는 뜻으로, 모든 사람들의 관심이나 시선이 한 곳으로 모이는 사물의 중심이나 문제점을 말한다.

100) 耶蘇 (예수)

◯ 예수의 탄생을 기리는 聖誕節(성탄절), 대만이나 홍콩에서는 우리와 마찬가지로 '聖誕節'이라고 하지만 중국에서는 '예수가 탄생한 날'이라는 뜻의 '예딴제(耶誕節)'라 부른다. 중국은 사회주의 국가이고 사회주의 국가에서는 종교를 부정하므로 예수를 성인으로 부르기가 껄끄러워 그냥 이름을 부르게 된 것으로 생각된다. 하지만 '지저스(Jesus)'를 번역한 한자어인 '예수(耶蘇)'에는 단순히 그 독음만 반영된 것이 아니며 그 속에는 예수가 갖는 특성이 충분히 들어있다.

◯ 耶는 소전체에서 의미부인 邑(고을 읍)과 소리부인 耳(귀 이)로 이루어져, 원래는 산둥성에 있는 '郎耶(낭야)' 라는 땅을 지칭하는 말이었다. 그러나 이후 耶는 말의 어감을 나타내는 어기사로 쓰이기도 했고, '아버지'의 뜻으로 가차되기도 했다. 耶가 어기사(語氣詞)로 자주 쓰이자, '아버지'라는 뜻은 父(아비 부)를 더하여 爺(아버지 야)로 분화했다.

◯ 蘇  는 艸(풀 초)와 穌로 구성되어 풀의 이름으로 쓰였다. 穌는 다시 魚(고기 어)와 禾(벼 화)로 이루어졌는데, 금문에서는 禾가 木으로 바뀌기도 했지만 의미에는 별 차이가 없다. 『說文解字』에서는 穌를 불쏘시개로 쓸 나무로 풀이했다. 하지만 불쏘시개가 불을 일으킨다는 뜻에서인지 이후 蘇生(소생)하다는 뜻으로 자주 쓰였다. 이러한 문화적 관습과도 관련된 말인지 '불을 놓다'는 것은 '다시 생명을 일으키다'는 뜻으로 쓰인다. 이후 蘇生(소생)이라는 의미를 표현하기 위해 새로 만들어낸 甦는 다시(更·갱) 태어나다(生)는 의미를 반영한 회의자이다. 이렇게 볼 때 耶蘇의

耶는 아버지를, 蘇는 蘇生(소생) 즉 부활을 뜻한다.

☞ 'Jesus'의 원래 의미가 구원자이었음을 고려한다면, 耶蘇에는 'Jesus'라는 독음은 물론 예수가 원래 가지고 있던 구원자의 의미에 부활이라는 뜻까지 더해진 단어이다. 그렇게 함으로써 '부활하신 구원자 하느님 아버지'라는 뜻을 담게 된 耶蘇는 음역과 의역이 잘 어우러진 훌륭한 번역어이다.

2.『說文解字』로 풀어보는 한자[33)]

1) 好不好 (호불호)

○ 好는 여인이 아들을 안고 좋아하는 모습을 형상화한 글자로, 본래 '좋아하다'의 뜻이며 '아름답다'의 뜻은 파생되었다.

『說文解字』에서는 '아름답다(媄)' 라 하였다. 好感(호감)은 '좋은 느낌' 이며, 好學(호학)은 '학문을 좋아하다'의 뜻이다.

○ 不은 꽃의 꽃받침의 모양을 형상화한 글자로, 본래 '꽃 암술의 씨방'의 뜻이며, 이후 가차되어 부정의 뜻으로 쓰인다.

『說文解字』 에서는 '새가 날아 위로 올라가 아래로 내려오지 않는 것이다(鳥飛上翔不來也)' 라 하였다. 不信(불신)은 '믿지 아니하다'의 뜻이다.

33) 『說文解字』로 풀수 없는 자형들은 갑골문, 금문, 고대문헌 등을 참조.
최성엽「신문으로 배우는 實用漢字」, 조선일보, 2017. 재인용

2) 持論 (지론)

持論이란 항상 가지고 있거나, 일관되게 내세우는 견해나 이론을 의미한다.

○ **持**는 의미요소로 '손'의 뜻인 扌(수)와 발음요소인 侍(모실 시)가 더해진 글자로, '들다'의 뜻을 나타낸다. '가지다', '버티다'의 뜻은 파생되었다. 본래 寺가 '들다'의 뜻이었으나, 가차되어 '모시다', '관청'의 뜻으로 쓰이자 扌를 덧붙여 본뜻을 살렸다.

『說文解字』에서는 '손에 쥐다'라 하였다. 持久(지구)는 '오랫동안 버티어 가다'의 뜻이며, 持病(지병)은 '오랫동안 낫지 않고 가지고 있는 병'의 뜻이고, 支持(지지)는 '붙들어서 버티다'의 뜻이다.

○ **論**은 의미요소로 '말씀'의 뜻인 言(언)과 발음요소인 侖(둥글 륜)이 더해진 글자로, '조리 있는 말'의 뜻을 나타낸다. '헤아리다', '말하다', '논하다'의 뜻은 파생되었다.

『說文解字』에서는 '의론(議也)'라 하였다. 論告(논고)는 '자기의 의견을 진술하다'의 뜻이며, 論功(논공)은 '공의 대소를 조사하여 정하다'의 뜻이다.

3) 發注 (발주)

發注는 '수요자가 물건이나 건축 공사 따위를 공급자에게 주문하는 것'을 말한다. 주로 규모가 큰 거래에서 이루어진다.

○ **發**은 의미요소로 '활'의 뜻인 弓(궁)과 발음요소인 癹(발)이 더해진 글자로, 본래 화살이 활을 '떠나다'의 뜻이며, '일어나다', '피다'의 뜻은 파생되었다.

『說文解字』에서는 '활을 쏘다(射發也)'라 하였다. 發刊(발간)은 '책 따위를 만들어 내다'의 뜻이며, 發明(발명)은 '없던 것을 생각해 내거나 만들어내다'의 뜻이고, 突發(돌발)은 '뜻밖의 일이 갑자기 일어나다'의 뜻이다.

○ **注**는 의미요소로 '물'의 뜻인 水(수)와 발음요소인 主(주인 주)가 더해진 글자로, '흐르다', '메기다', '주해'의 뜻은 파생되었다.

『說文解字』에서는 '물대다[灌也]'라 하였다. 注力(주력)은 '온 힘을 기울이다'의 뜻이며, 注意(주의)는 '마음에 새겨 두어 조심하다'의 뜻이다.

4) 公試 (공시)

公試는 '공무원 시험'의 줄임말이다.

○ **公**은 '나누다'의 뜻인 八(숫자 八과 유사하나 팔이 아니다)과 '입'의 뜻인 口(구)의 변형자로 이루어진 글자로, '공평하다'의 뜻을 나타낸다. 초기에는 台(공)으로 썼으나 이후 口 는 厶 로 변했다. '드러내다', '어른'의 뜻은 파생되었다.

『說文解字』에서는 '공평하다[平分也]'라 하였다. 公告(공고)는 '세상에게 널리 알리다'의 뜻이며, 公廳(공청)은 '공무를 처리하는 관청'의 뜻이다.

○ **試**는 의미요소로 '말씀'의 뜻인 言(언)과 발음요소인 式(법 식)이 더해진 글자로, '시험'의 뜻을 나타낸다. '조사하다', '살펴보다'의 뜻은 파생되었다.

『說文解字』에서는 '쓰다[用也]'라 하였다. 試案(시안)은 '시험삼아 내놓은 안'의 뜻이며, 試金(시금)은 '금의 품질을 시험하여 알아내다'의 뜻이고, 入學試驗(입학시험)의 줄임말인 入試(입시)는 '학교에 들어가는 시험'의 뜻이다.

5) 自尊感 (자존감)

自尊感은 '스스로를 높이는 느낌'의 뜻으로 제 몸이나 품위(品位)를 스스로 높이 가지는 느낌을 의미한다.

○ 自는 코의 앞모습을 형상화한 글자로 본래 '코'의 뜻이며, 이후 '스스로'의 뜻으로 가차되어 주로 쓰인다.

○ 尊은 '술동이'를 뜻하는 酋(우두머리 추)와 '손'을 뜻하는 寸(마디 촌)으로 이루어진 글자로, 본래는 '술단지'의 뜻이며, 이후 '높이다', '공경하다'의 뜻은 파생되었다.

『說文解字』에서는 '술그릇(酒器也)'이라 하였다.

○ 感은 의미요소로 '마음'의 뜻인 心(심)과 '느끼다'의 뜻을 나타내는 咸(다 함)으로 이루어진 글자로, '마음이 움직이다'는 뜻을 나타낸다. 咸(다 함)의 본뜻은 '죽이다'이며, '느끼다', '감응하다'의 뜻은 파생되었다. 이후 '모두', '화목'의 뜻으로 주로 쓰이게 되면서, '心'(마음 심)을 더하여 '마음이 움직이다'는 뜻을 나타내었다.

感動(감동)은 '깊이 느끼어 마음이 움직이다'의 뜻이다.

6) 同盟 (동맹)

同盟이란 둘 이상 개인이나 단체 또는 국가가 공동의 목적을 위해 동일한 행동을 취하기로 한 약속이나 그런 관계를 맺는 일이다.

○ **同**은 원통모양의 그릇과 그 그릇의 크기가 똑 같은 뚜껑의 모양을 형상화한 글자로, '같다'의 뜻을 나타낸다. 이후 '화합하다'의 뜻은 파생되었다.

『說文解字』에서는 '회합[會合也]'이라 하였다. 同居(동거)는 '한집에서 같이 살다'이며, 同行(동행)은 '길을 같이 가다'이고, 會同(회동)은 '한 곳에 모이다'의 뜻이다.

○ **盟**은 의미요소로 '피'의 뜻인 血(혈)과 발음요소인 明(밝을 명)이 더해진 글자로, 해와 달 아래에서 피를 나누어 마시며 맹세한다는 데서 '맹세하다'의 뜻을 나타낸다.

盟邦(맹방)은 '동맹을 맺은 나라'이며, 盟主(맹주)는 '맹약을 맺은 자의 우두머리'의 뜻이고, 會盟(회맹)은 '모여서 맹세하다'의 뜻이다.

7) 校內 (교내)

○ **校**는 의미요소로 '나무'의 뜻인 木(목)과 발음요소인 交(사귈 교)가 더해진 글자로, 본래 구부러진 나무를 교차시켜 바로 잡는데서 '바로잡다'의 뜻을 나타냈으며, 이후 '학교'의 뜻은 파생되었다.

『說文解字』에서는 '죄인을 가두는 우리[木囚也]'라 하였다. 校歌(교가)는 '학교의 노래'의 뜻이며, 敎訓(교훈)은 '학교의 가르침'의 뜻이다.

○ **內**는 '집'의 뜻을 나타내는 冂(경)과 '들어가다'의 뜻인 入(입)으로 이루어진 글자로, 집으로 들어간다는 데서 '들어가다'의 뜻을 나타낸다. '안', '몰래'의 뜻은 파생되었다.

『說文解字』에서는 '들이다[入也]'라 하였다. 內査(내사)는 '몰래 조사하다'의 뜻이며, 內心(내심)은 '속마음'의 뜻이고, 場內(장내)는 '장소의 안'의 뜻이다.

8) 冷麪 (냉면)

○ 冷은 의미요소로 '얼음'의 뜻인 冫(빙)과 발음요소인 令(하여금 령)이 더해진 글자로, 높은 사람의 명령이 얼음처럼 차다는 데서 '차다'의 뜻을 나타낸다. '쓸쓸하다', '식히다'의 뜻은 파생되었다.

『說文解字』에서는 '차갑다[寒也]'라 하였다. 冷氣(냉기)는 '차가운 기운'이며, 冷害(냉해)는 '寒氣(한기)'로 인한 농작물의 피해'의 뜻이다.

○ 麵은 의미요소로 '보리'의 뜻인 麥(맥)과 발음요소인 面(낯 면)이 더해진 글자로, '밀가루'의 뜻을 나타낸다. 麥은 俗字이다.

麵類(면류)는 '밀가루나 메밀국수 따위의 국수류'의 뜻이며, 麵床(면상)은 '국수를 만들 때 쓰는 널빤지'의 뜻이고, 素面(소면)은 '고기붙이[34]를 넣지 않은 국수'의 뜻이다.

9) 逆鱗 (역린)

韓非子(한비자)는 임금의 노여움을 뜻하는 逆鱗(역린)을 건드리지 말라고 충고하였다. '용의 목 아래엔 한 자쯤 되는 비늘이 거꾸로(逆鱗) 돋아 있는데 사람이 이를 건드리면 반드시 그를 죽인

34) 소고기나 닭고기, 생선 따위, 각종 짐승의 고기에 속하는 먹을거리.

다고 한다. 임금 또한 거꾸로 돋친 비늘이 있으니 건드리지 않는 것이 잘하는 것이다'라 하였다.

○ **逆**은 의미요소로 '가다'의 뜻인 辶(착)과 발음요소인 屰(거스를 역)이 더해진 글자로, '거스르다'의 뜻을 나타낸다. '거꾸로'의 뜻은 파생되었다. 본래 屰은 '거꾸로 선 사람'의 상형으로 '거스르다'의 뜻이었으나 이후 辶을 덧붙여 뜻을 더욱 분명히 하였다.

○ **鱗**은 의미요소로 '물고기'의 뜻인 魚(어)와 발음요소인 粦(린)이 더해진 글자로, '비늘'의 뜻을 나타낸다. '비늘을 가진 어류'를 총칭하기도 한다.

『說文解字』에서는 '물고기 비늘 (魚甲也)'라 하였다. 片鱗(편린)은 '한 조각의 비늘'의 뜻으로 극히 작은 부분을 일컫는 말이다.

10) 應答 (응답)

應答은 '부름이나 물음에 대답하다'의 뜻이다.

○ **應**은 의미요소로 '마음'의 뜻인 心(심)과 발음요소인 雁(매 응)이 더해진 글자로, 사냥용 매와 서로 잘 통한다는 데서, '응하다'의 뜻을 나타낸다. '당(當)하다', '응당'의 뜻은 파생되었다.

『說文解字』에서는 '응당[當也]'이라 하였다. 應試(응시)는 '시험에 응하다'의 뜻이며, 應急(응급)은 '급한 대로 우선 처리하다'의 뜻이다.

○ **答**은 의미요소로 '대나무'의 뜻인 竹(죽)과 발음요소인 合(합할 합)이 더해진 글자로, 대나무로 울타리를 얽어맨다는 데서, 본래 '대나무 끈'의 뜻을 나타내며, 이후 '대답하다'의 뜻으로 파생되었다.

答辭(답사)는 '회답하는 말'의 뜻이며, 對答(대답)은 '묻는 말에 답하다'의 뜻이고, 東問西答(동문서답)은 '동쪽을 묻는데 서쪽을 답하다'의 뜻으로 묻는 말에 대하여 전혀 엉뚱한 대답을 의미한다.

11) 貪慾 (탐욕)

인간이라면 누구나 慾心(욕심)이 없을 수는 없다. 탐욕은 理性(이성)의 판단이나 윤리적 자유를 상실하게 되어 인간의 품위를 하락시키고 타락하게 하여 무질서나 남용을 초래한다.

○ **貪**은 '재화'를 뜻한 貝(패)와 '머금다'의 뜻인 含(함)의 생략형인 今으로 이루어진 글자로, '탐하다'의 뜻을 나타낸다.

『說文解字』에서는 '물건을 욕심내다[慾物也]'라 하였다. 貪官(탐관)은 '백성의 재물을 탐하여 빼앗는 관리'의 뜻이며, 貪虐(탐학)은 '탐욕이 많고 포악하다'는 뜻이다.

○ **慾**은 의미요소로 '마음'의 뜻인 心(심)과 발음요소인 欲(하고자 할 욕)이 더해진 글자로, 바라는 마음이라는 데서 '욕심'을 뜻한다.

慾望(욕망)은 '무엇을 하거나 갖고자 하는 마음'의 뜻이며, 慾念(탐욕)은 '탐내는 마음'의 뜻이다.

12) 一喜一悲 (일희일비)

○ **喜**는 타악기인 '북'을 뜻하는 壴(주)와 '입'을 뜻하는 口(구)로 이루어진 글자로, 악기를 쳐서 신에게 빌고, 신을 기쁘게 한다는 데서 '기뻐하다'의 뜻을 나타낸다. '좋아하다'는 뜻은 파생되었다.

『說文解字』에서는 '좋아하다' 라 하였다. 喜悅(희열)은 '기뻐하다'의 뜻이며, 喜消息(희소식)은 '기쁜 소식'의 뜻이다.

○ **悲**는 의미요소로 '마음'의 뜻인 心(심)과 발음요소인 非(아닐 비)가 더해진 글자로, '슬프다[痛也]'의 뜻을 나타낸다. '자비'의 뜻은 파생되었다.

『說文解字』에서는 '슬프다(痛也)'라 하였다. 悲觀(비관)은 '인생을 슬프게만 생각하고 절망스럽게 여기다'의 뜻이며, 慈悲(자비)는 '남을 사랑하고 가엾게 여기다'의 뜻이다.

13) 滿壘 (만루)

野球(야구)에서 9회 말 역전 만루 홈런으로 인한 승리는 대단한 기쁨과 전율을 안겨 준다. 滿壘(만루)는 '루를 가득 채우다'의 뜻으로 모든 루에 주자가 있는 상황을 의미한다.

○ **滿**은 의미요소로 '물'의 뜻인 氵(수)와 발음요소인 㒼(평평할 만)이 더해진 글자로, 물이 그릇에 가득 퍼진다는 데서, '차다'의 뜻을 나타낸다. '채우다'의 뜻은 이후에 파생되었다.

『說文解字』에서는 '차서 넘치다[滿溢也]'라 하였다. 滿了(만료)는 '기한 등이 차서 끝나다'의 뜻이며, 滿發(만발)은 '꽃이 활짝 다 피다'의 뜻이다.

○ **壘**는 의미요소로 '흙'의 뜻인 土(토)와 발음요소인 畾(밭 갈피 뇌)가 더해진 글자로, 흙을 포개 쌓았다는 데서 '진'의 뜻을 나타낸다. '포개다'의 뜻은 파생되었다.

『說文解字』에서는 '군사용 진지(軍壁也)'라 하였다. 壘塊(누괴)는 '가슴 속에 쌓인 덩어리'의 뜻이며, 走壘(주루)는 '야구에서 어느 루에서 다음 루로 달리다'의 뜻이다.

14) 功名心 (공명심)

보통 사람이라면 출세하여 세상에 이름을 떨치고 싶어 한다. 功名心은 공을 세워 자신의 이름을 세상에 널리 드러내고 싶은 마음을 의미한다.

○ **功**은 의미요소로 '힘'의 뜻인 力(력)과 발음요소인 工(장인 공)이 더해진 글자로, '공'의 뜻을 나타낸다. '보람', '일'의 뜻은 파생되었다.

『說文解字』에서는 '힘써 나라를 세우다[以勞定國也]'라 하였다. 功過(공과)는 '공로와 과실'의 뜻이며, 成功(성공)은 '공을 이루다'의 뜻이다.

○ **心**(심)은 심장의 모습을 형상화한 글자로, 본래는 '심장'의 뜻이며, 이후 '마음'의 뜻은 파생되었다. 심장이 인체의 중앙에 있다 하여 '중앙', '중심'의 뜻으로 쓰이기도 한다.

『說文解字』에서는 '사람 마음이다[人心]'라 하였다. 心氣(심기)는 '마음으로 느끼는 기분'의 뜻이며, 孝心(효심)은 '효성스러운 마음'의 뜻이고, 慾心(욕심)은 '지나치게 탐내거나 누리려는 마음'의 뜻이다.

15) 任免 (임면)

어떤 조직이나 단체에 있어서 首長(수장)이 갖는 구성원의 任免權(임면권) 즉 임명과 해임의 권한은 그 조직이나 단체를 이끌어 나가는데 반드시 필요한 권한 중의 하나이다.

○ 任(임)은 의미요소로 '사람'의 뜻인 亻(인)과 발음요소인 壬(천간 임)이 더해진 글자로, 사람이 일을 맡는다는 데서 '맡다'의 뜻을 나타낸다. '일', '쓰다'의 뜻은 파생되었다.

『說文解字』에서는 '돕다[保也]'라 하였다. 任期(임기)는 '임무를 맡아보는 일정한 기한'이며, 任地(임지)는 '관원으로서 임무를 행하는 곳'이고, 就任(취임)은 '맡은 자리에 처음으로 나가다'의 뜻이다.

○ 免(면)은 큰 모자를 쓰고 서있는 사람을 형상화한 글자로, 모자를 써서 머리를 보호하고 해를 면할 수 있다는 데서 '면하다'의 뜻을 나타낸다. '벗다', '놓다', '내치다'의 뜻은 파생되었다.

『說文解字』에서는 '토끼가 달아나다[兔逸也]'라 하였다. 免稅(면세)는 '세금을 면제하다'이며, 免罪(면죄)는 '죄를 면하다'의 뜻이다.

16) 原動力 (원동력)

○ 原은 '벼랑'의 뜻인 厂(한)과 '샘'의 뜻인 泉(천)으로 이루어진 글자로 본래 '물의 근원'의 뜻을 나타내며, '언덕', '들판'의 뜻은 파생되었다.

『說文解字』에서는 '샘물(水本也)'이라 하였다. 原理(원리)는 '사물의 근본이 되는 이치'의 뜻이며, 原油(원유)는 '정제되지 않은 원래의 기름'의 뜻이고, 平原(평원)은 '넓고 평평한 들판'의 뜻이다.

○ 力은 갑골문 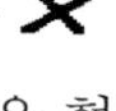 과 금문의 자형을 살펴보면, 고대에 땅을 파는 농기구의 모양을 형상화한 글자로, 쟁기질에 힘이 필요하다는 데

서 '힘'의 뜻을 나타낸다. '힘줄', '힘쓰다'의 뜻은 파생되었다.

『說文解字』에서는 '힘줄(筋也)'이라 하였다. 力點(역점)은 '일을 할 때 가장 중시하는 점'의 뜻이며, 力說(역설)은 '힘써 말하다'의 뜻이다.

17) 舊態 (구태)

○ **舊**는 의미요소로 '부엉이'의 뜻인 萑(추) [艹(풀 초) 아래 隹(새 추)를 쓴 자는 萑(풀 무성할 추)이다]와 발음요소인 臼(절구 구)가 더해진 글자로, 본래 '부엉이'의 뜻을 나타내며, '오래되다', '옛'의 뜻은 가차되었다. 臼는 '절구'의 상형이다.

『說文解字』에서는 '뜻에 따른 형상[意態也]'라 하였다. 舊面(구면)은 '알고 지낸지 오래된 처지'의 뜻이며, 舊式(구식)은 '예전의 형식이나 방식'의 뜻이다.

○ **態**는 '능하다'의 뜻인 能(능)과 '마음'의 뜻인 心(심)으로 이루어진 글자로, '모양'의 뜻을 나타낸다. 태세(態勢)는 '일이나 상황에 대처하는 태도나 자세'의 뜻이다.

18) 誤認 (오인)

誤認은 '잘못 인식하다'의 뜻이다.

○ **誤**는 의미요소로 '말씀'의 뜻인 言(언)과 발음요소인 吳(큰소리 칠 오)가 더해진 글자로, 큰소리치며 장담하는 말은 대부분 일을 그르게 한다는 데서 '그르치다'의 뜻을 나타낸다. '잘못', '의혹'의 뜻은 파생되었다.

『說文解字』에서는 '그릇되다[謬也]' 라 하였다. 誤答(오답)은

'잘못된 대답을 하다'의 뜻이고, 誤判(오판)은 '잘못 판단하다'의 뜻이고, 誤解(오해)는 '그릇되게 해석하거나 알다'의 뜻이다.

○ 認은 의미요소로 '말씀'의 뜻인 言(언)과 발음요소인 忍(참을 인)이 더해진 글자로, 본래는 상대의 말을 참고 귀를 기울인다는 데서 '인정하다'의 뜻을 나타내며, 이후 '인식하다', '알다'의 뜻은 파생되었다.

認知(인지)는 '사실을 인정해서 알다'의 뜻이고, 認定(인정)은 '옳거나 확실하다고 여기다'의 뜻이다.

19) 特權 (특권)

○ 特은 '소'의 뜻인 牛(우)와 '관청'의 뜻인 寺(사)로 이루어진 글자로, 본래 '수소'의 뜻을 나타내며, '특별하다'의 뜻은 파생되었다.

『說文解字』에서는 '수소 [特牛也]' 라 하였다. 特價(특가)는 '특별히 싸게 매긴 가격'의 뜻이며, 特惠(특혜)는 '특별한 혜택'의 뜻이다.

○ 權(권)은 의미요소로 '나무'의 뜻인 木(목)과 발음요소인 雚(황새 관)이 더해진 글자로, 본래 '나무로 만든 저울'의 뜻을 나타내며, 이후 '저울질하다', '권세', '권리' 의 뜻은 파생되었다.

『說文解字』에서는 '황화목[黃華木也]'이라 하였다. 權臣(권신)은 '권세 있는 신하'의 뜻이며, 權益(권익)은 '권리와 이익'의 뜻이고, 權利(권리)는 '권세와 이익'의 뜻이고, 親權(친권)은 '부모로서의 권리'의 뜻이다.

20) 實事求是 (실사구시)

청나라 초에 考證學(고증학)을 표방하는 黃宗羲(황종희), 顧炎武(고염무), 戴震(대진) 등의 학자는 空理空論(공리공론)을 일삼는 송, 명대의 학문을 배격하기 위해 實事求是(실사구시)의 표어를 내세웠다. '실제에 근거하여 사실을 구하다'의 뜻으로 사실에 토대를 두고 진리를 탐구하는 태도를 이른다.

○ **事**(사)는 손으로 장식 달린 붓을 잡고 있는 모양을 형상화한 글자로, 본래 '기록하는 일을 맡은 사관'의 뜻을 나타내며, 이후 '일'의 뜻은 파생되었다.

『說文解字』에서는 '임무[職也]'라 하였다. 事理(사리)는 '일의 이치'의 뜻이다.

○ **是**(시)는 '해'의 뜻인 日(일)과 '바르다'의 뜻인 正(정)의 변형자로 이루어진 글자로, 해처럼 바른 것이 없다는 데서, '곧다'의 뜻을 나타낸다. '바로잡다'의 뜻은 파생되었으며, 가차하여 '이'의 뜻으로도 쓰인다.

『說文解字』에서는 '곧다[直也]'라 하였다. 是正(시정)은 '잘못된 것을 바로 잡다'의 뜻이다.

21) 史料 (사료)

史料(사료)는 '역사적인 자료'의 뜻으로 역사의 연구와 編纂(편찬)에 필요한 문헌이나 유물의 자료를 의미한다.

○ **史**(사)는 윗부분을 장식한 붓을 들고 있는 모습을 형상화한 글자로, 천자의 언행을 기록하는 벼슬아치라는 데서, '사관'의 뜻을 나타낸다. 이후 '사기', '역사'의 뜻은 파생되었다.

『說文解字』에서는 '일을 기록하는 사람[記事者也]'이라 하였다. 先史(선사)는 '역사시대 이전의 역사'의 뜻이다. 野史(야사)는 '민간이 사사로이 기록한 역사'의 뜻이다.

○ **料**(료)는 '쌀'의 뜻인 米(미)와 도량형의 '말'의 뜻인 斗(두)로 이루어진 글자로, 화폐가 없던 시절 말을 가지고 쌀을 센다는 것에서 '헤아리다'의 뜻을 나타낸다. '요금', '재료'의 뜻은 파생되었다.

『說文解字』에서는 '되질하다[量也]'라 하였다. 料率(요율)은 '요금의 정도나 비율'의 뜻이며, 思料(사료)는 '생각하여 헤아리다'의 뜻이고, 肥料(비료)는 '식물의 생장을 촉진하는 재료'의 뜻이다.

22) 內面化 (내면화)

복잡한 사회를 살아가는 현대인들은 여러 가지의 사회적 영향을 받아 자신의 사고나 감정, 행동 등이 내부로 흡수되는 현상이 일어나는데 이를 內面化라고 한다.

○ **內**는 '집'의 뜻을 나타내는 冂(경)과 함께 '들어가다'의 뜻을 나타낸다. '안', '몰래'의 뜻은 파생되었다.

『說文解字』에서는 '들이다(入也)'라 하였다. 內査(내사)는 '몰래 조사하다'의 뜻이다.

○ **面**은 사람 머리와 얼굴 정면 모양을 형상화한 글자로, '얼굴'의 뜻을 나타내며, '면', '쪽'의 뜻은 파생되었다.

『說文解字』에서는 '면전[顔前也]'이라 하였다. 面識(면식)은 '얼굴을 서로 알다'의 뜻이다.

○ **化**는 바르게 서 있는 사람[亻]과 거꾸로 서 있는 사람[匕] 모습을 형상화한 글자로 본래 '바뀌다'의 뜻이며, '되다'의 뜻은 파생되

었다.

『說文解字』에서는 '가르침이 행하는 것이다[敎行也]'라 하였다. 敎化(교화)는 '가르쳐 변하게 하다'의 뜻이다.

23) 前兆 (전조)

○ **前**은 甲骨文을 살펴보면 '가다'의 뜻인 行(행)과 '그치다'의 뜻인 止(지), 그리고 '배'의 뜻인 舟(주)로 이루어진 글자로, 수로를 배로 간다는 데서, '나아가다'의 뜻을 나타내며, '앞'의 뜻은 파생되었다. 金文에서는 止와 舟가 변한 月, 그리고 '칼'의 뜻인 刂(도)를 덧붙였다.

前導(전도)는 '앞길을 인도하다'의 뜻이다.

○ **兆**는 거북이 등이나 쇠뼈를 불에 구워 갈라진 모양을 형상화한 글자로, '점치다'의 뜻을 나타낸다. '조짐'의 뜻은 파생되었으며, 숫자의 단위인 '조'로도 쓰인다.

『說文解字』에서는 '거북이를 불에 구워 갈라지다[灼龜拆也]'라 하였다. 兆朕(조짐)은 '일이 생길 기미가 보이는 현상'의 뜻이고, 吉兆(길조)는 '좋은 일이 있을 징조'의 뜻이다.

24) 加速 (가속)

한 점이 어떤 방향으로 얼마나 빠르게 움직이는지를 나타내는 양을 速度(속도)라 한다. 여기에 더욱 힘을 더하면 加速이 되고 줄이면 減速(감속)이 된다.

○ **加**는 '힘'을 뜻하는 力(력)과 '입'을 뜻하는 口(구)로 이루어진 글자로, '더하다'의 뜻을 나타낸다. '미치다', '더욱'의 뜻은 파생되

었다. 力은 '쟁기'의 상형이다.

『說文解字』에서는 '말이 서로 증가하다[語相增加也]'라 하였다. 加減(가감)은 '더하거나 빼다'이며, 加刑(가형)은 '형벌을 더하다'이고, 增加(증가)는 '수량이 더 늘어나 많아지다'의 뜻이다.

○ **速**은 의미요소로 '가다'의 뜻인 辶(辵)과 발음요소인 束(묶을 속)이 더해진 글자로, 두 발을 긴박하게 움직인다는 데서 '빠르다'의 뜻을 나타낸다. '부르다'의 뜻은 파생되었다.

『說文解字』에서는 '빠르다[疾也]'라 하였다. 速決(속결)은 '빠르게 결정하거나 처리하다'이며, 減速(감속)은 '속도를 줄이다'이고, 快速(쾌속)은 '속도가 매우 빠르다'의 뜻이다.

25) 死鬪 (사투)

死鬪는 죽을 힘을 다하여 싸우거나 죽기를 각오하고 싸운다는 의미이다.

○ **死** 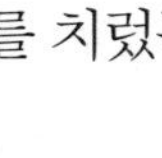(甲骨文)는 '흐트러진 뼈'를 뜻하는 歹(알)과 그 앞에 꿇어 앉아 있는 사람을 형상화한 匕(비수 비)로 구성된 글자이다. 옛날 중국에서 사람이 죽으면 살이 다 썩은 뒤에 뼈를 주어 모아 장례를 치렀는데 이를 반영한 글자이다. '죽다', '죽음'의 뜻으로 쓰인다.

『說文解字』에서는 '다하여 없어지다[澌也]'라 하였다.

○ **鬪**는 본래 사람이 주먹을 쥐고 서로 마주 서서 다투는 모양을 형상화한 글자로 '싸우다'의 뜻을 나타내는 鬥(투)에 豆(콩 두)와 寸(마디 촌)이 덧붙여졌다.

鬪病(투병)은 '병을 고치려고 적극적으로 질병과 싸우다'의 뜻이며, 鬪魂(투혼)은 '끝까지 싸우려는 기백'의 뜻이고, 暗鬪(암투)는 '드러나지 않게 싸우다'의 뜻이다.

26) 卒婚 (졸혼)

2000년대 초 일본에선 卒婚이 유행하였는데, 오늘날 우리나라에서도 관심이 높아진 것 같다. 결혼을 졸업한다는 뜻으로 부부가 서로 이혼하지 않고 서로 떨어져 사는 것을 의미한다.

○ 卒은 '옷'의 뜻인 衣(의) 밑에 '하나'의 뜻인 一(일)을 붙여 허리가 붙은 옷을 입는다는 데서, '하인', '군사'의 뜻을 나타낸다. '마치다', '갑자기'의 뜻은 파생되었다.

『說文解字』에서는 '하인[隸人給事爲卒也]'이라 하였다. 卒兵(졸병)은 '지위가 낮은 병사'이며, 卒倒(졸도)는 '갑자기 넘어지다'의 뜻이다.

○ 婚은 의미요소로 '여자'의 뜻인 女(녀)와 발음요소인 昏(어두울 혼)이 더해진 글자로, 본뜻은 '신부 집'이며, '혼인'의 뜻은 파생되었다. 본래 혼례는 저녁때 신부집에서 치렀는데 이런 풍습이 반영된 글자이다.

『說文解字』에서는 '처가다[婦家也]'라 하였다. 婚前(혼전)은 '혼인하기 전'이며, 約婚(약혼)은 '혼인을 약속하다'이고, 請婚(청혼)은 '혼인을 청하다'의 뜻이다.

27) 嫡子 (적자)

소설 홍길동전에서 庶子(서자)인 길동이 아버지를 아버지라 부르지 못함을 한탄하는 장면이 있다. 嫡庶(적서)의 차별이 시작된 것은 조선시대 태조때부터이다. 서자 및 서얼 등의 관직 임용 제한 규정을 만들게 되었다.

○ **嫡**은 의미요소로 '여자'의 뜻인 女(여)와 발음요소인 啇(밑동 적)이 더해진 글자로, '正室(정실)'의 뜻을 나타낸다. 啇은 啻(시)의 변형이며 '맏아들'의 뜻은 파생되었다.

嫡庶는 '嫡子(적자)와 庶子(서자)'의 뜻이며, 嫡妻(적처)는 '정식으로 예를 갖추어 맞은 아내'의 뜻이고, 嫡出(적출)은 '정실 몸의 소생'의 뜻이다.

○ **子**는 머리와 팔, 그리고 두 발이 포대기에 싸여있는 어린아이의 모습을 형상화한 글자로 '아들'의 뜻을 나타낸다. 본래는 남녀의 구분 없이 '유아'의 뜻으로 쓰였으나, 이후에 '아들'의 뜻으로 쓰이며, 사람이나 사물을 칭하는데 쓰이기도 한다.

獨子(독자)는 '하나뿐인 자식'의 뜻이며, 庶子(서자)는 '첩에게서 난 자식'의 뜻이다.

28) 媤宅 (시댁)

혼인을 하면 남편 혈족들의 호칭 때문에 당황하는 경우가 많다. 이들의 호칭에는 媤가 들어간다. 媤宅(시댁)은 媤家(시가)의 높임말이다.

○ **媤**는 '여자'의 뜻인 女와 '생각하다'의 뜻인 思(사)로 이루어진 글자로, 여자가 생각하고 가야 할 곳이 시부모가 사는 집이라는 데서, '시집'의 뜻을 나타낸다. 중국에선 거의 쓰임이 없고 한국에서 쓰는 글자이다.

媤父母(시부모)는 '남편의 아버지와 어머니'이며, 媤叔(시숙)은 '남편의 형제'의 뜻이다.

○ 宅은 의미요소로 '집'의 뜻인 宀(면)과 발음요소인 乇(맡길 탁)이 더해진 글자로, 편안히 몸을 맡기는 곳이 집이라는 데서 '집'의 뜻을 나타낸다. '살다', '묏자리'의 뜻은 파생되었다. 宅內(댁내), 貴宅(귀댁)의 경우는 '댁'으로 읽힌다.

『說文解字』에서는 '사람이 맡기고 거처하는 곳[人所託居也]'이라 하였다. 宅地(택지)는 '집을 지을 땅'이며, 住宅(주택)은 '사람이 살 수 있도록 지은 집'이고, 家宅(가택)은 '살림살이하는 집'의 뜻이다.

29) 異見 (이견)

아무리 친한 친구 간이라 하더라도 한 사물을 놓고 그 생각이나 뜻을 달리하는 경우가 있다. 異見은 '다르게 보다'라는 뜻으로 다른 의견이나 생각의 의미이다.

○ 異는 악귀를 쫓을 때 쓰는 탈을 쓰고 춤을 추는 무당의 모습을 형상화한 글자로, 탈을 쓰면 보통 사람들과 다르다는 데서 '다르다'의 뜻으로 쓰인다. 田은 귀신의 머리 모양이다.

『說文解字』에서는 '나누다[分也]'라 하였다. 異變(이변)은 '괴이한 변고'의 뜻이며, 異議(이의)는 '다른 의견이나 주장'의 뜻이다.

○ 見은 '눈'의 뜻인 目(목) 과 '사람'의 뜻인 儿(인)으로 이루어진 글자로, 사람의 눈으로 사물을 주시하는 것을 나타내어, '보다'의 뜻으로 쓰인다.

『說文解字』에서는 눈으로 '보다[視也]'라 하였다. 見物(견물)은 '물건을 보다'의 뜻이며, 見習(견습)은 '보고 익히다'의 뜻이고, 見解(견해)는 '사물이나 현상을 보는 의견이나 생각'의 뜻이다.

30) 活路 (활로)

活路는 '살아나갈 길'의 뜻으로 몹시 힘들고 어려운 상황을 헤치고 살아 나갈 수 있는 방법을 의미한다.

○ **活**은 의미요소로 '물'의 뜻인 氵(수)와 발음요소인 舌(설→활)이 더해진 글자로, 본래 '물이 멋대로 흐르다'의 뜻을 나타내었고, '괄'로 읽혔다. 이후 '살다'의 뜻은 파생되었으며 '활'로 읽힌다.

『說文解字』에서는 '물 흐르는 소리[流聲也]' 라 하였다. 活活(괄괄)은 '물이 콸콸 흐르는 소리'의 뜻이며, 活動(활동)은 '살아 움직이다'의 뜻이다.

○ **路**는 의미요소로 '발'의 뜻인 足(족)과 발음요소인 各(각 각)이 더해진 글자로, 사람들이 발로 밟고 다니는 곳이라는 것에서 '길'의 뜻을 나타낸다. '크다', '드러내다'의 뜻은 파생되었다.

『說文解字』에서는 '다니는 길[道也]'이라 하였다. 路線(노선)은 '일정한 두 지점을 오가는 길'의 뜻이며, 路程(노정)은 '목적지까지의 거리'의 뜻이다.

31) 偶然 (우연)

偶然은 아무런 인과관계 없이 뜻하지 않게 일어나는 일을 의미한다. 必然(필연)은 상대어이다.

○ **偶**는 의미요소로 '사람'의 뜻인 亻(인)과 발음요소인 禺(원숭이

우)가 더해진 글자로, 본래 '허수아비'의 뜻을 나타낸다. '짝', '만나다'의 뜻은 파생되었으며, '마침'의 뜻은 가차되었다.

『說文解字』에서는 '나무로 만든 사람[桐人也]'이라 하였다. 偶像(우상)은 '목석 등으로 만든 신불 또는 사람의 형상'의 뜻이며, 對偶(대우)는 '서로 짝을 이루다'의 뜻이다.

○ **然**은 '개'의 뜻인 犬(견)과 '고기'의 뜻인 月(육달월), 그리고 '불'의 뜻인 火(화)로 구성된 글자로, 본래 '타다'의 뜻이며, '당연하다', '그러하다'의 뜻은 이후에 파생되었다. 본뜻을 살리기 위해 火(화)를 덧붙여 燃(사를 연)이 쓰인다.

『說文解字』에서는 '사르다[燃也]'라 하였다. 然後(연후)는 '그런 후에'의 뜻이다.

32) 秋波 (추파)

秋波는 '가을 물결'의 뜻으로 가을철의 잔잔하고 은은한 물결을 의미하는데, 여인의 눈빛이 이와 같다 하여 異姓(이성)의 마음을 끌기 위해 던지는 눈짓의 유혹을 의미하기도 한다.

○ **秋**는 '벼'를 뜻하는 禾(화)와 '불'을 뜻하는 火(화)로 구성된 글자로 '가을'의 뜻을 나타낸다. 본래 農作物(농작물)에 해를 입히는 '한 마리의 메뚜기'의 모습을 형상화한 글자로, 이후 '메뚜기'가 빠져 버리고 '고개 숙인 벼[禾]'와 '메뚜기를 태워 잡는 불[火]'로 이루어져 지금의 秋로 쓰인다. 秋收(추수)는 '가을걷이'를 의미한다.

○ **波**는 의미요소로 '물'의 뜻인 氵(수)와 발음요소인 皮(가죽 피)가 더해진 글자로, 물이 모피처럼 출렁인다는 것에서 '물결'의 뜻을 나타낸다.

『說文解字』에서는 '물결이 일다[水涌流也]'라 하였다. 같은 뜻의 浪과 쓰인 波浪(파랑)은 곧 '물결'을 의미한다. 風波(풍파)는 '세찬 바람과 험한 물결'의 뜻이며, 寒波(한파)는 '寒氣(한기)의 물결'의 뜻이다.

33) 捷徑 (첩경)

捷徑(첩경)은 '지름길'의 뜻으로 가깝게 질러서 가는 빠른 길을 의미한다. 옛날 말에 바쁠수록 돌아가라는 말이 있다. 너무 급히 서두르다 보면 일을 그르칠 수 있기 때문이다. 빠르게 간다고 마냥 좋은 것만은 아니다.

○ **捷**은 의미요소로 '손'의 뜻인 扌(수)와 발음요소인 疌(빠를 첩)이 더해진 글자로, '이기다'의 뜻을 나타낸다. '빠르다'의 뜻은 파생되었다.

『說文解字』에서는 '사로잡다[獵也]'라 하였다. 捷報(첩보)는 '싸움에 이겼다는 소식이나 보고'의 뜻이며, 敏捷(민첩)은 '동작이나 행동이 재빠르다'의 뜻이다.

○ **徑**은 의미요소로 '걷다'의 뜻인 彳(척)과 발음요소인 巠(물줄기 경)이 더해진 글자로, 곧고 가까운 '小路(소로)'의 뜻을 나타낸다. 또한 '원의 지름'의 뜻으로도 쓰인다.

『說文解字』에서는 '걸어 다니는 길[步道也]'라 하였다. 半徑(반경)은 '반지름'의 뜻이며, 直徑(직경)은 '지름'의 뜻이고, 徑輪(경륜)은 '토지의 지름과 둘레'의 뜻이다.

34) 福音 (복음)

福音은 '기쁜 소식'의 뜻으로 그리스도가 인간을 위해서 한 구원의 말씀을 의미한다.

○ **福**의 의미요소인 示는 '신에게 제물을 올리는 제단'의 상형이며, 畐은 '술 항아리'의 상형이다.

『說文解字』에서는 '거슬림 없다[備也]'라 하였다. 福地(복지)는 '복을 누릴만한 땅'의 뜻이며, 景福(경복)은 '큰 복'의 뜻이다.

○ **音**은 金文(금문)에서 '말'의 뜻인 言(언)에 소리를 나타내는 '一'의 모양을 덧붙인 글자로, '소리'의 뜻을 나타낸다. 본래 言(언)과 같은 형태의 글자로 구분 없이 혼용되다가 '소식'의 뜻은 파생되었다.

『說文解字』에서는 '마음에서 나오는 한마디의 소리[聲生於心有節於外謂之音]'라 했다. 音質(음질)은 '소리의 질적 상태'의 뜻이며, 音波(음파)는 '소리가 진동을 받아 생기는 파장'의 뜻이고, 音聲(음성)은 '사람의 목소리와 말소리'의 뜻이다.

35) 歲月 (세월)

세월을 流水(유수)와 같다는 말이 있다. 흐르는 물처럼 빠르게 지나친다는 의미이다. 寸刻(촌각)도 아껴야 할 것이다.

○ **歲**는 의미요소로 '걸음'의 뜻인 步(보)와 발음요소인 戌(술)이 더해진 글자로, 곡식을 베는 낫으로 가을에 수확을 하면 한 해가 간다는 데서 '한 해'의 뜻을 나타낸다. '나이'의 뜻은 파생되었다. 戌(술)은 '낫'이나 '도끼'의 상형이다.

『說文解字』에서는 '목성[木星也]'이라 하였다. 歲費(세비)는

'일 년간의 경비'의 뜻이며, 歲首(세수)는 '한 해의 처음'이며, 千歲(천세)는 '천 년이나 되는 세월'의 뜻이다.

○ 月은 『說文解字』에서는 '달'과 '밤'의 뜻을 나타냈으나, 후에 '밤'의 뜻으로 夕(석)이 쓰이자 月은 '달' 만을 뜻하게 되었다.

『說文解字』에서는 '이지러지다[闕也]'라 하였다. 月刊(월간)은 '다달이 책을 발행하다'의 뜻이며, 月末(월말)은 '그 달의 끝 무렵'의 뜻이고, 月光(월광)은 '달빛'의 뜻이다.

36) 晩婚 (만혼)

『三國志(삼국지)』의 「魏志東夷傳」, 『說文解字』에서는 "신부 집에서 혼례를 행하고 신부가 자녀를 출산하여 성장한 후에야 媤家(시가)로 간다" 라는 기록이 있다. 晩婚은 결혼의 적령기를 지나 나이를 먹고 늦게 하는 결혼을 의미한다.

○ 晩은 의미요소로 '해'의 뜻인 日(일)과 발음요소인 免(면할 면)이 더해질 글자로, 본래 '저물다'의 뜻이며, '저녁', '늦다'의 뜻은 파생되었다.

『說文解字』에서는 '저물다[莫也]'라 하였다. 晩成(만성)은 '늦게 이루어지다'의 뜻이며, 晩鐘(만종)은 '저녁에 치는 종'의 뜻이고, 晩秋(만추)는 '늦가을'의 뜻이다.

○ 婚은 의미요소로 '여자'의 뜻인 女(녀)와 발음요소인 昏(어두울 혼)이 더해진 글자로, 본래 '신부 집'의 뜻이며, '혼인'의 뜻은 파생되었다.

『說文解字』에서는 '처가다[婦家]'라 하였다. 婚前(혼전)은 '혼인하기 전'의 뜻이며, 約婚(약혼)은 '혼인을 약속하다'의 뜻이고, 請婚(청혼)은 '혼인을 청하다'의 뜻이다.

37) 別味 (별미)

무언가 다른 특별한 맛이 있다는 의미이다.

○ 別은 '칼'의 뜻인 刂(도)와 '뼈'의 뜻인 冎(과)로 구성된 글자로 본뜻은 '나누다'이며 '헤어지다', '다르다'의 뜻은 파생되었다.

『說文解字』에서는 '가르다[分解也]'라 하였다. 別堂(별당)은 '본 채 옆이나 뒤에 따로 지은 집'의 뜻이고, 別食(별식)은 '늘 먹는 음식이 아닌 특별한 음식'의 뜻이다.

○ 味는 의미요소로 '입'의 뜻인 口(구)와 발음요소인 未(아닐 미)가 더해진 글자로, '맛보다'의 뜻을 나타낸다. 본래 未가 '맛있다'의 뜻이며, 이후 가차하여 부정의 조사인 '아니다'의 뜻으로 쓰이자 본뜻을 나타내기 위해 口(입 구)를 덧붙였다.

『說文解字』에서는 '맛있는 음식[滋味]'이라 하였다. 味覺(미각)은 '맛을 느끼는 감각'의 뜻이며, 妙味(묘미)는 '미묘한 재미나 흥취'의 뜻이다.

38) 鄕愁 (향수)

신라 말의 학자인 최치원은 당나라 유학시절 고국에 대한 그리움을 '창밖에는 밤이 깊도록 비가 내리고[窓外三更雨], 등불 아래 마음은 고국을 달리네[燈前萬里心]'라고 표현했다.

鄕愁는 '고향에 대한 근심'으로 타향에 있는 사람이 고향을 그리워하는 마음이나 근심을 의미하며, 또한 사물이나 추억에 대한 그리움의 의미로도 쓰인다.

○ 鄕은 '음식상을 앞에 두고 마주 앉은 두 사람'의 모습을 본뜬 글자로 '마주 보고 음식을 먹는다'의 뜻이다. 이후 가차되어 '시골', '고향'의 뜻도 나타낸다.

京鄕(경향)은 '서울과 시골'의 뜻이며 歸鄕(귀향)은 '고향으로 돌아가거나 돌아오다'의 뜻이다.

○ 愁는 의미요소로 '마음'의 뜻인 心(심)과 발음요소인 秋(가을 추)가 더해진 글자로, 가을에 만물이 쇠락하여 마음이 슬퍼진다는 데에서, '근심하다'의 뜻을 나타낸다.

愁苦(수고)는 '근심 걱정으로 고생하다'의 뜻이며, 哀愁(애수)는 '슬픈 근심'의 뜻이고, 憂愁(우수)는 '근심과 걱정'의 뜻이다.

39) 豫防 (예방)

豫防은 질병이나 재해 따위가 발생하지 않도록 미리 대비하여 막는 것을 의미한다. 미리미리 준비하는 것은 대단히 중요한 일이다.

○ 豫는 의미요소로 '코끼리'의 뜻인 象(상)과 발음요소인 予(나 여)가 더해진 글자로, 본래 '기뻐하다'의 뜻이며, 주로 쓰이는 '미리'의 뜻은 파생되었다.

『說文解字』에서는 '큰 코끼리[象之大也]'라 하였다. 豫感(예감)은 '미리 느끼다'의 뜻이며, 豫見(예견)은 '미리 짐작하다'의 뜻이고, 豫言(예언)은 '미래의 일을 짐작하여 말하다'의 뜻이다.

○ 防은 의미요소로 '언덕'의 뜻인 阝(부)와 '흙'의 뜻인 土(토) 그리고 발음요소인 方(모 방)이 더해진 글자로, 본래 흙으로 언덕을 쌓아 물의 넘침이나 적을 막는 '둑'의 뜻이며, '막다'의 뜻은 파생되

었다. 이후 土는 생략되었다.

『說文解字』에서는 '둑[隄也]'이라 하였다. 防水(방수)는 '물을 막다'의 뜻이며, 防止(방지)는 '일어나지 못하게 막다'의 뜻이고, 隄防(제방)은 '둑'의 뜻이다.

40) 國債 (국채)

國債는 국가가 국회의 의결을 얻어 공공 및 재정 투자, 융자 자금의 조성을 위해 발행하는 채권을 말한다.

○ **國**은 '둘레'를 뜻하는 口(에워쌀 위) 와 '무기'를 뜻하는 戈(창 과)가 더해진 글자이다. 본래는 或(혹)으로 '무기로써 지키는 일정한 지경' 또는 '나라'의 뜻이었으나 '혹시' 라는 뜻으로 가차되어 쓰이자 口를 더한 國이 '나라'의 뜻으로 쓰였고, 土(토)를 더한 域(역)이 '지경'의 뜻으로 사용되었다.

『說文解字』에서는 '나라[邦也]'라 하였다. 國歌(국가)는 '나라의 노래'라는 뜻이며, 國境(국경)은 '나라 사이의 경계'의 뜻이다.

○ **債**는 의미요소로 '사람'의 뜻인 亻(인) 과 발음요소인 責(꾸짖을 책)이 더해진 글자로, '빚'의 뜻을 나타낸다. 責의 본래 뜻을 보존하기 위해 亻을 덧붙였다.

債權(채권)은 '빚을 준 자가 빚을 얻은 자에 대하여 가지는 권리'의 뜻이며, 債務(채무)는 '남에게 빚을 얻어 쓴 사람의 의무'의 뜻이고, 負債(부채)는 '남에게 빚을 지다'의 뜻이다.

41) 童心 (동심)

童心은 '어린이의 마음'의 뜻으로, 어린이처럼 순수하고 맑은 마음을 의미한다.

◯ **童**은 의미요소로 辛(매울 신)의 생략형과 발음요소인 東(동)의 일부가 생략된 里(리)가 더해진 글자로, 본래 죄를 지어 '노예가 된 남자'의 뜻이며, 가차되어 '아이'의 뜻으로 쓰인다.

『說文解字』에서는 '남자 종[男有罪曰奴 奴曰童也]'이라 하였다. 童顔(동안)은 '어린아이 같은 얼굴'의 뜻이며, 童話(동화)는 '어린아이의 마음을 바탕으로 지은 이야기'의 뜻이고, 兒童(아동)은 '어린아이'의 뜻이다.

◯ **心**은 심장의 모습을 형상화한 글자로 본래는 '심장'의 뜻이며 이후 '마음'의 뜻은 파생되었다. 심장이 인체의 중앙에 위치한다고 하여 '중앙', '중심'의 뜻으로 쓰이기도 한다.

『說文解字』에서는 '사람 마음이다[人心]'라 하였다. 心氣(심기)는 '마음으로 느끼는 기분'의 뜻이며, 孝心(효심)은 '효성스러운 마음'의 뜻이고, 慾心(욕심)은 '지나치게 탐내거나 누리고자 하는 마음'의 뜻이다.

42) 親書 (친서)

예전에는 개인의 소식을 전하거나 상대의 안부나 친분을 쌓기 위해 便紙(편지)라는 형식을 빌렸으나, 요즈음은 문자나 SNS를 통해 표현한다.

親書는 '몸소 글을 쓰다'의 뜻으로 몸소 써 보낸 편지의 의미로도 쓰인다. '親信(친신)','親札(친찰)'과 같은 의미이다.

◯ **親**은 본래 의미요소로 '보다'의 뜻인 見(견)과 발음요소인 辛(매울 신)이 더해진 글자로, 본뜻은 '살펴보다'이다. 이후 자형에

는 '나무'의 뜻인 木(목)이 덧붙여졌고, '친하다', '부모'의 뜻도 파생되었다.

『說文解字』 에서는 '지극하다[至也]'라 하였다. 親善(친선)은 '서로 친해서 사이가 좋다'의 뜻이며, 養親(양친)은 '길러준 부모'의 뜻이다.

◯ **書**는 붓으로 그릇에 담긴 먹을 찍고 있는 모습을 형상화한 글자로, 본뜻은 '쓰다'이며 이후 '책', '문자' 등의 뜻으로 사용된다.

『說文解字』 에서는 '대통[箸也]'이라 하였다. 書庫(서고)는 '책을 넣어 두는 곳집'의 뜻이며, 書體(서체)는 '글씨체'의 뜻이다.

43) 仙界 (선계)

仙界란 젊음을 유지한 채 長生不死(장생불사)한다는 신선들이 사는 곳 또는 속세를 벗어난 경치가 좋은 곳을 의미한다. 仙境(선경)과 같다.

◯ **仙**은 '사람'의 뜻인 亻(인)과 '산'의 뜻인 山(산)으로 이루어진 글자로, 나이가 많아 산에 사는 사람이라는 데서 '신선'의 뜻을 나타낸다. '선교', '뛰어나다'의 뜻은 파생되었다.

仙境(선경)은 '신선이 사는 곳'의 뜻이며, 仙鶴(선학)은 '두루미과에 속한 겨울 철새'의 뜻이고, 仙藥(선약)은 '효험이 썩 뛰어난 약'의 뜻이다.

◯ **界**는 의미요소로 '밭'의 뜻인 田과 발음요소인 介(끼일 개)가 더해진 글자로, 밭과 밭 사이를 구분하기 위해 끼워 놓은 경계라는 데서 '지경'의 뜻을 나타낸다. 오늘날에는 파생된 '장소'나 '범위'의 뜻으로 자주 쓰인다.

『說文解字』에서는 '다하다[竟也]'라 하였다. 各界(각계)는 '사회의 각 방면'의 뜻이며, 政界(정계)는 '정치의 세계'의 뜻이고, 限界(한계)는 '사물이 정해 놓은 범위나 경계'의 뜻이다.

44) 安全 (안전)

安全은 아무리 강조해도 지나치지 않다. 항상 살피고 조심해야 함을 강조한 것이다. 安全은 '편안하고 온전하다'의 뜻으로 위험이 생기거나 事故(사고)가 날 염려가 없거나 그런 상황을 의미한다.

○ 安은 '집'의 뜻인 宀(면)과 '여자'의 뜻인 女(여)로 이루어진 글자로 여자는 집에 있어야 편안하고 안전하다는 전통적인 관념에서 '편안하다', '안전하다'의 뜻을 나타낸다.

『說文解字』에서는 '고요하다[靜也]'라 하였다. 安住(안주)는 '한곳에 자리 잡고 편안히 살다'의 뜻이며, 問安(문안)은 '편안한지 아닌지를 묻다'의 뜻이고, 治安(치안)은 '나라를 편안하게 다스리다'의 뜻이다.

○ 全은 '입구'의 뜻인 入(입)과 '구슬'의 뜻인 王(왕→玉)으로 구성된 글자로 '온전하다'의 뜻으로 쓰인다. 이후 '온통'의 뜻은 파생되었다.

全能(전능)은 '모든 일을 할 수 있는 능력'의 뜻이며, 全部(전부)는 '사물의 모두'의 뜻이고, 保全(보전)은 '온전하게 보호하여 유지하다'의 뜻이다.

45) 未知 (미지)

歌王(가왕)이라 불리며 한 시대를 風靡(풍미)한 조용필의 "미지의 세계"라는 노래가 있다. 사랑의 노래를 부르며 미지의 세계, 즉 알지 못하는 세계를 찾아 떠나자고 외친다.

○ **未**는 나무의 가지와 무성한 잎의 모양을 형상화한 글자로, 본래 '맛있다'의 뜻을 나타내며, 이후 가차하여 '地支(지지)'의 뜻과 부정의 조사인 '아니다'의 뜻으로도 쓰인다. 본래의 뜻을 살리기 위해 口(입 구)를 덧붙여 味(맛 미)를 만들었다.

『說文解字』에서는 '맛[味也]'이라 하였다. 未開(미개)는 '아직 발전되지 않고 문화 수준이 낮다'의 뜻이며, 未來(미래)는 '아직 오지 않은 때'의 뜻이다.

○ **知**는 '입'의 뜻을 나타내는 口(구)와 '화살'의 뜻을 나타내는 矢(시)로 이루어진 글자로, '알리다'의 뜻을 나타낸다. '알다', '슬기'의 뜻은 파생되었다.

『說文解字』에서는 '말[詞也]'이라 하였다. 知覺(지각)은 '알아서 깨닫다'의 뜻이며, 未知數(미지수)는 '알지 못하는 수'의 뜻이다.

46) 致死 (치사)

致死는 죽음에 이르거나 또는 죽게 하다는 의미이다. 致斃(치폐)로도 쓴다.

○ **致**는 의미요소로 '이르다'의 뜻인 至(지)와 발음요소인 夊(뒤져서 올 치)가 더해진 글자로, 뒤져서 오는 사람이 목적지에 빨리 이른다는 데서 '이르다'의 뜻을 나타낸다. '보내다', '다하다'의 뜻은 파생되었다. 夊는 '발'의 상형이다.

『說文解字』에서는 보내다[送詣也]'라 하였다. 致命(치명)은

'죽을 지경에 이르다'의 뜻이며, 送致(송치)는 '넘겨 보내다'의 뜻이다.

○ 死 (甲骨文)는 '흐트러진 뼈'를 뜻하는 歹(알)과 그 앞에 꿇어앉아 있는 사람을 형상화한 匕(비수 비)로 구성된 글자이다. 옛날 중국에서 사람이 죽으면 살이 다 썩은 뒤에 뼈를 주어 모아 장례를 치렀는데 이를 반영한 글자이다. '죽다', '죽음'의 뜻으로 쓰인다.

『說文解字』에서는 '다하여 없어지다[澌也]'라 하였다. 戰死(전사)는 '전쟁터에서 싸우다 죽다'의 뜻이다.

47) 膽力 (담력)

膽力은 '겁이 없고 용감한 기운'의 뜻이다. 세상에서 가장 어려운 싸움은 자기 자신과의 싸움이다. 모든 두려움은 자신의 마음속에서 시작되기 때문이다. 진정한 膽力은 자신을 이기는 법을 깨우치는 것이다.

○ **膽**은 의미요소로 '고기'의 뜻인 月(육달 월)과 발음요소인 詹(이를 첨)이 더해진 글자로, 간에 붙어 있는 '쓸개'의 뜻을 나타낸다. '용기', '씻다'의 뜻은 파생되었다.

『說文解字』에서는 '간에 붙어 있는 기관[連肝之府也]'이라 하였다. 膽汁(담즙)은 '간장에서 분비하는 소화액'의 뜻이고, 落膽(낙담)은 '일이 뜻대로 되지 않아 마음이 상하다'의 뜻이다.

○ **力**은 甲骨文(갑골문)과 金文(금문)의 자형을 살펴보면, 고대에 땅을 파는 농기구의 모양을 형상화한 글자로, 쟁기질에 힘이 필요

하다는 데서, '힘'의 뜻을 나타낸다. '힘줄', '힘쓰다'의 뜻은 파생되었다.

『說文解字』에서는 '힘줄[筋也]'이라 하였다. 力點(역점)은 '일을 할 때 가장 중시하는 점'의 뜻이다.

48) 航母 (항모)

航空母艦(항공모함)은 항공기를 싣고 다니면서 뜨고 내릴 수 있는 설비를 갖춘 큰 군함을 말한다. 航母(항모)는 이의 줄임말로 '배의 母船(모선)'이라는 뜻이다.

◯ **航**은 의미요소로 '배'의 뜻인 舟(주)와 발음요소인 亢(목 항)이 더해진 글자로, 뗏목과 배를 이용하여 강을 건넌다는 데서 '배로 건너다'의 뜻을 나타낸다. '날다'의 뜻은 파생되었다.

『說文解字』에서는 '둘을 매어서 나란히 가게 된 배[亢舟也]'라 하였다. 航路(항로)는 '배가 다니는 길'이며, 航速(항속)은 '배나 비행기의 속도'이고, 航海(항해)는 '배를 타고 바다 위를 항행하다'의 뜻이다.

◯ **母**는 성숙한 여자가 무릎을 꿇고 앉아 있는 모습을 형상화한 글자로, 乳房(유방)을 뜻하는 두 점을 강조하여 '어미'의 뜻을 나타낸다.

『說文解字』에서는 '치다[牧也]'라 하였다. 母性(모성)은 '어머니로서 갖는 특성'이고, 母國(모국)은 '자기가 태어난 나라'의 뜻이고, 乳母(유모)는 '어미 대신 젖으로 길러주는 여자'의 뜻이다.

49) 傷痕 (상흔)

傷痕은 '상처로 남은 흔적'의 뜻이다.

○ **傷**은 의미요소로 '사람'의 뜻인 亻(인)과 '화살'의 뜻인 矢(시)에 발음요소인 昜(양)이 더해진 글자로, 사람이 화살에 맞았다는 것에서 '다치다'의 뜻을 나타낸다. 이후 '해치다', '근심하다'의 뜻은 파생되었다. 昜은 陽(볕 양)의 古字이다.

『說文解字』에서는 '만들다[創也]'라 하였다. 傷心(상심)은 '마음이 상하다'의 뜻이며, 傷害(상해)는 '남을 다쳐서 해롭게 하다'의 뜻이다.

○ **痕**은 의미요소로 '병들어 기대다'의 뜻인 疒(녁)과 발음요소인 艮(어긋날 간)이 더해진 글자로 질병 등으로 인해 생긴 상처가 아물고 남은 자국이라는 데서 '흉터'의 뜻을 나타낸다. '자취'의 뜻은 파생되었다.

『說文解字』에서는 '상처 자국[胝瘢也]'이라 하였다. 痕迹(흔적)은 '뒤에 남은 자취나 자국'의 뜻이다.

50) 假想 (가상)

假想은 '가정하여 생각하다'의 뜻으로 사실이 아니거나, 사실여부가 분명하지 않은 것을 사실이라고 가정해서 생각한다는 의미이다.

○ **假**는 의미요소로 '사람'의 뜻인 亻(인)과 발음요소인 叚(빌 가)가 더해진 글자로, 본래 '거짓'의 뜻을 나타내며 '빌리다', '임시'의 뜻은 파생되었다. 亻은 人의 변형자이다.

『說文解字』에서는 참이 아니다[非眞也]'라 하였다. 假名(가명)은 '가짜 이름'의 뜻이며, 假飾(가식)은 '언어나 행동을 거짓으로 꾸미다'의 뜻이고, 假借(가차)는 '남의 것을 빌리다'의 뜻이다.
◯ 想은 의미요소인 心(마음 심)과 발음요소인 相(서로 상)이 더해진 글자로, '생각하다'의 뜻을 나타낸다. 心은 '심장'의 상형이다.

『說文解字』에서는 '생각컨대[冀思也]'라 하였다. 想起(상기)는 '생각하여 내다'의 뜻이며, 想念(상념)은 '마음속에 품은 여러 가지 생각'의 뜻이다.

51) 帳幕 (장막)

帳幕은 '햇빛이나 비바람을 피하기 위해 둘러치는 막'의 뜻으로, 어떤 사실이나 현상을 보지 못하게 가리는 것을 의미하기도 한다.

◯ **帳**은 의미요소로 '천'의 뜻인 巾(건)과 발음요소인 長(길 장)이 더해진 글자로, '장막'의 뜻을 나타낸다. 帳簿(장부)의 '장'은 파생되었다.

『說文解字』에서는 '넓히다[張也]'라 하였다. 帳簿(장부)는 '금품의 수입과 지출을 기록하는 책'의 뜻이며, 帳中(장중)은 '장막의 안'의 뜻이다.

◯ **幕**은 의미요소로 '천'의 뜻인 巾(건)과 발음요소인 莫(막)이 더해진 글자로, 해가 풀 속에 가려지듯 천으로 해를 덮어 가린다는 데서, '장막'의 뜻을 나타낸다. '덮다', '막부'의 뜻은 파생되었다.

『說文解字』에서는 '덮개 있는 휘장[帷在上曰幕]'이라 하였다. 幕舍(막사)는 '천막으로 임시로 지은 허름한 집'의 뜻이며, 幕府(막부)는 '장군이 집무하는 곳'의 뜻이고, 天幕(천막)은 '비바람을 막기 위해 한데서 치는 서양식 장막'의 뜻이다.

52) 誣告 (무고)

요즈음 같이 복잡한 세상에서 남을 짓누르고 욕하고 본인의 이익을 위해 남을 陰害(음해)하는 경우가 많은데, 誣告란 거짓된 내용을 만들어 상대방이 처벌받게 하려는 의도로 고발하는 것을 일컫는다.

◯ 誣는 의미요소로 '말'의 뜻인 言(언)과 발음요소인 巫(무당 무)가 더해진 글자로, 없는 것을 있는 것처럼 한다는 데서, '꾸미다'의 뜻을 나타내며, '속이다', '강제하다'의 뜻은 파생되었다.

『說文解字』에서는 '덧붙이다[加也]'라 하였다. 誣罪(무죄)는 '죄 없는 자에게 억지로 죄를 씌우다'의 뜻이고, 誣訴(무소)는 '일을 거짓으로 꾸며 관청에 고소하다'의 뜻이다.

◯ 告는 아랫부분은 '짐승 잡는 함정'의 상형이고, 윗부분은 함정이 있음을 알리는 '꽂아놓은 표지'의 상형이다. 본래는 '알리다'의 뜻은 나타내며, '고하다', '묻다'의 뜻은 파생되었다.

『說文解字』에서는 '사람에게 말하다(고하다)[所以告人也]'라 하였다. 告白(고백)은 '사실대로 말하다'의 뜻이다.

53) 送舊迎新 (송구영신)

한 해가 저물면 지난 일들을 정리하고 새롭게 다가오는 한 해를 새로운 마음가짐으로 맞이하게 된다. 送舊迎新은 '묵은 것을 버리고 새로운 것을 맞이하다'의 뜻이다.

◯ 送은 篆文(전문)을 살펴보면, '쉬엄쉬엄 가다'의 뜻인 辶(착)과 '전송하다'의 뜻인 나머지 부분으로 이루어진 글자로, 시집갈 때 사람을 따라 보낸다는 데서, '보내다'의 뜻을 나타낸다. '전송'의 뜻

은 파생되었다.

『說文解字』에서는 '보내다[遣也]'라 하였다. 送金(송금)은 '돈을 보내다'의 뜻이며, 送別(송별)은 '작별하여 보내다'의 뜻이고, 電送(전송)은 '전류나 전파를 이용해서 보내다'의 뜻이다.

◯ **迎**은 의미요소로 '가다'의 뜻인 辶(착)과 발음요소인 卬(오를 앙)이 더해진 글자로, 나아가서 만난다는 데서 '맞이하다'의 뜻을 나타낸다.

『說文解字』에서는 '만나다[逢也]'라 하였다. 迎合(영합)은 '사사로운 이익을 위하여 아첨하여 좇다'의 뜻이다.

54) 建國必成 (건국필성)

대한민국 임시정부 요인들은 1941년 3.1절 기념식에서 광복된 조국의 미래에 대한 기대와 열망을 글씨로 표현했는데 建國必成이 그 중의 하나이다.

◯ **建**은 갑골문을 보면 '다니다'의 뜻인 行(행)의 생략형인 彳(척과는 다른 글자)과 '붓'의 뜻인 聿(율)로 이루어진 글자로, '세우다'의 뜻을 나타내며 '엎지르다'의 뜻은 파생되었다.

『說文解字』에서는 '조정의 법률을 세우다[立朝聿也]'라 하였다.

◯ **必**은 초기 자형은 '창 자루'의 모양을 형상화 했으며, 후기 자형은 의미요소로 '창'의 뜻인 戈(과)와 발음요소인 八(여덟 팔)이 더해진 글자이다. 본래 '자루'의 뜻을 나타내며 가차하여 '반드시'의 뜻으로 쓰인다.

『說文解字』에서는 '경계[分極也]'라 하였다.

◯ **成**은 의미요소로 '도끼'의 뜻인 戌(술)과 발음요소인 丁(정)이

더해진 변형글자로, '이루다'의 뜻을 나타낸다. '다스리다'의 뜻은 파생되었다.

『說文解字』에서는 '이루다[就也]'라 하였다.

55) 共助 (공조)

共助란 어느 한쪽이 일방적으로 도와주는 것이 아닌 함께 상호간에 도와준다는 의미이다.

○ 共은 '스물'의 뜻인 廾(입)과 '두 손으로 받들다'의 뜻인 廾(공)으로 이루어진 글자로, 여러 사람이 어떤 물건을 두 손으로 받들고 있는 데서, 본래 '바치다'의 뜻을 나타낸다.

『說文解字』에서는 '함께[同也]'라 하였다. 共犯(공범)은 '함께 공모하여 죄를 범하다'의 뜻이며, 共用(공용)은 '함께 사용하다'의 뜻이다.

○ 助는 의미요소로 '힘'의 뜻인 力(력)과 발음요소인 且(도마 조)가 더해진 글자로, 제사 음식을 손으로 받들고 있다는 데서, '돕다'의 뜻을 나타낸다.

『說文解字』에서는 '돕다[佐也]'라 하였다. 助力(조력)은 '남의 일을 돕다'의 뜻이며, 救助(구조)는 '곤경에 빠진 사람을 도와주다'의 뜻이다.

56) 毒舌 (독설)

유독 상대를 사납게 비방하거나 날카롭게 罵倒(매도)하여 해치는 말을 잘하는 사람을 일컬어 毒舌家(독설가)라 한다.

○ 毒은 여러 주장이 있다. 한 포기 毒草(독초)의 상형설, 머리의

장식을 더 많이 한 여자의 상형설 등이 있으나 전자가 설득력이 있다. '독'의 뜻을 나타내며, '해치다', '미워하다'의 뜻은 파생되었다.

『說文解字』에서는 '두텁다[厚也]'라 하였다.毒感(독감)은 '지독한 감기'의 뜻이며, 消毒(소독)은 '독을 죽이다'의 뜻이다.

○ **舌**은 입을 벌리고 혀를 내민 모양을 형상화한 글자로, '혀'의 뜻을 나타낸다. '말씀', '변론'의 뜻은 파생되었다. 金文(금문)에서 舌자는 혀 부근에 잘게 부수어진 음식물 가루가 보여진다.

『說文解字』에서는 '입 안에 있어 맛을 구별하는 것[在口所以言別味者也]'이라 하였다. 舌炎(설염)은 '혀의 염증'의 뜻이고, 舌禍(설화)는 '혀로 인해 받는 재난'의 뜻이고, 口舌(구설)은 '헐뜯거나 시비하는 말'의 뜻이다.

57) 貧富 (빈부)

모든 국민이 고루 혜택을 누리는 사회가 평등한 복지국가이다.

○ **貧**은 의미요소로 '재물'의 뜻을 나타내는 貝(패)와 발음요소인 分(나눌 분)이 더해진 글자로, '가난하다'의 뜻을 나타낸다. '모자라다'의 뜻은 파생되었다.

『說文解字』에서는 '재물이 나뉘어 적다[財分少也]'라 하였다. 貧困(빈곤)은 '가난해서 살기 어렵다' 이며, 貧村(빈촌)은 '가난한 사람들이 사는 마을'의 뜻이다.

○ **富**는 의미요소로 '집'의 뜻인 宀(면)과 발음요소인 畐(복)이 더해진 글자로, 본래 '갖추다'의 뜻을 나타낸다. 이후 '많다', '가멸다,[35] 의 뜻은 파생되었다. 宀(면)은 '지붕'의 상형이고, 畐(복)은

35) '재산이나 자원 따위가 넉넉하고 많다.'는 뜻

긴 목에 불룩한 배와 둥근 바닥을 가진 '술항아리'의 상형이다.

『說文解字』에서는 '갖추어 있다[備也]'라 하였다. 富貴(부귀)는 '재산이 많고 지위가 높다'의 뜻이며, 富國(부국)은 '나라를 부유하게 만들다'의 뜻이다.

58) 求刑 (구형)

○ **求**는 찢어발긴 모피의 모양을 형상화한 글자로, 본래 '가죽 옷'의 뜻을 나타내며, 가차하여 '구하다'의 뜻으로 쓰인다. 본뜻을 살리기 위해 衣(옷 의)를 덧붙여 裘(갖옷 구)를 만들었다. 裘는 古文字이다.

『說文解字』에서는 '찾다[索也]'라 하였다. 求乞(구걸)은 '돈이나 먹을거리를 달라고 빌다'의 뜻이며, 求償(구상)은 '채무 따위를 갚을 것을 요구하다'의 뜻이다.

○ **刑**은 金文(금문)을 보면 '칼'의 뜻인 刂(도)와 '우물'의 뜻인 井(정)으로 이루어진 글자로, '죄를 벌하다'의 뜻을 나타낸다. '목 베다'의 뜻은 파생되었다. 이후 자형은 변화되었다.

『說文解字』에서는 '목 베다[剄也]'라 하였다. 量刑(양형)은 '형벌의 정도를 헤아려 정하는 일'의 뜻이다.

59) 戍樓 (수루)

이순신 장군은 한산도가에서 '한산섬 달 밝은 밤에 수루에 혼자 앉아 큰 칼 옆에 차고 깊은 시름하는 차에 어디서 一聲胡歌(일성호가) 남의 애를 끊나니'라고 나라에 대한 깊은 근심을 읊조렸다.

○ **戍**는 '사람'의 뜻인 人(인)과 '창'의 뜻인 戈(과)로 이루어진 글자로, '지키다'의 뜻을 나타내며, '수자리', '둔영'의 뜻은 파생되었다.

『說文解字』에서는 '변방을 지키다[守邊也]'라 하였다. 戍卒(수졸)은 '국경을 지키는 군사'의 뜻이며, 衛戍令(위수령)은 '육군 부대가 계속 한 지역에 주둔하며 그 지역의 경비와 질서 유지, 군기의 감시와 군에 딸린 건축물이나 시설물 따위를 보호할 것을 규정한 대통령령'의 뜻이다.

○ **樓**는 의미요소로 '나무'의 뜻이 木(목)과 발음요소인 婁(포갤 루)가 더해진 글자로, '다락'의 뜻을 나타낸다. '누각', '망루'의 뜻은 파생되었다.

『說文解字』에서는 '다락집[重屋也]'이라 하였다. 望樓(망루)는 '주위를 살피기 위해 높이 세운 다락집'의 뜻이다.

60) 師表 (사표)

○ **師**는 '쌓이다'의 뜻인 𠂤(퇴)와 '두르다'의 뜻인 帀(잡)으로 이루어진 글자로, 본래 주나라 시대의 군대 제도상의 큰 단위 이름이다. '스승', '우두머리'의 뜻은 파생되었다.

『說文解字』에서는 '2,500인을 師로 삼았다. [二千五百人爲師]'라 하였다. 出師(출사)는 '군대를 싸움터로 내보내다'의 뜻이고, 恩師(은사)는 '은혜로운 스승'의 뜻으로 스승의 높임말이다.

○ **表**는 '옷'의 뜻인 衣(의)와 '털'의 뜻인 毛로 이루어진 글자로, 본래 상체에 있는 털이나 가죽으로 만든 옷이라는 데서, '털옷'의 뜻을 나타내며, 이후 '겉옷', '나타내다'의 뜻은 파생되었다.

『說文解字』에서는 '윗옷[上衣也]'이라 하였다. 表題(표제)는 '서책의 겉에 쓴 서명'의 뜻이다.

61) 後妻 (후처)

後妻를 첩으로 인식하는 경우가 있는데, 잘못된 것이다. 처와 첩은 정식 혼인관계인지 아닌지에 따라 구분된다. 후처는 전처의 有故(유고)로 다시 맞은 처를 이른다. 再娶(재취), 後娶(후취), 後室(후실)로도 부른다.

○ **後**는 '종종 걸음으로 가다'의 뜻인 彳(척)과 '작다'의 뜻인 幺(요), 그리고 '뒤처지다'의 뜻인 夂(쇠)로 이루어진 글자로, 뒤처져 간다는 데서 '뒤지다'의 뜻이며, '뒤'의 뜻은 파생되었다.

『說文解字』에서는 '늦다[遲也]'라 하였다. 後園은 '집 뒤의 동산'의 뜻이고, 後光은 '몸 뒤에서 내비치는 빛'의 뜻이다.

○ **妻**는 '비녀'의 뜻인 屮(철)과 '손'의 뜻을 나타내는 又(우), 그리고 '여자'의 뜻인 女(여)로 이루어진 글자로, 여인이 비녀를 매만지며 꾸미는 모습이다. 정식으로 혼례를 치른 '아내'의 뜻을 나타낸다.

『說文解字』에서는 '자기와 더불어 다스린다[夫與己齊也]'라 하였다. 愛妻(애처)는 '아내를 아끼고 사랑하다'의 뜻이다.

62) 虛脫感 (허탈감)

○ **虛**는 의미요소로 '언덕'의 뜻인 丠(구)와 발음요소인 虍(호)가 더해진 글자로 본뜻은 '큰 언덕'의 뜻이며, '비다'의 뜻으로 쓰인다.

『說文解字』에서는 '큰 언덕이다[大丘也]'라 하였다. 虛空(허공)은 '텅 빈 공간'의 뜻이다.

○ **脫**은 의미요소로 '몸'의 뜻인 月(육 肉)과 발음요소인 兌(바꿀 태)가 더해진 글자로, 본래 '벗다'의 뜻이며, '벗어나다', '나오다'의 뜻은 파생되었다.

『說文解字』에서는 '여위다[消肉臞]'라 하였다. 脫線(탈선)은 '선로를 벗어나다'의 뜻이다.

○ **感**은 의미요소로 '마음'의 뜻인 心(심)과 '느끼다'의 뜻인 咸(다함)으로 이루어진 글자로 '마음이 움직이다'의 뜻으로 쓰인다.

『說文解字』에서는 '사람의 마음을 움직이다[動人心也]'라 하였다.

63) 皇太子 (황태자)

일반적으로 중국의 임금은 황제이고, 황제의 자리를 이을 아들은 皇太子(황태자)라 부른다.

○ **皇**은 갑골문을 살펴보면, 화려한 장식을 한 모자를 형상화한 글자이다. 小篆에 와서 白(백)과 王(왕)이 더해진 글자로 굳어졌다. '임금'의 뜻으로 쓰인다.

『說文解字』에서는 '크다[大也]'라 하였다. 皇宮(황궁)은 '황제의 궁궐'의 뜻이며, 皇室(황실)은 '황실의 집안'의 뜻이고 皇統(황통)은 '황제의 계통이나 혈통'의 뜻이다.

○ **太**는 의미요소로 '동일하다'의 뜻을 나타내는 부호인 二와 발음요소인 大가 더해진 글자로, '크고도 크도다'의 뜻을 나타낸다. 大는 '두 팔과 두 다리를 벌린 사람'의 상형이다. 泰(클 태)의 약자라는 주장도 있다.

太古(태고)는 '아주 오랜 옛날'의 뜻이다.

64) 試食 (시식)

試食은 '시험 삼아 먹어보다'의 뜻으로, 음식의 맛이나 요리 솜씨를 맛보려고 시험 삼아 먹어본다는 의미이다.

○ **試**는 의미요소인 '말씀'의 뜻인 言(언)과 발음요소인 式(법 식)이 더해진 글자로, '시험'의 뜻을 나타낸다. '조사하다', '살펴보다'의 뜻은 파생되었다.

『說文解字』에서는 '쓰다[用也]'라 하였다. 試飮(시음)은 '술이나 음료 등을 맛보기 위해 시험 삼아 마시다'의 뜻이며, 試案(시안)은 '시험 삼아 내놓은 안'의 뜻이고, 入試(입시)는 '학교에 들어가는 시험'의 뜻으로 入學試驗의 줄임말이다.

○ **食**은 '뚜껑 있는 그릇에 담긴 음식물'의 상형이다. '밥' 또는 '먹다'의 뜻으로 쓰인다.

65) 試金石 (시금석)

試金石은 귀금속의 순도를 판정하는 데 쓰는 경도가 높은 검은 돌을 말한다. 가치나 능력 등을 알아보는 기회나 사물을 일컫는 말로도 쓰인다.

○ **試**는 의미요소인 '말씀'의 뜻인 言(언)과 발음요소인 式(법 식)이 더해진 글자로, '시험'의 뜻을 나타낸다. '조사하다', '살펴보다'의 뜻은 파생되었다.

『說文解字』에서는 '쓰다[用也]'라 하였다.

○ **金**은 쇳물이 뚝뚝 떨어지고 있는 거푸집 모양을 형상화한 글자

로, '쇠'의 뜻으로 쓰인다. '돈'의 뜻은 파생되었다. 姓(성씨 성)으로 읽을 때는 '김'으로 읽힌다.

『說文解字』에서는 '다섯가지 쇠붙이[五色金也]'라 하였다. 金冠(금관)은 '금으로 만든 관'이다.

○ 石은 한덩이의 돌의 모양을 형상화한 글자로, '돌'의 뜻을 나타낸다.

『說文解字』에서는 '산에 있는 돌[山石也]'이라 하였다. 石造(석조)는 '돌로 만들다' 이다.

66) 邪惡 (사악)

邪惡은 '간사하고 악독하다'는 뜻이다. 부정적 의미를 지닌 말이다.

○ 邪는 의미요소로 '고을'의 뜻인 阝(읍)과 발음요소로 牙(어금니 아)가 더해진 글자로, 본래 '고을 이름'의 뜻이며, 가차하여 '간사하다'의 뜻을 나타낸다.

○ 惡은 의미요소로 '마음'의 뜻인 心(심)과 발음요소인 亞(버금 아)가 더해진 글자로, '나쁘다'의 뜻을 나타낸다. 亞는 '조상의 영혼을 모시는 종묘나 분묘를 만들기 위해 파고 다져놓은 터를 위에서 내려다 본 모양'의 상형이며, 心은 '심장'의 상형이다.

『說文解字』에서는 '과실[過也]'이라 하였다. 惡夢(악몽)은 '나쁜 꿈'의 뜻이며, 惡質(악질)은 '좋지 못한 바탕'의 뜻이고, 惡化(악화)는 '일의 형세가 나쁜 쪽으로 바뀌다'의 뜻이다. 다만, 憎惡(증오)나 好惡(호오)처럼 '미워하다', '싫어하다'의 뜻으로 쓰일 때는 '오'로 읽힌다.

67) 在宅 (재택)

요즈음 회사의 사무실에 나가지 아니하고 집에서 통신 시설 등을 갖추고 근무하는 사람들이 늘고 있다. 이를 在宅勤務(재택근무)라고 하는데, 在宅은 '집에 있다'의 뜻이다.

○ **在**는 金文(금문)을 살펴보면, 의미요소로 '흙'의 뜻인 土(토)와 발음요소인 才(재주 재)가 더해진 글자로, 땅을 바탕으로 모든 사물이 존재한다는 데서 '있다'의 뜻을 나타낸다. '찾다', '살피다', '곳'의 뜻은 파생되었다.

『說文解字』에서는 '안부를 묻다[存也]'라 하였다. 在學(재학)은 '학교에 籍(적)을 두고 있다'의 뜻이다.

○ **宅**은 의미요소로 '집'의 뜻인 宀(면)과 발음요소인 乇(맡길 탁)이 더해진 글자로, 편안히 몸을 맡기는 곳이 집이라는 데서 '집'의 뜻을 나타낸다. '살다', '묏자리'의 뜻은 파생되었다. 다만, 宅內(댁내), 貴宅(귀댁)의 경우는 '댁'으로 읽힌다.

『說文解字』에서는 '사람이 맡기고 거처하는 곳[人所宅居也]'이라 하였다. 宅地(택지)는 '집을 지을 땅'의 뜻이며, 古宅(고택)은 '지은 지 오래된 집'의 뜻이다.

68) 外因死 (외인사)

外因死는 늙고 쇠약하여 저절로 죽는 自然死(자연사)가 아닌 외부에서 생긴 원인으로 죽는 일을 의미한다.

○ **外**는 '저녁'의 뜻인 夕(석)과 '점'의 뜻인 卜(복)으로 이루어진 글자로, '맞지 않다'의 뜻을 나타낸다. '멀다', '밖'의 뜻은 파생되었다.

『說文解字』에서는 '멀다[遠也]'라 하였다. 外出(외출)은 '밖으로 나가다'이다.

○ **因**은 '자리'를 뜻하는 囗(위)와 '사람'을 뜻하는 大(큰 대)로 이루어진 글자로, 본래 '돗자리'의 뜻을 나타낸다. '의지하다'의 뜻은 파생되었고, '까닭', '원인'은 가차되어 쓰인다. 囗는 '돗자리'의 상형이고, 大는 '누운 사람'의 상형이다.

『說文解字』에서는 '좇다[就也]'라 하였다. 因果는 '원인과 결과'이다.

○ **死**는 '흐트러진 뼈'를 뜻하는 歹(알)과 '앞에 꿇어앉아 있는 사람'을 뜻하는 匕(비수 비)로 이루어진 글자로, '죽다'의 뜻을 나타낸다.

『說文解字』에서는 '다하여 없어지다[澌也]'라 하였다.

69) 過積 (과적)

법으로 정한 일정량을 초과한 차량인 것이다. 過積은 '過積載(과적재)'의 줄임말이다.

○ **過**는 의미요소로 '가다'의 뜻인 辶(착)과 발음요소인 咼(입 비뚤어질 와)가 더해진 글자로, '지나다'의 뜻으로 쓰인다. 이후 '지나치다', '허물'의 뜻은 파생되었다.

『說文解字』에서는 '한도[度也]'라 하였다. 過去(과거)는 '지나간 때'의 뜻이며, 過熱(과열)은 '지나치게 뜨거워지다'의 뜻이고, 過飮(과음)은 '지나치게 술을 많이 마시다'의 뜻이다.

○ **積**은 의미요소로 '벼'의 뜻인 禾(화)와 발음요소인 責(꾸짖을 책)이 더해진 글자로, 수확한 벼를 쌓아둔다는 데서, '쌓다'의 뜻을

나타내며, '많다', '정체하다'의 뜻은 파생되었다.

『說文解字』에서는 '모으다[聚也]'라 하였다. 積載(적재)는 '재산을 쌓아 모으다'의 뜻이며, 積立(적립)은 '모아서 쌓아두다'의 뜻이고, 積金(적금)은 '돈을 모아두다'의 뜻이다.

70) 懷疑 (회의)

절대적인 진리의 존재와 객관의 세계에 대한 인식의 가능성을 의심하고 窮極的(궁극적) 판단을 하지 않으려는 태도를 지닌 사람을 懷疑論者(회의론자)라 한다.

○ **懷**는 의미요소로 '마음'의 뜻인 忄(심)과 발음요소인 褱(품을 회)가 더해진 글자로, '품다'의 뜻을 나타낸다. '따르다', '편안하다'의 뜻은 파생되었다.

『說文解字』에서는 '잊지 않고 생각하다[念思也]'라 하였다. 懷古(회고)는 '옛 자취를 돌이켜 생각하다'의 뜻이다.

○ **疑**는 갑골문에서는 갈림길에서 지팡이를 들고 망설이며 서 있는 모습을 형상화하였고, 금문에서는 의미요소로 '걷다'의 뜻인 彳(척)과 '멈추다'의 뜻인 止(지) 그리고 발음요소인 牛(소 우)가 더해진 자형이다. 이후 현재의 자형으로 변했으며, '의심하고 망설이다'의 뜻을 나타낸다. '두려워하다', '싫어하다'의 뜻은 파생되었다.

『說文解字』에서는 '미혹하다[惑也]'라 하였다. 疑問(의문)은 '의심하여 묻다'의 뜻이다.

71) 戰雲 (전운)

戰雲은 '전쟁이 일어나려는 기운'의 뜻이다.

○ 戰은 원시적인 '무기'를 뜻하는 單(단)과 '창'의 뜻인 戈(과)로 이루어진 글자로, '싸우다'의 뜻을 나타내며, 小篆(소전)에서 '戈'를 첨가하여 '전쟁'의 뜻을 더했다.

『說文解字』에서는 '싸우다[鬪也]'라 하였다. 戰功(전공)은 '전쟁에서 이긴 공로'의 뜻이다.

○ 雲은 의미요소로 '비'의 뜻인 雨(우)와 발음요소인 云(이를 운)이 더해진 글자로, '구름'의 뜻을 나타낸다. 본래 云이 구름 기운이 회전하여 하늘로 향하여 올라가는 모양을 형상화한 글자로 본뜻은 '구름'이 가차되어 '이르다'의 뜻으로 쓰이자, 후에 雨를 덧붙여 새로이 雲을 만들어 '구름'의 뜻으로 쓰인다.

『說文解字』에서는 '산천의 기운[山川氣也]'이라 하였다. 雲集(운집)은 '구름처럼 모이다'의 뜻이며, 雲霧(운무)는 '구름과 안개'의 뜻이다.

72) 機密 (기밀)

사람이나 단체나 아주 중요한 사항에 대해서는 남에게 알리지 않고 숨기고 싶어 한다. 곧 비밀로 하는 것이다. 機密은 드러내서는 되지 않는 중요한 비밀을 의미한다.

○ 機는 의미요소로 '나무'의 뜻인 木(목)과 발음요소인 幾(베틀 · 기계 기)가 더해진 글자로, 본래 '베틀'의 뜻을 나타내며, '계기', '때', '실마리'의 뜻은 파생되었다.

『說文解字』에서는 '베틀[主發謂之機也]'이라 하였다. 機器(기기)는 '기계를 통틀어 이르는 말'의 뜻이고, 機智(기지)는 '재치 있게 대처하는 슬기'의 뜻이고, 機會(기회)는 '어떤 일을 하기에 알

맞은 때'의 뜻이다.

○ 密은 의미요소로 '산'의 뜻인 山(산)과 발음요소인 宓(잠잠할 밀)이 더해진 글자로, 본래 '빽빽하다'의 뜻을 나타내며 이후 '숨기다', '몰래'의 뜻은 파생되었다.

『說文解字』에서는 '집채만한 산[山如堂者]'이라 하였다. 密告(밀고)는 '남몰래 넌지시 알리다'의 뜻이고, 密輸(밀수)는 '몰래하는 수입이나 수출'의 뜻이다.

73) 市販 (시판)

○ 市는 '담장'의 뜻을 나타내는 '冂(경)'과 '及(급)'의 古字인 乀(급), 그리고 '가다'의 뜻인 之(지)로 이루어진 글자로, '저자'의 뜻을 나타낸다. '장사'의 뜻은 파생되었다. 행정구역상의 도시인 '시'의 뜻으로도 쓰인다.

『說文解字』에서는 '물건을 매매하는 곳[賣買所之也]'이라 하였다. 市內(시내)는 '도시의 안'의 뜻이며, 市場(시장)은 '물건의 거래가 이루어지는 일정한 장소'의 뜻이다.

○ 販은 의미요소로 '재화의 뜻'인 貝(패)와 발음요소인 反(되돌릴 반)이 더해진 글자로, '팔다'의 뜻을 나타낸다. '장사하다'의 뜻은 파생되었다.

『說文解字』에서는 '싸게 사서 비싸게 팔다[買賤賣貴者]'라 하였다. 販路(판로)는 '물건이 팔리는 방면이나 길'의 뜻이며, 自販機(자판기)는 '자동으로 판매하는 기계'의 뜻이다.

74) 戀書 (연서)

戀書는 '사랑하는 사람을 그리워하며 쓰는 글'로, 사랑하는 사람 사이에 주고받는 사랑의 편지 또는 사랑을 고백하기 위해 보내는 편지, 즉 연애편지를 의미한다.

○ **戀**은 의미요소로, '마음'의 뜻인 心(심)과 발음요소인 䜌(어지러울 련)이 더해진 글자로, 마음이 끌리어 보고 싶다는 데서, '그리워하다'의 뜻을 나타낸다.

戀歌(연가)는 '그리워하며 부르는 노래'이며, 戀愛(연애)는 '남녀의 애틋한 사랑'이고, 失戀(실연)은 '연애에 실패하다'의 뜻이다.

○ **書**는 붓으로 그릇에 담긴 먹을 찍고 있는 모습을 형상화한 글자로, 본래 '쓰다'의 뜻을 나타내며, '책', '문자' 등의 뜻으로 쓰인다.

書庫(서고)는 '책을 넣어 두는 곳집'의 뜻이며, 書類(서류)는 '글자로 기록한 문서의 종류'의 뜻이고, 書面(서면)은 '글씨를 써 놓은 지면'의 뜻이다.

75) 減産 (감산)

○ **減**은 의미요소로 '물'의 뜻인 氵(수)와 발음요소인 咸(다 함)이 더해진 글자로, 물이 바닥이 다 보일 정도로 줄어든다는 데서, 물을 '덜다'의 뜻을 나타낸다.

『說文解字』에서는 '덜다[損也]'라 하였다. 減量(감량)은 '수량이나 무게를 줄이다'의 뜻이며, 減差(감차)는 '병이 조금씩 나아져 차도가 있다'의 뜻이다.

○ **産**은 의미요소인 生과 발음요소인 彦(선비 언)이 더해진 글자로, 본래 '낳다(生)'의 뜻을 나타내며, 이후 '자라다', '산물', '자산'

등의 뜻은 파생되었다. 彦은 표기하기 편하도록 '빛나다'의 뜻을 나타내는 彡(삼)이 생략되었다.

『說文解字』에서는 '낳다[生也]'라 하였다. 產卵(산란)은 '알을 낳다'의 뜻이며, 散地(산지)는 '물건이 생산되는 곳'의 뜻이다.

76) 頂點 (정점)

頂點은 '맨 꼭대기의 점'으로 사회적 지위나 계급에서 가장 높은 위치 또는 일이나 상황이 최고 수준에 이른 상태를 의미한다.

○ **頂**은 의미요소로 '머리'의 뜻인 頁(혈)과 발음요소인 丁(못 정)이 더해진 글자로, 사람 머리 위에 못 모양과 같은 기관이라는 데서 '정수리'의 뜻을 나타낸다. '꼭대기', '머리'의 뜻은 파생되었다.

『說文解字』에서는 '꼭대기[顚也]'라 하였다. 頂拜(정배)는 '머리를 숙이고 예배하다'의 뜻이며, 絶頂(절정)은 '사물의 진행이나 상태가 최고인 때'의 뜻이다.

○ **點**은 의미요소로 '검다'의 뜻인 黑(흑)과 발음요소인 占(점칠 점)이 더해진 글자로, 옥에 작은 점이 있다는 데서, '점'의 뜻을 나타내며, '흠', '더럽히다', '점수'의 뜻은 파생되었다.

『說文解字』에서는 '작은 점[小黑也]'이라 하였다. 點燈(점등)은 '등에 불을 켜다'의 뜻이며, 點射(점사)는 '끊어서 한 발씩 쏘다'의 뜻이고, 點呼(점호)는 '한 사람씩 부르다'의 뜻이다.

77) 快擧 (쾌거)

快擧는 가슴이 후련할 만큼 통쾌하고 훌륭한 결과를 이룬 행위를 일컫는다.

○ 快는 의미요소로 '마음'의 뜻인 忄(심)과 발음요소인 夬(깍지 결)이 더해진 글자로, 본래 '기쁘다'의 뜻이며, '빠르다'의 뜻은 파생되었다. 夬은 '깍지 낀 오른 손'의 상형이다.

『說文解字』에서는 '기쁘다[喜也]'라 하였다. 快活(쾌활)은 '시원스럽고 활발하다'의 뜻이며, 快樂(쾌락)은 '기분이 좋고 즐겁다'의 뜻이다.

○ 擧는 의미요소로 '손'의 뜻인 手(수)와 발음요소인 與(더불어 여)가 더해진 글자로, '들다'의 뜻을 나타낸다. '거동', '모두'의 뜻은 파생되었다.

『說文解字』에서는 '마주들다[對擧也]'라 하였다. 擧動(거동)은 '몸을 움직이는 동작이나 태도'의 뜻이며, 擧手(거수)는 '손을 위로 들다'의 뜻이다.

78) 潛行 (잠행)

예전에 임금이 백성들의 실생활을 살피기 위해 신분을 숨기고 몰래 나들이를 하였다. 이를 潛行(잠행) 또는 潛幸(잠행)이라 한다.

○ 潛은 의미요소로 '물'의 뜻인 氵(수)와 발음요소인 朁(일찍 참)이 더해진 글자로 '자맥질하다'의 뜻을 나타낸다. '숨다', '몰래'의 뜻은 파생되었다.

『說文解字』에서는 '물속에서 헤엄쳐 건너다[涉水也]'라 하였다. 潛伏(잠복)은 '드러나지 않고 숨어 있다'의 뜻이며, 潛水(잠수)는 '물속에 잠겨 들어가다'의 뜻이다.

○ 行은 사람이 다니는 사방으로 통하는 네거리의 모습은 형상화

한 글자로, 본래 '네거리'의 뜻을 나타내며, '다니다', '가게'의 뜻은 파생되었다. 다만 '항렬'이나 '줄'의 뜻으로 쓰일 때는 '항'으로 읽힌다.

『說文解字』에서는 '사람이 빨리 걷는 것이다[人之步趨也]'라 하였다. 行方(행방)은 '가는 방향'의 뜻이며, 行列(행렬)은 '줄지어 가다'의 뜻이나 行列(항렬)로 읽을 경우 '친족 등급의 차례'의 뜻을 나타낸다.

79) 洞窟 (동굴)

洞窟은 자연적으로 생긴 깊고 넓은 큰 굴을 의미한다.

○ **洞**은 의미요소로 '물'의 뜻인 水(수)와 발음요소인 同(같을 동)이 더해진 글자로, '골짜기'의 뜻을 나타낸다. 특히 우리나라에서는 '고을', '동네'의 뜻으로 많이 쓰인다. 한편 '꿰뚫어 보다'의 뜻으로 쓰이는 경우에는 '통'으로 읽힌다.

『說文解字』에서는 '빨리 흐르다[疾流也]'라 하였다. 洞口(동구)는 '동네 입구'의 뜻이며, 洞察(통찰)은 '꿰뚫어 살피다'의 뜻이다.

○ **窟**은 의미요소로 '구멍'의 뜻인 穴(혈)과 발음요소인 屈(굽힐 굴)이 더해진 글자로, 몸을 굽혀 들어가는 구멍이라는 데서, '굴'의 뜻을 나타낸다.

窟居(굴거)는 '굴에서 살다'의 뜻이며, 巢窟(소굴)은 '범죄자나 惡漢(악한)들이 주로 모이는 본거지'의 뜻이다.

80) 復讐 (복수)

復讐는 '원수를 갚다'는 뜻이다.

○ **復**은 의미요소로 '걸어가다'의 뜻인 彳(척)과 발음요소인 复(돌아올 복)이 더해진 글자로, '돌아오다'의 뜻을 나타낸다. '회복하다', '반복하다'의 뜻은 파생되었다. 다만 '다시'의 뜻으로 쓰일 때는 '부'로 읽힌다. 彳은 '네거리'의 상형이다.

『說文解字』에서는 '돌아가다[往來也]'라 하였다. 復古는 '예전으로 돌아가다'의 뜻이며, 回復(회복)은 '본디 상태로 되돌리다'의 뜻이고, 復活(부활)은 '다시 살아나다'의 뜻이다.

○ **讐**는 의미요소로 '말씀'의 뜻인 言(언)과 발음요소인 雔(새 한 쌍 수)가 더해진 글자로, 본래 '대답하다'의 뜻을 나타내며, '원수'의 뜻은 파생하였다.

『說文解字』에서는 '응하다[猶譍也]'라 하였다. 怨讐(원수)는 '자기나 자기 집에 해를 입혀 원한이 맺히게 된 사람이나 집단'의 뜻이다.

81) 迷夢 (미몽)

迷夢은 흐릿한 꿈으로 무엇에 홀린 듯 똑똑하지 못하고 얼떨떨한 정신 상태를 말한다.

○ **迷**는 의미요소로 '가다'의 뜻인 辶(착)과 발음요소인 米(쌀 미)가 더해진 글자로, '헤매다'의 뜻을 나타낸다. 辶은 辵의 변형자이다.

『說文解字』에서는 '미혹하다[惑也]'라 하였다. 迷路(미로)는 '어지럽게 여러 갈래로 갈라져 헛갈리기 쉬운 길'의 뜻이며, 迷兒(미아)는 '길 잃고 헤매는 아이'의 뜻이다.

○ **夢**은 '눈썹'의 뜻을 나타내는 艹(초), '눈'의 뜻인 目(목)과 '사

람'의 뜻인 人(인)의 변형인 ⼍, 그리고 저녁의 뜻인 夕(석)으로 이루어진 글자로, '꿈'의 뜻을 나타낸다. 본래 '꿈'을 뜻하는 한자는 오늘날 사용하는 夢(몽)에서 '어둡다'의 의미를 나타내는 夕(석)이 없는 글자였다.

『說文解字』에서는 '흐리다[不明也]'라 하였다. 夢遊病(몽유병)은 '자다가 갑자기 일어나서 깨어있을 때와 같은 행동을 하는 병'의 뜻이며, 夢想(몽상)은 '꿈 같은 생각'의 뜻이다.

82) 黑衫 (흑삼)

인삼을 加工하는 방법에 따라 紅蔘(홍삼)과 黑蔘(흑삼)으로 구분된다. 6년산 인삼을 찌고 말리는 데 횟수가 2~3번이면 홍삼이고, 9번이면 흑삼이다. 아무래도 많이 찌고 말리면 색도 시커멓게 변하고 효능 또한 좋다고 한다.

○ 黑은 여러 주장이 있다. '타오르던 불꽃이 굴뚝을 지나가 그을린 모양'의 상형설, '墨刑(묵형)을 당한 죄수'의 상형설 등이다. 어쨌든 '검다'의 뜻을 나타낸다.

『說文解字』에서는 '북쪽의 색이다[北方色也]'라 하였다. 黑幕(흑막)은 '검은 장막'의 뜻이며, 黑髮(흑발)은 '검은 머리털'의 뜻이다.

○ 蔘은 의미요소로 '풀'의 뜻인 ⺿(초)와 발음요소인 參(석 삼)이 더해진 글자로, '인삼'의 뜻을 나타낸다. '우뚝하다', '쓸쓸하다'의 뜻은 파생되었다. 葠(삼)과 同字(동자)이다.

乾蔘(건삼)은 '말린 인삼'의 뜻이고, 山蔘(산삼)은 '깊은 산속에서 저절로 생겨나서 자라는 삼'의 뜻이다.

83) 再燃 (재연)

再燃은 '불이 다시 타다'의 뜻으로, 잠잠했던 일이 다시 떠들고 일어난다는 의미로도 쓰인다.

○ 再는 의미요소로 '하나'의 뜻인 一(일)과 발음요소로 冓(쌓을 구)의 생략체인 冉가 더해진 글자로, 하나가 쌓여 또 다른 일이 일어난다는 데서 '두 번'의 뜻을 나타낸다.

『說文解字』에서는 '두 번[一擧而二也]'이라 하였다. 再開(재개)는 '다시 고치다'의 뜻이며, 再建(재건)은 '무너진 것을 일으켜 세우다'의 뜻이고, 再起(재기)는 '다시 일어나다'의 뜻이고, 再犯(재범)은 '다시 죄를 저지르다'의 뜻이다.

○ 燃은 '불'의 뜻인 火(화)와 발음요소인 然(그럴 연)이 더해진 글자로, 섶나무에 불을 사른다는 데서 '사르다'의 뜻을 나타낸다. 본래 然이 '사르다'의 뜻으로 쓰였으나, 가차되어 '그러하다'의 뜻으로 쓰이자 본뜻을 살리기 위해 火를 덧붙였다.

燃燈(연등)은 '등불을 밝히다'의 뜻이며, 燃料(연료)는 '태우는 재료'의 뜻이고, 燃燒(연소)는 '불이 붙어 타다'의 뜻이다.

84) 歌客 (가객)

歌客은 본래 풍류로 악기를 연주하고 노래하는 閭巷(여항)[36]의 閑客(한객)[37]이다. 주로 시조창을 불렀으며, 선가 · 명가 · 명창 · 선창으로도 불린다. 김수장의 『해동가요』에는 가객 56명의 이름이 열거되어 있는데, 김천택, 김수장, 박효관, 안민영 등이 유명

---

36) 인가(人家)가 모여 있는 곳

37) 심심풀이로 놀러 오는 한가(閑暇)한 손님.

한 가객이다.

○ **歌**는 의미요소로 '하품'의 뜻인 欠(흠)에 발음요소인 哥(노래 가)를 더한 글자로, '노래 부르다'의 뜻을 나타낸다. '노래'의 뜻은 파생되었다. 欠은 '사람이 입을 크게 벌린 모습'의 상형이고, 哥는 '큰 소리로 소리를 낸다'는 뜻을 담고 있다.

『說文解字』에서는 '노래하다[詠也]'라 하였다. 歌舞(가무)는 '노래와 춤'의 뜻이다.

○ **客**은 의미요소로 '집'의 뜻인 宀(면)과 발음요소인 各(각각 각)이 더해진 글자로, '손님'의 뜻을 나타낸다. '나그네', '사람'의 뜻은 파생되었다

『說文解字』에서는 '맡기다[寄也]'라 하였다. 客室(객실)은 '손님이 거처하는 방'이며, 客席(객석)은 '손님의 자리'라는 뜻이다.

85) 空席 (공석)

空席이란 '비어있는 자리' 또는 '비어있는 지위'를 뜻한다.

○ **空**은 의미요소로 '구멍'의 뜻인 穴(혈)과 발음요소인 工(장인 공)이 더해진 글자로, 본래 땅을 파서 구멍을 만든다는 데서, '구멍'의 뜻을 나타내며, '비다', '헛되다', '하늘'의 뜻은 파생되었다.

『說文解字』에서는 '구멍[竅也]'이라 하였다. 空冊(공책)은 '글씨를 쓰지 아니한 책'의 뜻이다.

○ **席**은 의미요소로 '헝겊'의 뜻인 巾(건)과 발음요소인 庶(여러 서)의 생략체가 더해진 글자로, 베로 만든 돗자리라는 데서, '자리'의 뜻을 나타낸다. '깔다', '베풀다'의 뜻은 파생되었다.

『說文解字』에서는 '깔개[藉也]'라 하였다. 席上(석상)은 '여러

사람이 모인 자리'의 뜻이며, 客席(객석)은 '손님이 앉는 자리'의 뜻이다.

86) 弔花 (조화)

弔花는 '조상하는 꽃'의 뜻으로, 조의를 표하기 위해 바친 꽃을 의미한다.

○ 弔는 篆文(전문)을 살펴보면 '사람'의 뜻인 人(인)과 '주살'의 뜻인 弓(궁)으로 이루어진 글자로, '조상하다'의 뜻을 가진다. 弔자는 조문을 가던 사람들이 맹수들의 공격을 막기 위해 활을 들고 가는 모습을 그린 것이다.

弔客(조객)은 '조상하는 사람'이며, 弔問(조문)은 '남의 죽음에 대해 위문하다'이고, 弔電(조전)은 '조상의 뜻을 표하여 보내는 전문'의 뜻이다.

○ 花는 의미요소로 '풀'의 뜻인 艹(초)와 발음요소인 化(될 화)가 더해진 글자로, '꽃'의 뜻으로 쓰인다. 본래 '꽃'을 뜻한 華(화)가 가차되어 '빛나다'의 뜻으로 쓰이자 花를 만들었다.

花園(화원)은 '꽃을 심은 동산', 즉 '꽃동산'이며, 野生花(야생화)는 '산이나 들에서 나서 자란 꽃'이다.

87) 妙策 (묘책)

妙策은 아주 '교묘한 꾀'의 뜻이다.

○ 妙는 '여자'의 뜻인 女(여)와 '젊다'의 뜻인 少(소)로 이루어진 글자로, 젊고 아름답다는 것에서 '이쁘다'의 뜻을 나타낸다. '젊다', '미묘하다'의 뜻은 파생되었다. 妙味(묘미)는 '미묘한 재미나 흥취'

의 뜻이며, 巧妙(교묘)는 '재치가 있고 묘하다'의 뜻이다.

○ 策은 의미요소로 '대나무'의 뜻인 竹(죽)과 발음요소인 朿(가시자)가 더해진 글자로, 본래 '채찍'의 뜻을 나타내며, 이후 '대쪽', '꾀'의 뜻은 파생되었다.

『說文解字』에서는 '말채찍[馬箠也]'라 하였다. 策士(책사)는 '책략을 잘 쓰는 선비'의 뜻이다.

88) 訂正 (정정)

訂正은 '글의 내용이나 글자 따위의 틀린 곳을 고쳐 바로 잡는다'의 뜻이다.

○ 訂은 의미요소로 '말씀'의 뜻인 言(언)과 발음요소인 丁(정)이 더해진 글자로, '바로잡다'의 뜻을 나타낸다. '맺다'의 뜻은 파생되었다.

『說文解字』에서는 '의논하여 바로잡다[平議也]'라 하였다. 訂補(정보)는 '불충분한 데나 잘못 따위를 바로잡아 보충하다'의 뜻이며, 改訂(개정)은 '책의 잘못된 부분을 고쳐 바로잡다'의 뜻이고, 訂證(정증)은 '바로잡아 밝히다'의 뜻이다.

○ 正은 '하나'의 뜻인 一(일)과 '그치다'의 뜻인 止(지)로 이루어진 글자로, '바르다'의 뜻을 나타낸다. '바로', '가운데', '첫'의 뜻은 파생되었다. 본래 一은 '성곽으로 둘러싸인 도시'의 뜻인 囗(위)가 변한 것이다.

『說文解字』에서는 '옳다[是也]'라 하였다. 正常(정상)은 '바르고 떳떳하다'이며, 正直(정직)은 '마음이 바르고 곧다'의 뜻이다.

89) 加筆 (가필)

글을 잘 쓰기 위한 선행요건으로 三多(삼다)가 있다. 多讀(다독), 多作(다작), 多商量(다상량)으로 많이 읽고, 쓰고, 생각해 봐야 한다는 것이다. 가필은 기존의 글을 지우거나 보태거나 하여 고치는 것을 일컫는다.

○ **加**는 '힘'을 뜻하는 力(력)과 '입'을 뜻하는 口(구)로 이루어진 글자로, '더하다'의 뜻을 나타낸다. '미치다', '더욱'의 뜻은 파생되었다. 力은 '쟁기'의 상형이다.

『說文解字』에서는 '말이 서로 증가하다[語相增加也]'라 하였다. 加減(가감)은 '더하거나 빼다'의 뜻이다.

○ **筆**은 '대나무'의 뜻인 竹(죽)과 '붓'의 뜻인 聿(율)로 이루어진 글자이다. 聿이 본래 '붓'의 뜻으로 쓰였으나, '이에', '마침내'의 뜻으로 가차되자, 본뜻을 살리기 위해 붓의 재질로 '대나무'의 뜻인 '竹'을 덧붙여 '筆'을 만들었다. '쓰다'의 뜻은 파생되었다.

『說文解字』에서는 '진나라 때 筆이라 했다[秦謂之筆]'라 하였다. 筆答(필답)은 '글로써 대답하다'의 뜻이다.

90) 口頭 (구두)

우리 속담에 "한번 내뱉은 말은 다시는 주워 담을 수 없는 것이 쏟아진 물과 같다."라는 말이 있다. 그만큼 말은 신중해야 한다는 것이다. 口頭는 '입으로 하는 말'의 뜻이다. 여기서의 頭는 접미사로 쓰였다.

○ **口**는 입의 모양을 형상화한 글자로, '입'의 뜻을 나타낸다. '어귀', '인구'의 뜻은 파생되었다.

『說文解字』에서는 '사람이 말하고 먹는 곳이다[人所以言食也]'라 하였다. 口味(구미)는 '입맛'의 뜻이며, 口臭(구취)는 '입에서 나는 좋지 않은 냄새'의 뜻이고, 戶口(호구)는 '집의 수효와 식구 수'의 뜻이다.

○ **頭**는 의미요소로 '머리'의 뜻인 頁(혈)과 발음요소인 豆(제기 두)가 더해진 글자로, 제기 모양과 비슷한 머리 모양을 나타내어, '머리'의 뜻으로 쓰인다. '우두머리', '마리'의 뜻은 파생되었다. 豆는 큰 제기의 상형이다.

『說文解字』에서는 '머리[首也]'라 하였다. 頭痛(두통)은 '머리가 아픈 증세'의 뜻이고, 頭髮(두발)은 '머리털'의 뜻이다.

Ⅳ “故事成語”에 담긴 漢字의 의미 고찰

1. “德才兼备”와 “才德兼备”

○“**德才兼备**(덕재겸비)” : 도덕성이 훌륭함이 우선조건이고 재능은 다음 조건임을 의미한다.
○“**才德兼备**(재덕겸비)”: 능력이 우선조건이 되고 도덕성이 다음이 되므로 중국인의 일반적 가치관과 부합하지 않는다.

☞ 위의 예에서 볼 수 있듯이, 중국어의 造語方式(조어방식)은 사회의 가치관 및 도덕적 기준과 매우 밀접한 관계를 갖는다.

2. “君子和而不同, 小人同而不和” – 『論語』「자로」편

○ “**君子和而不同**(군자화이부동)” : 군자는 화합하지만, 부화뇌동하지 않는다.
○ “**小人同而不和**(소인동이불화)” : 소인은 부화뇌동하지만, 화합하지 않는다.

"和而不同" 은 서로 뜻이 맞아 좋은 상태를 의미한다. 조화로운 상태, 긍정의 공감이다. 우리의 사회 구성원 모두가 힘을 합쳐 노력할 때, 공감력이 증가하고 긍정의 에너지원으로 작용하게 될 것이다. 반대로, "同而不和"는 개인이나 집단의 이익을 좇아서 부화뇌동(附和雷同)함을 말한다. "和而不同" 와 "同而不和"는 전적으로 우리의 의지에 달려 있으며, 우리 선택의 몫이다.

☞ 공감은 다른 사람의 주장이나 생각, 감정이 그렇다고 느끼는 마음이다. 타인의 생각이나 감정에 고개를 끄덕여 주는 공감의 행위는 서로의 심리상의 거리를 좁혀 주는 순기능의 역할을 한다.

3. 甘呑苦吐 (감탄고토)

"대국외교의 기본은 甘呑苦吐(감탄고토)"

사회생활을 하다 보면 종종 옳고 그름에 관계없이, 자기 비위에 맞으면 좋아하고 그렇지 않으면 싫어하는 사람을 볼 때가 있다. 이는 즉, "甘呑苦吐"이다.

○ 甘은 입 가운데 맛있는 음식을 물고 있는 모습을 형상화한 글자로, '달다'의 뜻을 나타낸다.

『說文解字』에서는 '맛이 좋다[美也]' 라 하였다. 甘味(감미)는 '달콤한 맛'이다.

○ 呑은 '입'의 뜻인 구(口)와 '목구멍'의 모양을 나타내는 千(천→

탄)으로 이루어진 글자로, '삼키다'의 뜻을 나타낸다. 天은 '하늘'의 뜻이 아닌 '목구멍'의 상형이다.

『說文解字』에서는 '삼키다[咽也]'라 하였다. 倂呑(병탄)은 '남의 물건이나 다른 나라 영토를 아울러 제 것으로 만들다'이다.

○ **吐**는 의미요소로 '입'의 뜻인 口와 발음요소인 土(흙 토)가 더해진 글자로, '토하다'의 뜻이다. '말하다'의 뜻은 파생되었다.

『說文解字』에서는 '베끼다[寫也]'라 하였다. 吐血(토혈)은 '피를 토하다'이다.

4. 男女有別

남녀 사이에 분별이 있어야 한다는 것이다.

○ **男**은 '밭'의 뜻인 田(전)과 '힘'의 뜻인 力(력)으로 구성된 글자로, 쟁기로 밭을 가는 사람이라는 데서, '사내'의 뜻을 나타낸 '젊은이', '아들'의 뜻으로 파생되었다.

『說文解字』에서는 '사내 [丈夫也]' 라 하였다. 得男(득남)은 '아들을 낳아 얻다'의 뜻이다.

○ **有**는 의미요소로 '고기'의 뜻인 肉(육)과 발음요소인 又(우)가 더해진 글자로, '있다'의 뜻을 나타낸다.

『說文解字』에서는 "마땅히 있어야 하는 것은 아니다[不宜有也]" 라 하였다.

○ **別**은 '칼'의 뜻인 刀(도)와 '뼈'의 뜻인 冎(과)로 이루어진 글자로. 본래 '나누다'의 뜻이며 '헤어지다', '다르다'의 뜻은 파생되었다.

『說文解字』에서는 '가르다[分解也)]'라 하였다. 別食은 '늘 먹는 음식이 아닌 특별한 음식'의 뜻이다.

5. 甲骨文을 통하여 풀어 본 故事成語 [38)]

1) 竭澤而漁 (갈택이어)

직역하면 '연못의 물을 전부 마르게 하여 고기를 잡는다'는 뜻이다.

△ 竭(다할 갈)에서 曷(어찌 갈)은 음을 나타낸다.

△ 澤(못 택)의 睪(엿볼 역)은 다른 한자와 만나 형성문자를 이루면 '역'이 아닌, '택'으로 발음 될 때도 있다. 예를 들면, 擇(가릴 택), 蠌(소라게, 방게 택), 鸅(뻐꾸기 택) 등이다.

△ 而(말이을 이)는 원래 코 밑을 따라 입 위아래로 난 수염을 본뜬 상형문자인데, 후에 문장을 연결하는 어조사로도 쓰이게 된 글자이다.

△ 漁(고기잡을 어)는 물(氵) 속의 고기(魚)를 잡는다는 의미의 형성문자이다.

<유래>

晋(진) 나라 文公은 城濮(지금의 산동성) 濮縣(복현)에서 楚

---

38) 李周殷 「漢字의 字形 고찰을 통한 故事成語 탐구」, 예술인문사회융합멀티미디어 논문지 제 7권 5호, 2017. 참고

(초)나라와 싸우게 되었는데, 楚의 병력이 晋에 비할 수 없이 막강했다. 이에 문공이 狐偃(호언)에게 물었다. "楚의 병력이 저리 많은데 어떻게 해야 이 싸움에서 이길 수 있겠는가?" 狐偃이 답하였다. "예절을 중시하는 사람은 번거로움을 두려워하지 않고, 싸움을 잘하는 사람은 속임수를 싫어하지 않습니다. 주군께서는 속임수를 써보는 것이 좋을 듯합니다."

문공은 다시 李雍(이옹)에게 의견을 물었다. 李雍은 비록 호언의 의견에 찬성하지는 않았지만, 당시의 상황으로는 달리 방법이 없어 동의를 하면서도 다음과 같은 말을 덧붙였다.

"연못의 물을 모두 퍼내어 고기를 잡으려 한다면, 어찌 고기를 못 잡겠습니까? 그러나 내년에는 잡을 고기가 없을 것이며, 산의 나무를 모두 불태워 짐승을 잡으려 한다면 못 잡을 리 없겠지만 내년에는 잡을 짐승이 없을 것입니다. 지금은 비록 속임수를 써서 가까스로 위기를 모면할 수 있다 해도 영구적인 해결책은 못 될 것입니다.[39]

☞ 이 말은 사람들이 먼 장래까지 고려한 근본적인 계책이 아니라, 눈앞의 만족(이익)만을 추구할 때 사용하며, 『呂氏春秋』, 「孝行覽」 2凡 8篇 卷14 '義賞(의상)' 편에 나온다.

2) 巨視眼目 (거시안목)

'넓게 멀리 내다보는 눈'을 말한다.

△ 巨는 矩(곱자 구)의 본래자로서, 옛날 목수들이 네모를 그릴 때

39) "竭澤而漁, 豈不獲得 而明年無魚, 焚藪而田, 豈不獲得 而明年無獸, 詐僞之道, 雖今偸可, 後將無復, 非長術也"

사용하던 자의 모양을 본뜬 것이다. 이것이 뒤에 '크다, 많다, 거칠다' 등으로 가차 되었다.

△ **視**는 '보일 시(示)'에 '볼 견(見)'이 붙어 '보다'는 뜻의 글자가 되었다. 여기서 示는 뜻과 함께 음을 나타내고, 見은 뜻을 나타내고 있어 부수 구실을 한다. 따라서 視는 회의형성문자이다.

△ **眼**(눈 안)은 앞의 目이 뜻을, 뒤의 艮(어긋날 간)이 음을 나타내는 형성자이다. 眠(잠잘 면)과 혼동하기 쉽다.

△ **目**은 동물의 눈 罒 모양을 나타낸 상형문자이다. 그런데 눈을 罒 으로 안 쓰고 왜 目 으로 썼을까?

종이가 발명되는 漢(한)나라 이전에는 주로 대나무에다 세로로 문자를 기록했다. 그러다 보니 대나무의 가로 폭이 세로 폭에 비해 현저히 좁은 탓에, 가로로 길게 쓰는 데는 한계가 있었다. 그래서 부득이 세로로 쓰게 된 것이다. 예컨대, 가로(罒)의 모양으로 살아가는 일련의 동물들인 豕(돼지 시), 亥(돼지 해), 象(코끼리 상), 魚(고기 어), 虎(범 호) 등이 그러하다.

☞ 인간에게 중요 부분은 대부분 앞에 달려 있다. 다만, 버릴 것을 대비해서 항문은 뒤쪽 아래에 달려 있다. 그래서 사람은 전면 동물이다. 앞에서 일어나는 일에는 민감하지만, 뒤에서 일어나는 일은 둔감하다. 또한 남의 뒤(단점)는 잘 보이지만, 내 뒤는 잘 안 보인다. 그러나 내 뒤를 볼 수 있어야 내 앞을 제대로 볼 수 있다.[40)]

---

40) 엄원대 『세상을 품은 문자, 한자 이야기』, 팡세, 2013.

3) 結草銜環 (결초함환)

△ **結**(맺을 결)은 끊어진 실(糸)로 '졸라 맨다' 는 데서 '맺다'의 뜻이 된 글자이다. 吉(길할 길)은 음을 나타낸다.

△ **草**(풀 초) 는 이른 [早(이를 조)] 봄에 돋아나는 것이 풀[艹]이라는 뜻이다.

△ **銜**(머금을 함)은 말의 입에 물려서 말을 몰아가는[行(갈 행)] 쇠[金(쇠 금)]이라는 뜻이다. 속자인 啣(재갈 머금을 함)으로도 쓴다.

△ **環**(고리 환)은 원래 睘(놀라서 볼 경)으로만 썼다. 위의 罒은 눈[目]을, 一은 玉(구슬 옥)을 꿴 실, 口는 둥근 옥을, 그 아래는 衣(옷 의)의 생략형이다. 한 사람이 눈을 동그랗게 뜨고 가슴 위에 달린 고리 모양 옥을 내려다보며 감상하고 있는 모양새다. 뒤에 王(玉)을 더하여 뜻을 더욱 분명히 했다.

☞ 玉은 부수로 쓰일 때는 王(임금 왕)으로 적는다. 玉의 원래 글자가 王이기 때문이다. 王은 옥구슬 여러 개[三: 한자에서 三은 九와 함께 단순히 숫자 3, 9의 의미보다 '많다, 크다, 높다, 멀다'등의 뜻으로도 쓰인다]를 실[丨]에 꿰어 놓은 모양이다. 고대사회에서 이처럼 귀한 옥고리를 패용할 수 있는 사람은 왕의 신분이라야 가능하므로 '옥'에서 '임금'이라는 뜻으로 옮아갔다. 그래서 옥을 나타내는 글자를 다시 만들었는데 원래의 글자인 옥[王]에다 丶하나를 더하여 玉이 탄생하였다. 그러므로 왕이 독립해서 쓰일 때만 '임금'이라는 뜻이 되고, 부수 글자로 쓰이면 무조건 玉의 뜻이 된다.

<유래>

結草와 銜環은 두 가지의 고사를 하나로 합친 것으로, 둘 다 은혜를 갚는다는 내용이어서 우리는 흔히 結草報恩(결초보은)으로 많이 쓰고 있다.

잘 알려진 結草(결초) 故事는 晋(진)나라 魏顆(위과)와 관련된 이야기다. 魏顆의 아버지 魏武子(위무자)가 병이 들어 앓게 되자, 魏顆에게 자신이 죽으면 애첩이 아직 젊으니 다른 곳으로 改嫁시키라고 분부했다. 그런데 임종 무렵이 되자 이를 번복하여 자신과 함께 묻어 달라고 유언하였다. 그러나 魏顆는 아버지가 임종 때 한 유언은 정신이 혼미한 상태에서 한 것이므로, 앞서 맑은 정신일 때 한 말을 좇아 그 애첩을 개가시켰다. 그 뒤 秦(진)나라 桓公(환공)이 晋나라를 공격해 왔는데 이 전쟁에 참전했던 魏顆는 크게 패하여 넓은 초원에서 적장 杜回(두회)에게 쫓기는 몸이 되었다. 이 때 문득 한 노인이 나타나 풀과 풀을 엮고 있었다. 그리고 뒤쫓던 杜回의 말이 노인이 엮은 풀에 걸려 넘어지자, 그를 바짝 붙어 따르던 군사들이 잇따라 쓰러졌다. 이를 본 魏顆는 杜回와 그의 군사들을 생포했고 결국 그 전쟁에서 승리하였다. 그날 밤 魏顆의 꿈에 낮에 보았던 노인이 나타나 "나는 당신이 改嫁시킨 사람의 아비되는 사람입니다. 내 딸의 목숨을 살려 준 은혜에 보답하려고 풀을 엮었던 것입니다."[41] 라고 하였다. 이 이야기는 『(春秋左氏傳)』[42] 에 나온다.

---

41) 魏武子有嬖妾, 無子. 武子疾, 命顆曰, 必嫁是. 疾病則曰, 必以爲殉, 及卒.

42) 孔子(공자)의 『春秋(춘추)』를 魯(노)나라 左丘明(좌구명)이 해석한 책이다. 『左氏春秋』,『左傳』이라고도 한다. BC 722 ~ BC 481년의 역사를 다룬 것으로, 公羊高(공양고)의 『公羊傳(공양전)』, 穀梁赤(곡량적)의 『穀梁傳 (곡량전)』과 함께 '춘추 3전'으로 불린다.

銜環(함환)은 漢나라 楊寶(양보)와 관련된 故事다. 楊寶가 아홉 살 때 華陰山(화음산)에서 상처를 입어 날지 못하는 꾀꼬리 한 마리를 치료한 뒤 날려 보내 주었다. 그의 꿈에 西王母(서왕모)의 사자라는 동자가 나타나 자신을 구해 준 은혜에 감사하다며, 白環(백환) 네 개를 주면서 이다음에 그의 자손들이 모두 白環(백환)처럼 귀하게 될 것이라고 말했다. 그 뒤 동자의 말대로 그의 아들 震(진), 손자 秉(병), 증손자 賜(사), 현손 彪(표) 등이 출세하였다. 이 이야기는 『後漢書(후한서)』 「楊震傳(양진전)」 注(주 달을 주)에 실려 있다.

4) 鷄卵有骨 (계란유골)

'계란에도 뼈가 있다' 는 속담(俗談)으로, 복이 없는 사람은 아무리 좋은 기회(機會)를 만나도 덕을 못 본다는 뜻이다.

△ 鷄(닭 계) 는 흔히 雞로도 쓴다. 음을 나타내는 奚(어찌 해)는 다른 한자와 만나면 '혜'로 발음되는 경우가 많다. 蹊(지름길 혜), 傒(묶을 혜), 徯(샛길 혜), 螇(씽씽 매미 혜), 謑(창피 줄 혜), 谿(시내 혜), 豯(돼지 새끼 혜), 鞵(생가죽 신 혜), 騱(야생 말 혜), 鼷(생쥐 혜) 등이 그것이다. 奚의 뒤에 붙은 鳥(새 조)와 隹(새 추)는 뜻을 나타내는 상형문자이다.

원래 鳥는 '꼬리가 긴 새'를, 隹는 '꼬리가 짧은 새'를 가리키는 글자로 만들어졌다. 그래서 雀(참새 작)은 덩치가 작고[小] 꼬리가 짧은 새, 즉 참새를 가리키듯이 글자의 생성 유래로 볼 때 鷄보다 雞로 쓰는 것이 옳다. 새를 나타내는 데 꼬리가 길고 짧음이 별다른 문제가 되지 않자, 후대에 와서 둘 다 '새'라는 뜻으로만 쓰이게 되었다.

※ 宋(송)나라 孫穆(손목)의 『鷄林類事(계림유사)』란 책에 "고려의 방언으로 鷄를 啄(쫄 탁)이라고 부르는데, 그 음은 達(달)이다" 라는 말이 있으니, 옛날부터 우리나라 닭의 이름은 '닭'이었던 듯하다. 요즘은 닭이 맥주의 좋은 친구로 각광을 받고 있지만, 예전에는 시간을 알려주는 것이 닭의 덕목 중 하나였다. 시계가 없던 시절에 닭 울음소리는 시계 못지않은 정확성으로 사람들의 신뢰를 받았다. 식용과 시계의 역할로 일찍부터 인간의 사랑을 받아온 닭은 그 이명(異名)이 매우 많다.

△ 卵(알 란)은 얇은 막으로 싸여 있는 두 개의 알 덩어리 모양을 나타낸 상형문자이다.

☞ 鷄卵有骨을 흔히 '鷄卵에 뼈[骨]가 있다[有]'라고 骨의 뜻을 빌려 '뼈'로 풀이하지만, 骨의 음인 '골'을 빌려 '계란이 곯아 있다'로 해석함이 옳다.

<유래>

유명한 厖村(방촌) 黃喜(황희) 정승과 관련된, 우리나라 故事成語 가운데 하나이다. 黃喜 정승하면 떠오르는 몇 가지 단어와 일화가 있다. 청백리의 표상, 명 정승, 검은 소·흰 소 이야기, 긴 수염 이야기, 三可宰相(삼가재상), 계란유골 등이 그것이다.

黃喜 정승이 淸白吏로서 찢어지게 가난하다는 사실을 알게 된 世宗(세종)이 하루 동안 한양 사대문 안으로 팔러 들어오는 모든 것을 나랏돈으로 구입해서 厖村(방촌)에게 가져다주라고 했다. 그

런데 하필 그날 하루 종일 비가 쏟아져 계란 한 꾸러미 외에는 아무것도 팔러 들어오지 않아 결국 하사품은 그것이 전부였다. 厖村이 감사한 마음으로 임금님의 하사품을 먹으려고 하니, '재수 없는 놈 뒤로 넘어져도 코가 깨진다'고 그 계란마저 모두 곯(骨)아서 하나도 먹을 수가 없었다.

이와 비슷한 한자어로 鳥足之血(조족지혈)이 있다. 이 말은 우리말 뜻으로 '새 발의 피'라고 한다. 여기에서 우리는 피를 혈액(blood)으로 알고 있다. 그래서 일부 사전에서는 '새의 가느다란 발에서 나오는 피라는 뜻으로, 아주 하찮은 일이나 극히 적은 분량임을 비유적으로 이르는 말'이라고 설명하고 있다. 그러나 이것은 무엇인가 잘못된 풀이라고 생각한다. 血(피 혈)은 혈액이라는 뜻을 나타낸 것이 아니라 피[稊稗(제패)]라는 식물 이름으로 쓰인 것이다. '사흘에 피죽 한 그릇도 못 먹었다'라는 속담에서 보듯, 피는 식용으로 쓰였던 식물이다. 오랜 가뭄으로 벼는 말라 죽어도 피는 살아남을 정도로 열악한 환경에서도 끈질긴 생명력을 가진 식물로서 지금도 벼농사를 짓는 농부들에게 큰 골칫거리다. 아무튼 배고픈 새들의 발아래에 있는 피 이삭 몇 개 정도는 먹잇감으로 너무도 적은 양이라는 말이다. 결국 血에서 '혈'이라는 음을 빌린 것[음차]이 아니라 '피'라는 뜻의 음을 빌린 것[訓音借(훈음차)]이다. 이와 같이 한자의 음 뿐만 아니라, 뜻의 음을 빌려 표기하는 방식을 이두(吏讀)라고 한다.

5) 鷄鳴狗盜 (계명구도)

'鷄鳴狗盜'는 '군자가 배워서는 안 될 천박한 재주'를 이르는 말로 다소 부정적인 의미로 사용된다.
△ 鷄(닭 계)는 흔히 雞로도 쓰는데, 鳥(새 조)와 隹(새 추)는 둘다. '새'를 나타내는 글자이기 때문이다.
△ 鳴(울 명)은 새와 입(부리)을 합쳐 '운다'는 뜻을 나타낸 회의문자다.
△ 狗(개 구)의 犭은 '큰 개 견'이지만 부수 이름으로는 '개, 사슴록변'이라 한다. 이 글자가 변으로 쓰인 한자는 개나 사슴 같은 네발 달린 짐승이나 이런 짐승과 관계있는 글자가 된다. 여기에서는 직접적인 뜻인 개로 쓰였으며, 뒤의 句(글귀 구)는 글자의 음을 나타낸다.
△ 盜(훔칠 도)는 좋은 그릇[皿(그릇 명)]을 본 도둑이 이를 훔치고 싶은 욕망으로 입을 벌리고[欠(하품 흠)] 침을 질질 흘리고 있는 모양을 나타낸 글자이다. 그래서 器(그릇 기)는 개[犬]로 하여금 그릇[口]들 가운데에서 지키게 했다. 그런데 器의 네 口는 그릇이 아니라 원래 개의 입(주둥이)을 나타내어 '시끄럽다' 는 뜻으로 쓰였다는 설도 있다.

<유래>

孟嘗君(맹상군)은 齊(제)나라 宣王(선왕) 때에 재상을 지낸 田嬰(전영)의 아들이다. 田嬰에게는 40명이 넘는 아들이 있었는데, 그 중에서 맹상군은 가장 지위가 천한 첩의 아들로 태어났다. 그는 5월 5일에 태어났는데, 이 날을 불길하다고 여기는 아버지에게 버림받는 비운을 맞는다. 하지만 그를 불쌍히 여긴 어머니가 은밀히 데려다 키웠다. 맹상군이 자라면서 점점 현명하고 똑똑해지

자, 전영은 자신의 뒤를 이어 薛(맑은 대쑥 설)의 領主(영주)가 되도록 하였다. 領主가 된 孟嘗君이 재산을 털어 빈객들을 초대하여 예절로 대우하자 인재들이 모여들었고, 그의 휘하에 식객들이 수천 명이나 이르렀다.

秦(진)나라 昭王(소왕)이 이 소문을 듣고 孟嘗君을 초빙하였다. 昭王은 맹상군을 재상으로 삼으려 했지만, 齊나라의 왕족인 孟嘗君이 진심으로 秦나라를 위하여 도모할 이유가 없다고 말리는 신하들이 있어서 昭王은 마음을 달리하였다. 그렇다고 맹상군을 그대로 제나라로 돌려보내면 昭王을 원망하여 진나라에 대적할 것이라고 여긴 소왕은 그를 죽이는 편이 낫겠다는 결론을 내렸다. 이러한 형세를 알아차린 맹상군은 소왕의 애첩에게 자신의 사정을 이야기 하고 자신을 고이 돌려보내 줄 것을 부탁했다. 그러자 첩이 말하기를 "나에게 狐白裘(호백구 : 여우 가죽으로 만든 흰 털가죽 옷)을 주신다면 잘 수습해 보겠습니다"라고 했다.

狐白裘는 당대에 한 벌 밖에 없는 귀한 옷으로, 昭王이 맹상군을 불렀을 때 그 부름을 고맙게 여긴 맹상군이 소왕에게 선물로 바쳤는데, 애첩이 그것을 달라는 것이다. 식객들이 모여 이 일을 의논하는 중에 한 사람이 "신이 능히 狐白裘를 얻어 오겠나이다." 하더니, 그날 밤 秦나라 창고에 들어가 狐白裘를 가져왔다. 어떻게 가능했냐고 물었더니 자신은 본래 개를 잘 훔치는 사람이어서 가능했다[狗盜]고 대답했다.

이 狐白裘를 첩에게 바치니, 첩이 소왕을 설득하여 맹상군은 위기를 모면하게 되었다. 풀려 난 맹소군은 급히 秦나라 서울을 빠져나와 한밤중에 국경인 函谷關(함곡관)에 이르렀다. 그런데 함곡관의 규칙은 첫 닭이 울기 전에는 나그네들을 통과시키지 않도록

되어 있었다. 맹상군은 자신의 뒤를 쫓아오는 진나라 군대를 염려하고 있었는데, 마침 식객들 중에 닭 울음소리[鷄鳴]를 잘 내는 사람이 있었다. 그가 닭의 울음소리를 흉내 내자 그곳에 있던 닭들이 일제히 소리를 내어 따라 울었다. 이로써 맹상군은 뒤따라오던 秦의 병사들을 따돌리고 함곡관을 무사히 빠져나올 수 있었다. 이 이야기는 司馬遷의 『史記(사기)』 75권 「孟嘗君」에 나온다.

6) 刮目相對 (괄목상대)

刮目相對(괄목상대)는 '눈을 비비고 상대를 본다'는 뜻으로 남의 학식이나 재주가 전에 비해 딴 사람으로 보일 만큼 부쩍 발전한 것을 일컫는다.

△ **刮**(깎을 괄)에서 칼[刂]이 하는 일 가운데 대표적인 것이 가르고 '깎는' 것이다. 앞의 舌(혀 설)은 음을 나타낸다. 舌은 다른 한자와 만나면, '괄'로 발음되는 경우가 많다. 括(묶을 괄), 适(빠를 괄), 佸(힘쓸 괄), 栝(노송나무 괄), 筈(하늘타리 괄), 聒(떠들썩할 괄), 鴰(재두루미 괄), 骺(뼈끝 괄), 颳(모진 바람 괄), 髻(머리 묶을 괄) 등이 그것이다.

△ **目**(눈 목)은 원래 가로로 생겼으니 罒로 쓰는 것이 옳지만, 한자는 일찍이 竹簡(죽간)에 글씨를 쓰다 보니 가로로 긴 글자는 目처럼 모두 세로로 세워 쓰게 된 것이다.

△ **相**(서로 상)은 나무[木] 위는 높아서 무엇을 보기[目]가 좋다는 데서 木과 目을 붙여 만든 글자로 회의자이다. 인명으로 쓰일 때는 대부분 '宰相(재상)'이라는 뜻으로 풀이해야 한다. 작명한 이가 재상처럼 '높은 벼슬'하기를 염원하여 이름을 지었을 테니까.

△ **對**(대답할 대)는 한 손[寸]으로 서너 개의 촛불이 켜진 촛대를 잡고 있는 모양으로 원래 '향하다'는 뜻을 나타낸다. 뒤에 그 의미가 확장되어 '대답하다'의 뜻도 가지게 되었다.

<유래>

孫權[손권: 吳(오)나라의 초대 황제]의 장수 呂蒙(여몽)은 軍務(군무)가 바쁘다는 핑계로 학문을 무시해서 무식한 사람이었으나 戰功(전공)을 쌓아 장군이 되었는데, 손권의 충고를 받고는 전장에서도 책을 놓지 않고 학문에 정진했다. 그 후 孫權(손권)의 신하 가운데 가장 유식한 재상이며 呂蒙의 오랜 친구인 魯肅(노숙)이 시찰 길에 여몽을 만났다가 그가 너무나 박식해진 데 놀라서 "자네는 吳(오) 땅[오늘날의 蘇州(소주) 지방]에 있을 때의 여몽이 아닐세[非吳下呂蒙]"라고 하였다. 그러자 呂蒙은 "선비란 사흘 지나 다시 만났을 때는 눈 비비고 대면할 정도로 달라져야 하는 법이라네"라고 응수하였다.

비슷한 말로 日就月將(일취월장), 日進月步(일진월보)가 있고, 반대의 의미를 가진 吳下阿蒙(오하아몽: 세월이 지나도 학문의 진보가 거의 없는 사람을 이르는 말)이라는 말도 있다.

일찍이 『漢書(한서)』에서는 "지극한 즐거움은 책을 읽는 것이라[至樂莫如讀書]"고 하지 않았던가! TV 앞을 떠나 책을 많이 읽어 呂蒙처럼 刮目相對(괄목상대)가 되어 보면 어떨까? [43]

---

43) 『三國志』 54권 「吳書」 '呂蒙傳' 注에 나오는 말.

7) 口蜜腹劍 (구밀복검)

口蜜腹劍은 '입에는 꿀을 바르고 있지만 배 속에는 칼을 품고 있다'는 뜻으로, 겉으로는 친한 체하지만 속으로는 해칠 생각을 품고 있다든가, 돌아서서 은근히 남을 헐뜯고 끌어내린다는 말로 쓰인다.

△ **蜜**(꿀 밀)에서 宓(몰래 밀)은 음을, 虫(벌레 충)은 뜻을 나타낸다.

△ **腹**(배 복)에서 月[=肉(고기 육)]은 뜻을, 复(돌아갈 복)은 음을 나타낸다.

△ **劍**(칼 검)에서 僉(다 첨)은 음을, 刂(칼 도)는 뜻을 나타낸다. 劍은 양쪽 모두 칼날인 칼이고, 한쪽만 날이 있는 칼은 刀(칼 도)다.

<유래>

李林甫(이임보)는 唐나라 玄宗이 사랑하는 양귀비에게 잘 보여 출세한 사람이다. 원래 총명한 군주로서 한동안 선정을 베풀어 칭송을 받던 현종은 황후와 사별한 뒤로는 줄곧 양귀비의 미색에 빠져 모든 정사를 李林甫(이임보)에게 맡기고 국사를 돌보지 않았다.

李林甫(이임보)는 제 세상을 만난 듯 인사권을 손 안에 틀어쥐고 국정을 마음대로 주무르기 시작했다. 그는 재주나 명망이 자기보다 낫거나 임금의 신임을 받아 자신의 지위를 위협할 만한 사람이 나타나면 수단과 방법을 가리지 않고 제거해 버렸는데, 그 중에서도 문과를 통해 급제하여 바른 말을 잘 하는 선비들을 더욱 꺼렸다. 그는 자신의 마음에 들지 않는 사람이라 할지라도 결코 겉으로는 미워하는 내색을 하지 않았다. 도리어 현종에게 그런 인물들을 천거하여 상대를 안심시킨 후에 뒤로 공작하여 그를 쓰러뜨리는 수법을 썼다. 이 때문에 당시 사람들은 그를 두려워하여 "李林甫(이임보)는 입에는 꿀이 있지만, 배 속에는 칼이 있다"고 하였다. 安祿山(안녹산)도 李林甫(이임보)가 있는 동안은 그를 무서워하여 난을 일으키지 못하다가, 그가 죽은 3년 뒤에야 난을 일으켰다고 전한다.

이와 비슷한 말에는 면종복배(面從腹背), 양질호피(羊質虎皮), 양봉음위(陽奉陰違), 양두구육(羊頭狗肉), 소중유검(笑中有劍), 소면호(笑面虎), 소리장도(笑裏藏刀), 면종후언(面從後言), 동상이몽(同床異夢), 동상각몽(同床各夢), 표리부동(表裏不同) 등이 있다. 신문의 정치면을 보다 보면 자주 생각나는 故事成語 이기도 하다. 『십팔사략(十八史略)』,[44] 『자치통감(資治通鑑)』[45] 등에 나온다.

8) 群盲撫象 (군맹무상)

群盲撫象은 여러 맹인이 코끼리를 더듬는다는 뜻으로, 자기의 좁은 소견과 주관으로 사물을 그릇 판단함을 일컫는다.[46]

△ 群(무리 군)에서 君(임금 군)은 음을, 羊(양 양)은 뜻을 나타낸

44) 중국 南宋 末에서 元나라 초의 曾先之가 편찬한 중국의 역사서로 원명은 『古今歷代十八史略(고금역대십팔사략)』이다. 태고 때부터 宋나라 말까지의 史實을 『사기(史記)』, 『한서(漢書)』등에서 발서(拔書)하여 초학자를 위한 역사 교과서로 편찬한 것이다.

45) 중국 北宋의 司馬光(사마광, 1019-1086)이 1065년에서 1084년에 걸쳐 편찬한 편년체 역사서로 『통감(通鑑)』 이라고도 한다.

46) 『藥師本願功德寶卷』이라는 불경(佛經)에 나오는 이야기다.

다. 양처럼 느리고 유순한 동물들은 약육강식에서 아래쪽에 위치하므로, 살아남기 위해 대부분 무리를 지어 사는데 羊이 그 대표적인 동물이다.

△ 盲(소경 맹)에서 亡(망할 망)은 음을, 目은 뜻을 나타낸다.

△ 撫(어루만질 무)에서 扌는 뜻을, 無는 음을 나타낸다.

△ 象(코끼리 상)은 코끼리의 특징인 긴 코와 큰 머리, 다리, 꼬리의 모양을 구체적으로 잘 나타낸 상형자다. 참고로, 豕(돼지 시)는 象에서 긴 코와 큰 머리(罒)를 없앤 글자로서 뚱뚱한 돼지의 모양을 나타낸 것이다.

<유래>

어느 날, 임금이 대신들에게 명하여 코끼리를 끌어다가 소경들에게 만져보게 하였다. 소경들은 코끼리라는 짐승이 앞에 있다는 말을 듣고서 신기해하며 제각기 어루만져 보았다. 잠시 후 임금이 소경들에게 코끼리의 생김새를 물어보았다. 이에 상아를 만져 본 소경은 "코끼리는 큰 무처럼 생겼사옵니다." 하고 말했다. 다음에는 귀를 만져 본 소경이 "코끼리는 곡식을 까부르는 키[箕(키 기)]처럼 생겼습니다." 하고 말했다. 그러자 머리를 만진 소경은 "코끼리는 돌처럼 생겼습니다." 하고 말했고, 코를 만진 소경은 "코끼리는 틀림없이 절구공이처럼 생겼습니다."하고 말했다. 그 다음에는 다리를 어루만진 소경이 "코끼리는 틀림없이 절구통처럼 동그랗게 생겼습니다." 하고 말했다. 또 등을 만졌던 소경은 "평상(平床)처럼 생겼습니다." 하고 말했고, 배를 만진 소경은 "꼭 밧줄처럼 생겼습니다." 하고 말했다.

이 글을 소개한 佛經에는 "선남자들이여, 이 소경들은 코끼리를 제대로 말하고 있지는 않지만, 그렇다고 잘못 말한 것도 아니다. 그들이 말하는 것이 코끼리의 전부는 아니지만 이것을 떠나서 또 달리 코끼리가 있는 것도 아니다"라고 말한다.

여기 나오는 코끼리는 불성(佛性)을 부분적으로만 이해하고 있고, 또 모든 중생에게는 다 佛性이 있다는 것을 암시한다. 다른 말로 群盲評象(군맹평상), 또는 群盲象評(군맹상평)이라고도 한다.

9) 落城款識 (낙성관지)

△ **落**(떨어질 락)에서 艸는 '풀잎이나 나뭇잎이 떨어진다' 는 뜻을, 洛 (강이름 락)은 음을 나타낸다.

△ **成**(이룰 성)에서 戊(창 무)는 뜻을, 丁은 음을 나타낸다. 본래의 뜻은 '진압하다, 화해하다'이다. 戊는 원래 반달 모양의 넓은 칼날이 달린 도끼 모양으로, 옛날 무기의 한 종류였다. 뒤에 '다섯째 천간'으로 가차 되면서 본래의 뜻이 사라졌다. 成은 총획이 7획이다. 그런데 보통 戊를 제외한 음을 나타내는 부위를 ㄱ 으로 적고 있는데, 이는 약자로 6획이 된다. 따라서 正字 또는 인명에서는 마땅히 丁으로 적어야 한다.

△ **款**(정성 관)에서 欠(하품 흠)은 '느리다, 부실하다' 는 뜻을, 왼쪽은 崇(높을 숭)의 생략형으로 음을 나타낸다. 원래는 鐘(종 종)이나 鼎(솥 정), 금석에 음각한 글자를 가리켰는데 뒤에 書畵家(서화가)의 도장을 일컫는 글자가 되었다.

△ **識**(적을지, 알 식, 깃발 치)에서 言은 뜻을, 戠(찰진 흙 시)는

음을 나타낸다. 간체자는 识 이다.

☞ 落城款識는 '도장을 찍어 글씨나 그림이 완성되었음을 표시함'을 말하며, 줄여서 낙관이라고 한다. 다시 말해 글씨나 글을 완성한 뒤에 저자의 이름, 畵題 (화제), 畵讚[화찬 : 그림의 여백에 써 넣은 찬사 또는 시가(诗歌)로 도찬(图讚)이라고도 함], 그린 장소, 제작 연월일 등을 적고 도장을 찍는 것을 말한다. 그러므로 '낙관을 찍는다' 는 말은 '축구를 찬다','미술을 그린다' 는 것처럼 잘못된 말이며, '낙관하다'라고 함이 옳다.

落城款識가 보편화되기 시작한 것은 송(宋)나라 이후라고 한다. 명(明)나라 때 篆刻[전각: 나무, 돌, 금속, 옥 따위에 인장을 새기는 것으로, 그 서체를 篆字(전자)로 새기기 때문에 이르는 말]의 시조로 불리는 文彭(문팽, 1498~1573)이 落款用(낙관용) 전각에 관한 학술적 논거를 처음으로 확립하였고, 전각을 예술적 기호 및 필수품으로 내세우게 되면서 작품 완성 후 자신이 전각한 印章(인장)을 찍는 것이 형식화되었다.

10) 盧生之夢 (노생지몽)

△ **盧**(밥그릇 로)는 爐(화로 로)의 본래자다. 虍(호피무늬 호)는 음을, 爐는 화로의 모양이다. 화로는 연기 때문에 검게 되므로 '검다'는 뜻도 가진다.
△ **夢**(꿈 몽)은 한 사람이 침상 위에 누워 꿈을 꾸고 있는 모양이다. 目(罒)이 강조된 것은 꿈이 눈을 뜨고 사물을 보는 것과 같기 때문이다. 夕(저녁 석)이 다리 달린 침상을 나타내는데 꿈은 주로

저녁에 꾸기 때문에 그 모양을 夕으로 바꾸었다.

<유래>

당나라 현종 때 呂翁(여옹)이라는 道士가 趙나라 수도 邯鄲(한단)으로 가는 도중에 한 여관 앞에서 쉬게 되었다. 이때 남루한 차림의 노생(盧生)이라는 청년도 그와 같은 길을 가다가 곁에서 쉬게 되었다. 둘이서 이러저런 얘기를 하다 노생이 궁핍한 자신의 신세를 한탄하자, 여옹이 어떤 삶이 즐거운지를 물었다. 盧生은 장군, 재상이 되어 이름을 떨치고, 부귀영화를 누리는 것이라고 대답하였다. 얼마 뒤 노생이 졸기 시작했는데, 이때 여관 주인은 기장을 쪄서 식사 준비를 하고 있었다. 여옹이 자신의 베개를 주면서 베면 부귀영화를 마음대로 할 수 있다고 했다. 노생이 베개를 베자 곧장 잠이 들었다. 그는 부호의 딸에게 장가갔고, 과거에도 합격했다. 재상이 싫어 쉬고자 했으나 天子의 인정을 받은 몸이라 3년이 되지 않아 다시 재상이 되었다. 그러다 보니, 동료들에게 미움을 받아 참소되어 포졸들에게 잡히는 몸이 되었다. 盧生은 울면서 아내에게 말했다.

"나는 본래 山東사람으로 내 교향에는 좋은 밭이 몇 이랑 있어 추위와 굶주림을 막기에는 족했다오. 어찌 이처럼 괴로워하면서 녹을 구하리오. 다시 누추한 옷 걸치고 망아지 몰아 邯鄲(한단)으로 가고 싶으나 이제 그럴 수가 없구료."

말을 마친 노생이 자결하고자 했으나, 아내가 말리는 바람에 죽지 못했다. 몇 년 뒤 노생의 무죄가 밝혀지고 다시 재상이 되었다가 말년이 되어서야 聖恩(성은)을 입어, 겨우 宰相(재상) 자리에서 물러날 수 있었다. 그리고 그날 밤에야 비로소 마음 편히 깊은 잠을 잘 수가 있었다.

단잠에서 깨어난 노생이 주변을 살펴보니, 곁에는 여옹이 있고, 여관 주인은 아직도 기장을 찌고 있었다. "이게 꿈이었단 말인가?" 여옹이 웃으며 말했다. "세상 일이 또한 이와 같다네." 노생이 고개를 끄덕였다.

盧生之夢(노생지몽)은 一場春夢(일장춘몽), 南柯一夢(남가일몽), 一炊之夢(일취지몽), 邯鄲之夢(한단지몽)이라고도 한다. 결국 세상의 부귀영화가 허황된 것임을 일깨워 준다.

11) 陵遲處斬 (능지처참)

△ **陵**(언덕 릉)의 阝(언덕 부)는 뜻을, 夌(언덕 릉)은 음과 함께 뜻을 나타낸다.

△ **遲**(늦을 지)의 辵(쉬엄쉬엄 갈 착)은 뜻을, 犀(무소 서)는 음을 나타낸다.

△ **處**(살 처)는 초기에는 한 사람[夊]이 작은 탁자[几(안석 궤)]에 기대어 '잠시 멈추어' 쉬고 있는 모양이다. 그래서 処로 썼는데, 뒤에 虍를 덧붙였다. 간체자는 处다.

△ **斬**(벨 참)은 車(수레 차) + 斤(도끼 근)으로 이루어진 회의자이다. 車는 '수레' 외에 '잇몸[齒齦(치은)]' 또는 '이로 깨물다'의 뜻도 가지고 있다. 그러나 車를 음으로 보는 것이 글자를 익히기에는 편하다.

대부분의 사람이 陵遲處斬을 사지를 찢어 죽이는 형벌로 알고 있다. 물론 국어사전에도 그렇게 나와 있다. 그러나 사지를 찢어 죽이는 형벌은 車裂刑(거열형)[47]이라고 한다.

陵遲處斬은 凌遲[48]와 處斬의 합성어다. 陵遲(능지)는 경사가 완만한 구릉을 천천히 올라간다는 뜻이다. 이처럼 죄인을 산 채로 팔, 다리, 어깨, 가슴을 잘라 냄으로써 천천히 죽음에 이르게 하는 것을 말한다. 處斬은 凌遲한 뒤 마지막에 심장을 찌르고 목을 베는 것[斬首(참수)]을 말한다.

원래 이러한 酷刑(혹형)은 주로 폭군들에 의해 만들어진다. 중국 역사상 폭군의 대명사는 夏나라의 마지막 왕인 傑(뛰어날 걸)과 殷나라의 마지막 왕인 紂(껑거리끈[49] 주)를 꼽는다.

紂王은 그의 아내인 妲己(달기)를 즐겁게 하기 위해 많은 혹형을 만들어 시행했다. 炮烙之刑(포락지형: 숯불 위에 기름을 바른 구리 기둥을 걸쳐 놓고 죄수로 하여금 그 위를 걷게 하는 형벌) 같은 형벌이 그것이다.

아무튼 너무도 끔찍한 형벌의 이름이므로 감히 입에 담지 말아야 할 말이다. 凌遲는 古疊(고첩)이라는 사람이 "청녕 9년 重元(중원)을 좇아 涅魯古(열로고)가 반역하여 함께 전쟁을 일으켰다가 패하자 은둔했는데, 이들을 좇아 생포하여 凌遲한 뒤 죽였다"라고 나온다.[50] 우리나라에서는 사육신, 許筠(허균)이 이 형벌을 받았

47) 옛 중국 전국시대 때부터 생겨난 처형 방법. 변법과 개혁으로 유명한 진나라 재상인 商鞅(상앙)이 개발했다고 전하며, 목과 사지를 밧줄에 묶어 소나 말의 힘으로 각각 반대 방향으로 당겨 찢어 죽이는 끔찍한 살인 방법이다. 이름에 車(수레 거)가 들어가는 이유는 소를 몸에 묶은 모습이 牛 마차를 연상시키기 때문이다.

48) 능가하다. 넘다. 침범하다

49) 마소의 궁둥이에 대는 막대(껑거리막대)의 두 끝에 맨 줄을 이른다.

50) 『遼史』, 『逆臣』下 '古疊傳'.

다고 하며, 陵遲處死(능지처사)라고도 한다.

12) 東山復起 (동산부기)

東山復起는 '東山[51] 에서 다시 일어난다'는 뜻으로, 은퇴한 사람이나 실패한 사람이 재기(再起)하여 다시 세상에 나옴을 뜻한다.

△ 東(동녁 동)은 원래 '전대', 즉 일종의 자루를 가리켰다. 전대에 물건을 채워 아래위를 끈으로 묶은 모양이었다. 그러나 갑골문 卜辭(복사: 은나라의 유적에서 나온 문자)에서 이미 동쪽의 뜻으로 가차 되었다. 그러나 후한(後漢)의 許身(허신)이 편찬한 『說文解字』에서는 日과 木으로 이루어져 있다고 했는데, 설령 이 설이 잘못이라 해도 제자(造字) 원리를 설명하기에는 좋다.

즉, 해[日]가 떠오르다 나무줄기[木]에 걸려 있는 모양의 방향이 동쪽이기 때문이다. 나아가 해[日]가 나무[木] 위로 '높게' 올라오면[杲(밝을 고)] 밝은 때가 되고, 해[日]가 나무[木]아래로 내려가면 [杳(어두울 묘)] 어두워진다고 설명하기도 쉬워진다.

△ 復(다시 부, 돌아올 복)은 대법원 인명용으로 음으로는 복이다. 뜻을 나타내는 彳(조금 걸을 척)과, 음과 함께 뜻도 나타내는 复(갈 복)이 합하여 '돌아오다', '다시'를 뜻한다. 复은 復의 초기 자형이다. 아래 夊(뒤져 올 치)를 제외한 윗부분은 성곽으로 둘러싸인 마을을 나타낸다. 살던 마을로 '다시[부]', '되돌아가는 것[복]'을 나타낸 글자다.

---

51) 東山은 지금의 중국 浙江省(절강성=저장성) 臨安縣(임안현) 서쪽에 있는 산 이름으로 晉(진)나라 때 謝案(사안)이라는 사람이 은거하여 유명해졌다.

△ 起(일어날 기)에서 走(달릴 주)는 뜻을, 己(자기 기)는 음을 나타낸다.

<유래>

晉(진)나라 謝安(사안)이 젊은 시절 重望(중망: 두터운 명망)이 있어 벼슬길에 나아가 著作郎(자작랑) 등을 역임하고서 물러나 會稽(회계)의 東山에 은거하고 있다가, 마흔이 넘어 다시 出仕(출사)하여 中書令(중서령), 司徒(사도) 등의 요직을 거친 데에서 유래한 말이다. 東山再起(동산재기) 또는 줄여서 東山起라고도 한다. 再(다시 재)는 갑골문에서 물고기 한 마리의 머리와 꼬리 부분에 각각 가로선을 하나씩 덧붙인 모양으로 '1+1'을 나타내어 '두 번'이라는 뜻을 나타내었다.

東山高臥(동산고와)는 동산에 편히 누워 지냄이니, 곧 은거함을 이른다. 東山謝氏(동산사씨)하면, 謝安의 별칭으로 隱士(은사)나 名士를 가리킨다. 또한 東山意(동산의)하면, 벼슬에서 물러나 은거하고자 하는 뜻을 일컫는다. 『晉書(진서)』 79권 「謝安傳」에 나온다.

13) 得隴望蜀 (득롱망촉)

得隴望屬은 '隴 땅을 얻고 나니 한술 더 떠 蜀 땅까지 탐난다'는 말로, '말[馬] 두면 종도 두고 싶어진다'는 속담과 같은 뜻이다.

△ 得(얻을 득)은 한 손[寸]으로 돈[貝(조개 패)←旦]을 잡고 있는[彳←行(갈 행): 움직임을 나타냄] 모양이다.

△ 隴(고개이름 롱)은 阝(언덕 부)는 뜻을, 龍(용 룡)은 음을 나타

낸다. 龍이 '롱'으로 발음되는 경우도 많다. 壟(언덕 롱), 聾(귀머거리 롱), 瓏(옥소리 롱), 朧(흐릿할 롱), 瀧(비올 롱), 籠(대그릇 롱), 靇(우렛소리 롱) 등이다.

△ **望**(바랄 망)은 한 사람(壬)이 땅 위에 서서 눈을 크게 뜨고 (큰 눈의 모양이 亡으로 변함) 먼 곳을 바라보고 있는 모양이다. 그래서 朢(보름 망)으로도 썼다. 뒤에 月을 덧붙여 '멀리 본다'는 뜻을 분명히 했다.

△ **蜀**(나비 애벌레, 나라 이름 촉)은 '나비 애벌레'의 큰 눈(罒←目)과 꼬부라진 몸을 나타낸 글자다.

<유래>

光武帝(광무제) 劉秀(유수)가 王莽(왕망)을 무너뜨리고 후한(25~225)을 세우기 얼마 전의 이야기다. 劉秀의 대장군 岑彭(잠팽)이 隴의 隗囂(외효)를 포위하자, 蜀의 公孫述(공손술)은 李育을 보내어 외효를 구원하도록 하면서 上邦(상방)[天壽縣(천수현) 西南]에 진을 치도록 했다. 이 소식을 들은 劉秀는 蓋延(개연)과 耿弇(경엄)을 시켜 上邦을 포위케 하며 덧붙이기를, "隴을 평정하고 나면 다시 蜀을 가지고 싶다[旣平隴 復望蜀]"고 했다.

隴과 蜀은 甘肅省(감숙성=간쑤 성)과 四川省(사천성=쓰촨 성)의 옛 이름으로 당시로서는 중국의 심장부였으므로 이 두 곳을 차지하면 천하를 얻은 것이나 다름없었다.[52]

52) 『後漢書(후한서)』권 17 「岑彭傳(잠팽전)」에 나오는 故事成語.

14) 水魚之交 (수어지교)

水魚之交는 물과 물고기의 사귐이란 뜻으로, 임금과 신하 또는 부부 사이처럼 매우 친밀한 관계를 이르는 말이다. 즉 서로 떨어질 수 없는 친한 사이를 일컫는다. 水魚親(수어친)이라고도 하고, 더 줄여 水魚(수어)라고도 한다.

△ 魚(고기 어)는 물고기의 모양을 본뜬 상형문자다. 四君子(사군자)는 '그린다'라고 하지 않고 '친다'고 한다. 이는 난초의 경우 魚자를 거꾸로 쓰듯이 한 것이기 때문이다.

△ 交(사귈 교)는 한 사람이 두 다리를 '엇갈리게' 하고 앉아 있는 모양으로 원래 뜻은 '교차하다'이다. '사귀다'는 뒤에 그 의미가 확장된 것이다.

<유래>

중국 천하가 魏(위), 吳(오), 蜀(촉)으로 삼분되어 있을 때의 일이다. 蜀나라의 劉備(유비)는 주도권을 쥐기 위한 방편으로 훌륭한 책략가를 필요로 하였다. 그리하여 전란을 피해 초야에 묻혀 있던 諸葛亮(제갈량 : 자는 孔明)을 세 번이나 찾아가 [三顧草廬(삼고초려)] 그를 모셔 왔다.[53]

이후 劉備는 제갈공명이 제시하는 정책에 따라 나라를 부흥시켜 나갔다. 劉備는 제갈공명의 인품과 지혜에 반하여 그를 스승으로 모시며 침식을 같이했고, 제갈공명 또한 자신을 알아주는 군주에게 충성을 다하였다. 처음에는 關羽(관우)와 張飛(장비)가 어린 제갈공명(三顧草廬 당시 27세)에 대한 예우가 너무 지나치다고

53) "左將軍劉備以亮有殊量, 乃三顧亮於草廬之中."

불평한 적이 있었다. 이에 유비는 "내가 제갈공명을 얻은 것은 마치 고기가 물을 얻은 것과 다름없다. 그러니 다시는 그런 불평을 하지 말라."[54]고 했다. 일반적으로 서로 큰 도움이 되는 사이, 혹은 친한 친구 사이를 일컬을 때 쓴다.

이 말은 『三國志(삼국지)』 35권 「蜀書(촉서)」 5 '諸葛亮傳(제갈량전)' 외에, 『列女傳(열녀전)』, 『貞觀政要(정관정요)』, 『管子(관자)』 「소문(小問)」 편 등에도 나온다.

15) 萬死一生 (만사일생)

萬死一生은 여러 번 죽을 고비를 넘기고 간신히 살아남은 것을 가리키는 말이다.

△ **萬**(일만 만)은 원래 전갈 모양을 본 뜬 글자이다. (전갈은 사막 같은 열악한 환경에서 종족을 보존하기 위해 새끼를 많이 낳는다.) ++는 艸 모양으로 전갈의 두 집게 손을, 田은 몸통, 冂은 다리, 厶 모양은 구부린 꼬리를 나타낸다.

☞ 옛날에는 萬이 가장 많은 숫자를 나타내는 수였다. 일, 십, 백, 천, 만 다음이 바로 억이 아니라, 십만, 백만, 천만인 것이 그래서이다. 이처럼 萬이 주로 '숫자'를 나타내자, 전갈은 虫을 덧붙여 蠆(전갈 채)로 쓰게 되었다. 간체자 万은 이미 한(漢)나라 때부터 사용되었다.

△ 죽을 사(死)는 죽은 사람[歹(부서진 뼈 알)]의 옆에 무릎을 꿇

54) "關羽張飛等不悅, 先主解之曰, 孤之有孔明, 猶魚之有水也. 願諸君勿復言."

은 산 사람[匕]이 애도하고 있는 모양이다.
△ 生(날 생)은 초목의 새싹[屮(싹 날 철)]이 땅[一]위로 솟아 나온 모양의 글자다.

<유래>

당태종(唐太宗) 이세민(李世民)은 아버지 이연(李淵)을 도와 천하제패의 위업을 달성했다. 그 과정은 쉽지 않았다. 본래 수(隋)나라 관리였던 이연(李淵)은 隋(수) 말엽에 전국 각지에서 일어난 반란을 진압하라는 명령을 받아 여러 곳으로 다녔다. 그때 李世民은 겨우 18세였다. 李世民은 천하의 대세가 이미 기운 것을 알고 부친에게 스스로 군대를 일으켜 자립하도록 종용하여, 唐나라를 개국했다. 그는 다른 반란군들과 대적하는 것은 백해무익(百害無益)이라 생각하고 그들을 회유하여 자기 밑으로 끌어들였다.

천하의 제왕이 된 李世民은 인재를 알아보고 그들을 부릴 줄 알았다. 재상 이정(李靖)은 본래 隋나라 재상 양소(楊素)가 자기 자리에 앉아야 될 사람이라고 극찬했던 인물이다. 李淵의 거병을 눈치 챈 李靖이 장안으로 가서 보고하려다가 李淵에게 붙잡혀 사형을 당할 위기에 처했을 때 그의 지혜와 용기를 알아 본 이세민에 의해 살아남을 수 있었다. 그래서 이세민이 秦王(진왕)으로 봉해질 때 그의 곁에는 많은 인재와 생사고락(生死苦樂)을 같이한 역전(歷戰)의 인물들이 함께 했다.

李世民이 아버지의 사랑을 독차지하자 황태자 李建成과 또 다른 동생인 齊王 李元吉의 질투를 받게 되었다. 李世民은 626년에 그들을 살해하고 29세의 나이에 제위를 물려받아 貞觀皇帝(정관

황제)가 되었으니 그가 唐太宗이다. 이렇듯 갖은 환난과 형제까지 죽여야 했던 唐太宗은 "옛날에 房玄齡(방현령)은 나를 도와 천하를 평정하느라 고생하고, 만(萬)번의 죽을 고비에서 살아 나오기도 했다." [55] 는 말을 자주 했다.

이 이야기는 『貞觀政要(정관정요)』에 나온다. 흔히 쓰는 九死一生(구사일생)은 굴원(屈原)의 이소(離騷)에 나오는 말이다.

16) 三水甲山 (삼수갑산)

△ 甲(갑옷 갑)의 어원에는 과실이 익어 딱딱한 껍질이 十자로 벌어져 있는 모양이라는 설(껍질, 거북의 등딱지)과 네 조각의 가죽으로 이루어진 갑옷의 가슴 부위를 나타낸 것이라는 설[갑옷, 무장한 병사]이 있다.

혼동하기 쉬운 한자에 押(누를 압), 狎(익숙하다. 업신여기다. 가벼이 보다 압)이 있다. 참고로, 이를 거꾸로 쓰면 由(연유할 유)가 된다.

故事成語(고사성어)하면 중국에서 유래된 것만 생각하기 쉬우나 우리나라에서 만들어진 것들도 제법 있다.

조선 태조가 선위(禪位)하고 함흥에 있을 때 태종이 보낸 사신을 죽이거나 잡아 가두어 돌려보내지 않은 데서 비롯된 함흥차사(咸興差使), 하인 둘이 싸운 뒤 황희(黃喜)에게 판정을 청하자 둘 다 옳다 했고, 이를 지켜본 조카가 판결의 잘못을 지적하자 자네 말도 옳다고 말한 데서 비롯된 삼가재상(三可宰相), 세종이 하루

---

55) "昔日房玄齡從我定天下, 備嘗艱苦出萬死而遇一生."

동안 장안으로 팔려 온 모든 물건을 나랏돈으로 구입해 황희 정승에게 가져다주라고 했으나, 비 탓에 계란 한 꾸러미가 전부였고, 이것마저 곯아 먹을 수 없었다는 계란유골(鷄卵有骨), 조선이 건국하자 멸망한 고려의 충신들이 개성에 있는 광덕산 두문동에 들어가 바깥출입을 하지 않고 산다는 것에서 비롯된 두문불출(杜門不出), 벽동·창성 지방의 소는 힘이 좋은 대신에 사람(남)의 말을 잘 안 듣기에 생겨난 벽창우(碧昌牛) 등이 그것이다.

<유래>

三水甲山은 함경남도 개마고원 북서쪽의 三水와 북동쪽의 甲山을 묶어서 가리키는 말이다. 이곳은 개마고원을 끼고 있어 지형이 험하여 교통이 불편한 데다, 춥기로 유명하여 옛날에는 유배지로 이름난 곳이다. 험난한 산간 오지이다 보니, 이곳 처녀들은 시집갈 때까지 짠 조기 한 마리 제대로 먹어보지 못했다고 한다. 이 말은 곧 이곳 사람들은 어릴 때부터 해산물을 먹지 못하다 보니, 해산물에서 얻을 수 있는 영양소를 먹지 않고도 살아갈 수 있는 체질이 되었다는 뜻을 담고 있다. 그런데 다른 지역에 살던 사람들, 즉 다양한 해산물을 섭취하던 사람들이 이곳으로 유배를 오거나 군수 등으로 발령을 받아 가게 되어 해산물을 먹지 못하고 수개월을 살다 보면, 영양 불균형으로 질병에 잘 걸렸다. 일종의 풍토병인 것이다. 이런 연유로 해서 '三水甲山을 가다'라고 하면 '매우 힘들고 험난한 곳으로 가거나 어려운 지경에 이르다'라는 뜻이 된다.

6.『說文解字』를 통하여 살펴본 故事成語

1) 重言復言 (중언부언)

옛말에 '말이 많고 말의 실수함은 모두 술 때문이다[言多語失皆因酒]'라 했다. 重言復言은 이미 한 말을 반복하는 것이다.

○ 重은 의미요소로 '사람'의 뜻인 亻(인)과 발음요소인 東(동)이 더해진 글자로, '무겁다'의 뜻을 나타낸다. '중하다', '겹치다', '거듭'의 뜻은 파생되었다.

重稅(중세)는 '무거운 세금'이다.

○ 言에 대해서는 여러 해석이 있으나 첫 획은 '말'을 뜻하는 추상적 부호이며, 둘째, 셋째, 넷째 획이 '내민 혀'이고, 그 나머지가 '입'으로 이를 형상화한 글자로, '말'의 뜻을 나타낸다.

遺言(유언)은 '죽음에 이르러 남기는 말'이다.

○ 復는 의미요소로 '조금 걸어가다'의 뜻인 彳(척)과 발음요소인 复(돌아올 복)이 더해진 글자로, '돌아오다'의 뜻을 나타낸다. '회복하다'의 뜻은 파생되었다. '다시'의 뜻으로 쓰일 때는 '부'로 읽힌다.

『說文解字』에서는 '돌아가다[往來也]'라 하였다. 復學(복학)은 '학교로 복귀하다'의 뜻이다.

2) 如履薄氷 (여리박빙)

如履薄氷은 '얇은 얼음을 밟는 것과 같다'로 아주 위험한 상황을 비유적으로 이르는 말이다.

○ 履는 자형의 변화가 심하다. 小篆(소전)을 보면 尸(시)와 彳(척)과 夊(치), 그리고 舟(주)로 이루어져 있다. 尸는 '사람'의 상형이며, 彳은 '길'의 상형이고, 夊는 '발'의 상형이고, 舟는 '짚신'의 상형으로 변형되었다. 본뜻은 '신'이며 '밟다'의 뜻은 파생되었다.

『說文解字』에서는 '발이 의지하는 바[足所依也]'라 하였다. 履修(이수)는 '차례를 밟아 과정을 마치다'의 뜻이다.

○ 氷은 의미요소로 '물'의 뜻인 水(수)와 발음요소인 冫(빙)이 더해진 글자로, '얼음'의 뜻을 나타낸다. 본래 冫은 물이 추위를 만나 얼어붙은 모양의 상형이며, 水를 덧붙여 冰이 되고, 다시 氷으로 생략되었다.

『說文解字』에서는 '물이 굳은 것[水堅也]'라 하였다. 結氷(결빙)은 '얼음이 얼다'의 뜻이며, 氷菓(빙과)는 '얼음과자'의 뜻이다.

3) 死角地帶 (사각지대)

死角地帶는 '어느 위치에 섬으로써 보이지 않게 되는 각도'의 뜻으로 관심이나 영향이 미치지 못하는 구역을 말한다.

○ 角은 짐승의 뿔의 모양을 형상화한 글자로, 위는 뾰족한 뿔의 끝을, 아래는 몸을, 가운데는 뿔의 결 무늬 모양을 나타낸다. '뿔'의 뜻을 나타내며, 이후 '모', '구석'의 뜻은 파생되었다.

『說文解字』에서는 '짐승 뿔이다[獸角也]'라 하였다. 頭角(두각)은 '짐승 머리에 난 뿔'의 뜻이며, 角度(각도)는 '각의 크기'의 뜻이다.

○ 帶는 띠에 장식 끈이 겹쳐 늘어진 모양을 형상화한 글자로, '띠'의 뜻을 나타낸다. '근처', '두르다'의 뜻은 파생되었다. 일설에는

장식이 달린 허리띠의 모양에서 아랫부분에 뜻을 분명히 하기 위해 巾(수건 건)을 덧붙였다는 주장도 있다.

『說文解字』에서는 '큰 띠[紳也]'라 하였다. 帶劍(대검)은 '칼을 차다'의 뜻이며, 帶同(대동)은 '함께 데리고 가다'의 뜻이다.

4) 萬事法通 (만사법통)

萬事法通(만사법통)은 '모든 일이 법으로 통하다'의 뜻으로 법으로만 해결된다는 의미이다. 세상의 모든 일이 법으로만 해결된다면 인정이 없는 索寞(삭막)한 사회로 변화될 것이다.

◯ **萬**은 독충인 전갈의 모습을 형상화한 글자로, 본래 '전갈'의 뜻을 나타내며, 이후 가차하여 수치인 '萬(일만 만)'의 뜻으로 쓰인다. 萬國(만국)은 '세계의 모든 나라'의 뜻이다.

◯ **事**는 손으로 장식 달린 붓을 잡고 있는 모양을 형상화한 글자로, 본래 '기록하는 일을 맡은 史官(사관)'의 뜻을 나타내며, 이후 '일'만을 뜻하게 되었다.

『說文解字』에서는 '임무[職也]'라 하였다. 事理(사리)는 '일의 이치'의 뜻이다.

◯ **通**은 의미요소인 辶(갈 착)과 발음요소인 甬(길 용)이 더해진 字로, 본래 '통하다'의 뜻을 나타내며, '알리다'의 뜻은 파생되었다.

『說文解字』에서는 '통달하다[達也]'라 하였다. 通過(통과)는 '통하여 지나가다'의 뜻이다.

5) 無我之境 (무아지경)

無我之境은 '사람이 살지 않는 외진 곳'으로 아무것도 거칠 것

없는 경지[56]의 의미로도 쓰인다.

○ 之는 '발'의 뜻인 止(지)에 '출발선'을 의미하는 가로획 一을 그어 만든 글자로 '가다'의 뜻으로 쓰이며, 이후 가차되어 '~가', '~의'라는 어조사로 많이 쓰인다.

『說文解字』에서는 '나가다[出也]'라 하였다.

○ 境은 의미요소로 '흙무더기'의 뜻인 土(토)와 발음요소인 竟(다할 경)이 더해진 글자로, 토지가 끝나는 곳이라는 데서 '지경'의 뜻을 나타낸다. 竟  은 관악기를 불고 있는 모양의 상형이다.

境界(경계)는 '사물이 기준에 의해 나누어지는 한계'이다.

6) 大馬不死 (대마불사)

바둑에서 대마는 쉽게 죽지 않음을 의미하는 말이다.

○ 大는 양팔과 양다리를 벌리고 서 있는 사람의 정면 모습을 형상화한 글자로, '크다'의 뜻이다.

大陸(대륙)은 '큰 육지'의 뜻이다.

○ 馬는 말의 머리, 갈기, 몸통, 다리와 꼬리 등의 옆 모양을 형상화한 글자로, '말'의 뜻을 나타낸다. 周나라때 伯樂(백락)은 말의 등급과 분류를 감정하는 名人(명인)이었다.

乘馬(승마)는 '말을 타다'의 뜻이다.

○ 不은 꽃의 꽃받침의 모양을 형상화한 글자로, 본래 '꽃의 암술

---

56) 학자인 왕국유(王國維)는, "시에도 유아지경(有我之境)이 있고 무아지경(無我之境)이 있다"고 말하는데, 이 두 용어를 곧바로 번역하면, '내가 있는 정경'과 '내가 없는 정경'이라. 즉, 유아지경(有我之境)의 시(詩)에는 시인의 감정이 배어 있는 정경이고, 무아지경(無我之境)의 시는 시인의 감정이 보이지 않는 정경이다.

의 씨방'의 뜻이며, 이후 가차되어 부정의 뜻으로 쓰인다.

『說文解字』에서는 '새가 날아 위로 올라가 아래로 내려오지 않는 것이다[鳥飛上翔不下來也]'라 하였다. 不信(불신)은 '믿지 아니하다'의 뜻이며 不義(불의)는 '의리에 어그러지다'의 뜻이다. 단, 不當(부당)이나 不進(부진)처럼 不자 다음에 초성 ㄷ, ㅈ이 오면 '부'로 읽힌다.

7) 苦肉之策 (고육지책)

상대방을 속이거나 함정에 빠트리기 위해 자기편을 고의로 해치는 계책을 말한다. 고대 중국의 병법인 『三十六計秘本兵法』의 제 34계가 苦肉計(고육계)이다.

○ **苦**는 의미요소로 '풀'의 뜻인 艹(초)와 발음요소인 古(옛 고)가 더해진 글자로, 본래 '씀바귀'의 뜻을 나타내며, '쓰다', '괴롭다'의 뜻은 파생되었다.

『說文解字』에서는 '씀바귀[大苦苓也]'라 하였다. 苦難(고난)은 '괴로움과 어려움'의 뜻이다.

○ **之**는 '발'의 뜻인 止(지)에 '출발선'을 의미하는 가로획 一을 그어 만든 글자로, '가다'의 뜻을 나타내며 가차되어 '~가', '~의'라는 어조사로 쓰인다.

『說文解字』에서는 '나가다[出也]'라 하였다.

○ **策**은 의미요소로 '대나무'의 뜻인 竹(죽) 과 발음요소인 朿(가시 자)가 더해진 글자로, 본래 '채찍'의 뜻을 나타내며, '대쪽', '꾀'의 뜻은 파생되었다.

『說文解字』에서는 '말채찍[馬箠也]'이라 하였다.

8) 美食觀光 (미식관광)

觀光은 경치나 명소 따위를 구경하고 즐기는 것이다. 그런데 맛 좋은 음식을 찾아다니는 관광이 바로 美食觀光이다.

○ 美는 '양'의 뜻인 羊과 '크다'의 뜻인 大로 이루어진 글자로, 본래 '맛나다'의 뜻이며, '아름답다', '좋다'의 뜻은 파생되었다.

美德은 '아름다운 덕행'의 뜻이다.

○ 觀은 의미요소로 '보다'의 뜻인 見(견)과 발음요소인 雚(황새 관)이 더해진 글자로, 눈을 크게 뜨고 잘 본다는 데서 '보다'의 뜻을 나타낸다. '생각'의 뜻은 파생되었다.

『說文解字』에서는 '살펴보다[諦視也]'라 하였다. 觀衆(관중)은 '구경하는 무리'의 뜻이다.

○ 光은 등잔불을 머리에 이고, 꿇어앉아 있는 사람의 모습을 형상화한 글자로, '빛'의 뜻을 나타낸다.

『說文解字』에서는 '빛나다[明也]'라 하였다. 光復은 '빛을 회복하다'의 뜻이며, 光速(광속)은 '빛의 빠르기'의 뜻이고, 夜光은 '어둠 속에서 빛을 내다'의 뜻이다.

9) 作心三日 (작심삼일)

계획을 세우면 끝을 보는 사람이 있는가 하면, 그렇지 못하고 중도에 抛棄(포기)하는 사람도 많다. 作心三日은 마음먹은 것이 삼일을 못 간다는 뜻이다.

○ 作은 의미요소인 亻(사람 인)과 발음요소인 乍(일어날 작)이 더해진 글자로, '만들다'의 뜻을 나타낸다. 본래 乍이 옷을 만드는 모습을 형상화한 글자로, '만들다'의 뜻을 나타냈다. 이후, 가차하

여 '잠깐', '갑자기'의 뜻으로 쓰이자, 人을 덧붙여 뜻을 분명히 하였다.

『說文解字』에서는 '일어나다[起也]'라 하였다. 作業(작업)은 '일을 하다'의 뜻이며, 作名(작명)은 '이름을 짓다'의 뜻이다.

○ **心**은 심장이 모습을 형상화한 글자로, 본래는 '심장'의 뜻을 나타내며, 이후 '마음', '중앙', '중심'의 뜻은 파생되었다.

『說文解字』에서는 '사람 마음이다[人心]'라 하였다. 心氣(심기)는 '마음으로 느끼는 기분'의 뜻이며, 孝心(효심)은 '효성스러운 마음'의 뜻이다.

10) 多才多能 (다재다능)

우리의 주위를 돌아보면 재주도 많고 능력도 좋은 사람들을 볼 수가 있다. 곧 多才多能한 사람이다.

○ **多**는 고기가 겹쳐 있는 모양을 형상화한 글자로, '많다'의 뜻을 나타낸다.

『說文解字』에서는 '더하다[緟也]'라 하였다. 過多(과다)는 '지나치게 많다'의 뜻이다.

○ **才**는 땅에 박아 놓은 질 좋은 나무의 모양을 형상화한 글자로, 본래 '바탕'의 뜻을 나타내며, '능력', '재주'의 뜻으로도 쓰인다. 材(재목 재)와 통용된다.

『說文解字』에서는 '초목의 새싹[艸木之初也]'이라 하였다. 天才(천재)는 '선천적으로 타고 난 뛰어난 재주'의 뜻이다.

○ **能**은 꼬리를 들어 올리고 커다랗게 입을 벌린 곰의 모양을 형상화한 글자로, 본래 '곰'의 뜻을 나타내며 가차하여 '능력', '재능'의

뜻으로 쓰인다.

『說文解字』에서는 '곰의 무리[人熊也]'라 하였다. 全能(전능)은 '어떤 일이든 하지 못하는 것이 없이 능하다'의 뜻이다.

11) 矯角殺牛 (교각살우)

우리는 종종 작은 것을 고치려다, 크게 망쳐버리는 일을 겪기도 한다. 矯角殺牛는 결점이나 흠을 고치려다 그 수단이나 정도가 지나쳐, 오히려 일을 그르치는 것을 비유적으로 이르는 말이다.

○ **矯**는 의미요소로 '화살'의 뜻인 矢(시)와 발음요소인 喬(높을 고)가 더해진 글자로, '바로잡다'의 뜻을 나타낸다. 喬는 '높은 건축물의 상형'이다.

『說文解字』에서는 '화살을 바로 잡다[揉箭箝也]'라 하였다.

○ **殺**은 의미요소로 '도구'를 뜻하는 殳(수)와 발음요소인 杀(죽일 살)이 더해진 글자로, '죽이다'의 뜻을 나타낸다. 다만 '줄이다', '빠르다'의 뜻으로 쓰일 때는 '쇄'로 읽힌다.

『說文解字』에서는 '죽이다[戮也]'라 하였다. 殺菌(살균)은 '균을 죽이다'의 뜻이며, 殺到(쇄도)는 '빠르게 이르다'의 뜻이다.

○ **牛**는 소의 머리, 어깨, 몸의 정면 모습을 형상화한 글자로, '소'의 뜻을 나타낸다.

『說文解字』에서는 '사리[事也]'라 하였다.

《参考文献》

(가나다 순)

김언종 『한자의 뿌리 읽기』, 문학동네, 2001.

김태환 『갑골문자휘편』, 박문사, 2011.

민관동 · 문병순 편저 『한자의 이해』, 학고방, 2007.

시라카와 시즈카 지음, 윤철규 옮김『한자의 기원』- 원제 '漢字の世界', 이다미디어, 2009.

양동숙 『그림으로 배우는 중국 문자학』, 중국학술총서 개정판, 차이나하우스, 2015.

양동숙 『甲骨文字 그 깊이와 아름다움』, 도서출판서예문인화, 2010.

엄원대 『세상을 품은 문자, 한자이야기』, 팡세, 2013.

염정삼 『설문해자주-부수자역해』, 서울대학교출판문화원, 2014.

이병관 『(교육부 신지정 1800한자) 형음의자전』, 대전 : 대경 출판사, 2003.

이상은(감수) 『漢韓大字典』, 서울 : 민중서림, 1992(27쇄).

李周殷 「甲骨文을 통하여 본 商代 家族文化 탐구 - 婚姻과 祭禮를 중심으로」, 연세대학교 석사 논문, 2006.

李周殷 「漢字의 字形 고찰을 통한 故事成語 탐구」, 예술인문사회융합멀티미디어 논문지 제 7권 5호, 2017.

李周殷 「漢字文化學을 통하여 본 漢字 字形의 의미 고찰」, 중국문화연구 제 35집, 2017.

장삼식 『大漢韓辭典』, 서울 : 진현서관, 1981.

全廣鎭 編譯 『中國文字訓詁學辭典』, 東文選, 2003.

최성엽 「신문으로 배우는 實用漢字」, 조선일보, 2017.

河永三 『연상한자 : 문화 속에 녹아있는 한자 뿌리 읽기』, 예담차이나, 2004.

河永三『한자야, 미안해 "너무 재밌어서"』, 랜덤하우스, 2007.

高　明『古文字类编』, 台北 : 大通书局 , 1986.
高　明『中国古文字学通论』, 北京 : 文物出版社 , 1986.
古文字詁林编纂委員會,『古文字詁林』(12冊), 上海 : 上海教育出版社 , 1999-2004.
郭沫若(主编)『甲骨文合集』, 北京 : 中华书局 , 1982.
裘錫圭『古代文史研究新探』, 江蘇 : 江蘇古籍出版社 , 1992.
裘錫圭『古文字论集』, 北京 : 中华书局 , 1992.
裘錫圭『文字學概要』, 商務出版社, 1998.
段玉裁『說文解字注』, 上海古籍出版社, 第 2版 第 8次 印刷本.
達世平·沉光海『古汉语常用字字源字典』, 上海 : 上海书店 , 1989.
唐　蘭『中國文字學』, 上海 : 上海古籍出版社 , 1979.
唐　蘭『殷墟文字记』, 北京 : 中华书局 , 1981.
董作賓『甲骨學六十年』, 1963.
谢光辉『汉语字源字典』, 北京 : 北京大学出版社 , 2000.
徐中舒(主编)『汉语字古文字字形表』, 四川辭書出版社, 1981.
徐中舒(主编)『甲骨文字典』, 成都 : 四川辞书出版社 , 1989.
孫海成『佳南 甲骨文 千字文』, 大學書林, 2011.
新华大字典 编委会《新华大字典》, 北京 : 商务印书馆国际有限公司 , 2004.
沈建华·曹锦炎 编著『新编甲骨文字形总表』, 中文大学出版社 , 2001.
延林王『常用古文字字典』, 上海 : 上海书画出版社 , 1987.
延林王『汉字部首字典』, 上海书画出版社 , 1990.
王風陽『漢字學』, 吉林文史出版社, 1989.
王延林『常用古文字字典』, 上海 : 上海书画出版社 , 1987.
王崇煥『王文敏公年譜』, 廣文書局, 1938.
王崇煥「古董錄」,『河北第一博物院書報』, 제 50기, 1939.

于省吾『甲骨文字释林』, 北京：中华书局 , 1976.
于省吾(主编)『甲骨文字詁林』, 北京：中华书局 , 1996.
劉 塘『漢字有意思! 跟著劉塘一家趣味玩漢字』, 聯合文學出版社, 2017.
李孝定『甲骨文字集釋』, 台北：中央研究院历史语言研究所 , 1982 (제4판).
臧克和『说文解字的文化说解』, 武汉：湖北人民出版社 , 1995.
臧克和『汉字单位观念史考述』, 上海：学林出版社 , 1998.
臧克和 王平 校訂『说文解字新訂』, 中華書局, 1990.
章炳麟『國粹學報』2卷 12,13期, 1996.
藏善國『漢字學』, 上海教育出版社, 1987.
丁福保『说文解字詁林(正補合編)』(13책), 台北：鼎文书局 , 1983.
周法高『金文詁林』(附索引), 京都: 中文出版社, 1981.
陳夢家『殷墟卜辭綜述』, 中華書局, 1988.
陳煒湛 著, 李圭甲·尹彰浚·金埈龍·金始衍 譯,『甲骨文道論』, 學古房, 2002.
何 九『漢字文化學』, 瀋陽：遼寧人民出版社, 2000.
何九盈『漢字文化學』, 瀋陽：遼寧人民出版社, 2000.
何金松『汉字文化解讀』, 武汉 ：湖北人民出版社 , 2004.
汉语大字典字及本编辑委员会《汉语大字典》, 武汉 ： 湖北辞书出版社 , 2003.
许愼·段玉裁 (注),『说文解字注』, 台北：汉京文化事业公司 , 1983.
许进雄, 홍희(역),『중국고대사회』, 서울：동문선, 1991.
许进雄『古文諧聲字根』, 台北 ： 台湾商务印书馆 , 1995.
胡奇光『中國小學史』, 上海人文出版社, 1987.
胡厚宣『五十年甲骨文發見的總結』, 商敎印書館, 1951.
胡厚宣「八十五年來甲骨文材料之再統計」,『史學周刊』, 1984.

| 감사의 글 |

주나라 주(周), 은나라 은(殷)인 나의 이름 덕분에 아예 이름을 중국의 고대 왕조인 하은주(夏殷周)로 짓지 그랬냐는 농담조의 질문을 받은 적이 있다. 수업 시간에 나 또한 학생들에게 이름을 잘 지어야 한다고 하며, 이름 덕분에 내가 중국어를 전공하게 된 것 같다고 웃으며 말하기도 했다.

중학교 때 한문 선생님께서는 수업 시간에 갑자기 호명을 하셔서 한자를 써보도록 하셨는데, 나는 항상 한문 자습서 뒤에 있는 한자들을 스스로 예습하면서 써보고 수업을 들었기에 "어쩌면 이렇게 필획도 필순도 정확하냐"고 하시면서 칭찬을 받았던 기억이 있다. 석사 과정 중에 있었던 일이다. 어느 날 수업 분위기도 그렇고 해서 교수님께서 책을 다 덮고 산책을 하자고 하시면서 漢字 자형 '相' 자를 주셨다. 깊이 묵상해 보라고 하셨다.

이 일들은 오랜 시간이 흐른 뒤에도 나에게는 지워지지 않는 하나의 추억과 함께, 자리하게 되었다. 중국어를 전공하게 되고, 漢字 一字一字에 깊이 매료되어 연구하고 싶은 마음이 솟아나면서 한자를 더욱 사모하게 되었다. 중국에서의 여행 중에 갑골문 자형을 보면서 가슴이 콩닥콩닥 뛰었던 경험을 비롯하여, 지금까지도 한자를 보면 가슴 한 켠에 기쁨이 올라옴을 느끼게 된다.

이 책이 漢字를 사랑하는 후학들에게 귀감(龜鑑)이 되는 소중한 책이 될 수 있기를 바란다.

숙명여대 명예교수 양동숙 교수님, 연세대 석사 지도 이규갑 교수님, 이 책이 나오기까지 많은 영향과 정보를 주신 경성대 하영삼 교수님, 중국에 계신 박사 지도 吳爲善 교수님, 저를 위해 지속적으로 기도를 해 주고 계시는 많은 고마우신 분들을 비롯하여 여러모로 도움을 주신 분들께도 감사의 말씀을 전해 드립니다. 중국어와 한자 수업을 하면서, 필요한 내용들을 수집하여 가지고 있던 자료들이 나의 자산이 되어 나오기까지 힘과 용기를 주셨던 나눔사 사장님께도 감사를 드립니다.

한자 자형을 같이 찾아 주고 격려와 사랑을 주었던 사랑하는 남편과 이 자리에 있기까지 정신적·물질적 지원을 아끼지 않으신 사랑하는 부모님께 감사의 마음을 전해 드립니다. 마지막으로 눈물의 골짜기를 지날 때에도 언제나 저와 함께하여 주셨던 하나님께 모든 영광과 깊은 감사를 올려 드립니다.

2019. 4. 벚꽃이 날리는 춘삼월에

李周殷

甲骨文과 金文을 통하여 본 漢字

『說文解字』로 풀어 보는 한자

甲骨文을 통하여 풀어 본 故事成語

『說文解字』를 통하여 살펴 본 故事成語

維大魏延昌二年歲次癸巳二月丙辰朔廿九日
甲申故處士元君墓誌銘
君諱顯儁河南洛陽人也若夫太一玄象之原雲門靈
鳳之羕固以瓊峯万里秘瑩無津龍櫞紫引綿於竹帛
景穆皇帝之曾孫鎮北將軍冀州刺史城陽懷王之季
子也君資性夙靈神徽卓尔少誕之奇琴書逸影雖曾

The Society of China Culture in Korea
Vol.72 (2021)

中國 納西族의 東巴文字 탐구
-문화심리학적 접근방법 소고(小考)-

▷ 目 次 ◁

Ⅰ. 서론

30년 전만 하더라도 '문화심리학'이나 '토착심리학'이라는 말은 구미의 심리학계에서 별반 사용되지 않았다. 그 당시에는 '비교문화심리학'이라는 개념과 접근이 소수의 심리학자들에 의해 사용되었으며, 비교문화심리학에서의 연구는 다분히 전통심리학의 기본 패러다임을 훼손하지 않는 범위 안에서 이루어졌었다.[1)]

지금도 중국의 운남성에서는 소수민족인 납서족이 사용하는 동파문자가 잔존해 있다. 그들은 지형학적으로도 다소 외진 곳에 있어서 사람들의 발길이 잦진 않았지만, 중국의 고대문자의 기원이 된 갑골문자와 비슷한 상형성을 지닌 동파문자로 사용하기에 연구 가치가 십분 있다고 보여진다.

1) 최상진 김기범 《문화심리학-현대 한국인의 심리분석》, ㈜지식산업사, 2016, 13p.

특히 갑골문자와 비교해서 연구해 보는 것은 상당히 필요하다고 사료된다.

따라서 연구방법인 문화심리학에 관하여 먼저 살펴보고, 중국 소수민족의 언어문자인 동파문자를 문화심리학적 접근방법으로 소고해 보고자 한다.

Ⅱ. 문화심리학의 이론적 틀

현대 심리학의 창시자인 Wundt는 심리학이 어떤 학문이며, 어떤 학문이어야 하는가를 구상하는 초기단계에서부터, 심리학을 '자연과학적 심리학'과 '사회-문화과학적 심리학'으로 구분하여, 이 두 가지 심리학이 동시에 이루어질 때 완전한 심리학이 구성될 수 있는 것으로 개념화하고 또한 연구를 통해 실천하였다. 그는 인간의 심리현상을 감각 지각 수준의 생물심리현상과 의식과 고등정신기능에 해당되는 사회-문화심리현상으로 크게 구분하여, 전자의 연구에서는 실험적 방법론을, 후자의 연구에서는 신화, 언어, 풍습, 역사적 유물, 민속 및 관습 등을 분석하는 현대적 의미의 해석학적 연구방법을 사용해야 한다고 주장하였다. 전자는 그가 말하는 실험심리학이며, 후자는 민족심리학(Volkerpsychologie)으로서 현대적 의미로는 사회-문화심리학이다.[2)]

1) 비교문화심리학

미국의 심리학이 세계의 심리학을 주도해 가는 과정에서, 동시에 미국의 심리학이 아시아를 포함한 비서구권의 문화에 파급되는 과정에서, 미국인을 대상으로 한 연구를 통해서 미국의 심리학적 이론을, 문화권이 다른 사람들에게 적용해보는 비교문화심리학적 연구 활동이 1960년대를 전후해서 급격히 증가했고, 70년대에는 미국 심리학계의 유행처럼 부상하기 시작하였다.[3)]

---

2) 최상진 김기범 《문화심리학-현대 한국인의 심리분석》, ㈜지식산업사, 2016, 31p.
3) 최상진 김기범 《문화심리학-현대 한국인의 심리분석》, ㈜지식산업사, 2016, 36-37p.

2) 문화심리학과 토착심리학

서구 문화권에서 강조되는 자기존중감(self-esteem), 개방성(openness), 동의성(agreeableness) 등과 같은 범주들을 중요한 성격범주로 포함시키는 반면, 문화심리학이나 토착심리학은 이러한 기본적인 관심과 명제들을 거부하거나 덜 중요한 것으로 보는 시각 위에서 출발하였다. 말 그대로 볼 때, '문화'와 '토착'이라는 서로 다른 말을 사용하고 있다는 점에서, 그 목적과 내용이 서로 명백히 구분되는 것처럼 보이지만 그 내막을 들여다보면 토착, 즉 'native'라는 말 속에는 'native culture'라는 의미적 함축이 이미 포함되어 있다. 또한 '문화'를 특수한 상황, 즉 외부문화(exogenous)를 배경으로 하여 특정한 내부문화(endogenous)를 나타내려 할 때 특정한 내부문화는 '토착문화'로 표현될 수 있다.[4)]

토착심리학이란 말은 비교적 최근에 생긴 말로서(Enriquez, 1993), 그것도 정치적으로 특정한 상황 즉 제국주의의 경제-문화적 종속상황에 있는 필리핀에서 필리핀 사람들의 토착심리를 심리학적으로 구축해야 한다는 필요성에서 Enriquez에 의해 제안된 심리학이다. 따라서 토착심리학(indigenous psychology)이라는 말 속에는, 암묵적으로 외래심리학(exogenous psychology)이란 함축이 있으며, 이는 필리핀과 같이 오랜 기간의 외래문화의 지배를 받은 국가의 상황적 배경에서 생겨난 반동성을 지닌 성격의 심리학이다.

문화심리학에서는 '마음화되고 생각화된 문화'적 측면을 중요한 연구의 대상으로 삼는다. 여기서 마음화되고 생각화된 문화란 역사-문화적 과정과 구조 속에서 집단 과정과 커뮤니케이션 과정을 통해 공구성(公具性)한 상징 및 의미체계, 사람과 세상을 이해하고 설명하는 데 관여하는 해석체계는 물론, 문화적으로 구성되는 욕구-동기체계, 옳고 그름과 좋고 나쁨을 판단하는 가치체계 및 도덕체계에 이르기까지, 더 나아가 감각 및 지각적 경험체계 등을 모두 포함하는 현상학적, 주관적 경험체계까지를 모두 포함한다.[5)]

---

4) 최상진 김기범 《문화심리학-현대 한국인의 심리분석》, ㈜지식산업사, 2016, 39p.
5) 최상진 김기범 《문화심리학-현대 한국인의 심리분석》, ㈜지식산업사, 2016, 43p.

위와 같은 내용을 토대로 하여, 지금도 중국 운남성 지역에서 사용하고 있는 동파문자에 관하여 고찰해 보고자 한다.

Ⅲ. 동파문자의 이해

납서족의 기원에 대해서는 세 가지 설이 있다. 하나는 토착설인데 이는 고고학적 발굴에 근거를 두고 있다. 즉 1956년 봄에 중국의 고고학자들이 여강 고성에서 11km 떨어진 양서촌(陽西村)의 목가교(木家橋) 남쪽에서 지금으로부터 10만 년 전 내지 5만 년 전에 살았던 것으로 추정되는 성인의 넓적다리 뼈 화석 3개와 어린이 두개골 화석 1개 그리고 그들이 사용한 구석기 28개를 발굴해내었던 바, 이것을 주요한 근거로 삼고 있다.[6]

서부방언을 사용하는 납서족은 상형문자(象形文字),[7] 표음문자(表音文字),[8] 부가문자(附加文字)[9]를 주로 사용하였다. 이 문자들은 동파(東巴)라고 부르는 동파교(東巴教)의 경사(經師)나 제사(祭司)들이 주로 사용하였다고 하여 동파문자(東巴文字)로 불리고 있다.[10]

동파문자의 창제시기에 대해서는 은대(殷代 B.C. 1600년 무렵 ~ B.C. 1046년)이전이라는 설, 당대(唐代 618년 ~ 907년)라는 설, 송대(宋代 960년 ~ 1279년), 명대(明代 1368년 ~ 1644년)이라는 설 등 여러 학설이 있지만 아직 정설은 없다. 동파문자의 기원을 밝히는데 있어서 가장 중요한 자료는, 동파교 경서인데 현존하는 경서 가운데 제작자와 제작연대를 정확하게 알 수 있는 것은 없다. 이 때문에 그 기원을 추정하기가 매우 어렵다.[11]

---

6) 김용완《중국 납서족의 문화》, 충남대학교 출판부(궁미디어), 2010.

7) 동파문자의 3개 문자 가운데 주를 이루는 것은 납서어로 삼구노구(森久魯久), 혹은 사구노구(斯究魯究)라고 부르는 물체의 모양을 본떠서 만든 상형문자이다.

8) 언어의 뜻과 관계없이 사람의 말소리를 기호로 나타내는 문자이다.

9) 기존의 상형문자에 각종 선이나 점을 추가하여 만든 문자이다.

10) 김용완《중국 납서족의 문화》, 충남대학교 출판부(궁미디어), 2010.

11) 김용완《중국 납서족의 문화》, 충남대학교 출판부(궁미디어), 2010.

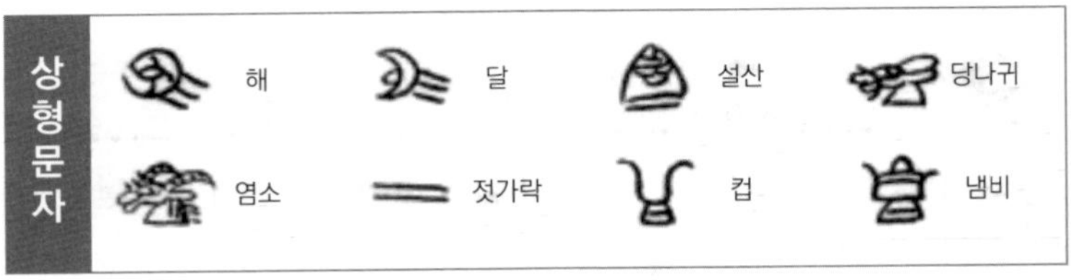

〈 그림 1. 상형문자 〉

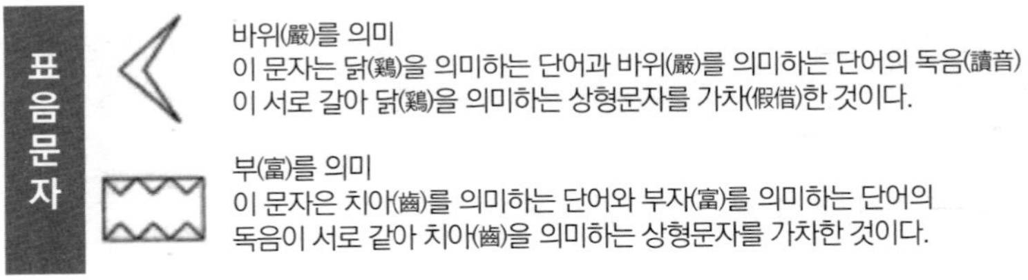

〈 그림 2. 표음문자 〉

〈 그림 3. 부가문자 〉

1) 東巴文字에 나타난 納西族의 사상과 문화

중국 대륙의 서남쪽에 위치한 운남성(雲南省)에 가면 이 지구상에서 가장 아름답다는 여강(麗江)이라는 곳이 있다. 5,700여 미터의 만년설 옥룡설산(玉龍雪山)을 배경으로 비추는 고즈넉한 달빛은 마치 이곳이 신선의 세계인 것처럼 착각하게 만든다.

6~700년은 됨직한 오래된 집(古家)에서 그들만의 종교를 믿고 그들만의 언어와 문자를 사용하며 그들만의 음악을 즐긴다. 이곳은 이미 1997년에 유네스코에 의해 '세계 문화유산'으로 지정된 바 있다. 이곳에 사는 주인공들이 바로 납서족(納西族)이라는 소수민족인데, 그들은 현재 지구상에서 가장 완벽한 상형문자 체계를 가지고 있다. 그들의 고유 종교인 동파교(東巴教) 경전을 기록하는 데 사용했다고 해서 "東巴文字" 라고도 불리는 이 상형문자는 무려 1,400여 자에 이른다.

(1) 我 (나 아) 

이 상형문자는 사람이 자기를 향하여 가리키고 있으며, 개별적인 개체의 존재를 강조한다. "이전에 만난 적이 없었던 사람"으로 사고 중의 강렬한 자아의식을 나타낸다. 납서족은 그 변화에 순응하며, 취할 것은 취하고 버린다. 각종 외래문화를 사용하면서, 선명한 민족 고유의 특징을 보존하고 있다. 다른 개체의 민족과 다른 자아를 견지하면서 동시에 '나는 누구인가? ' 하는 물음을 (끊임없이) 자신에게 던지고 있는 것 같다.

(2) 美 (아름답다 미) 

꽃이 피어남은 아름다움을 상징한다. 또한 인간의 아름다움도 표현한다.

달밤 늦은 시간에 결혼 안 한 여인들을 들쳐업고 달아나서 네 다섯 명의 아가씨를 한 줄로 서게 하고 웃고 노래를 부르도록 한다. 1940년대의 납서족 여인들을 묘사한다.[12] 아름다움은 달빛을 머금은 수줍은 여인의 모습과 같다.

(3) 唱 (부르다 창) 

麗江에서 納西人들은 애정을 표현할 길이 없어 노래를 불러서 표현했다.

첫째 날에는 창문 뒤에서 노래를 불러서 듣게 했고, 둘째 날에는 달 아래서 듣도록 했고, 셋째 날에는 밤에 듣도록 했다.

하와이에서 "알로하~~"를 길게 불러서, 그 길이에 따라 애정을 표현한 것이라고 한다면, 이러한 납서족의 애정표현이 이해가 간다..

生一代에 힘을 쓰지 않고 어떻게 결혼이 가능했을까? 요즈음 젊은이들을 보면, 이러한 순수한 애정 행위가 그리워진다.

(4) 春夏秋冬 

納西族의 전설 중에, 인간과 자연신은 '더위'가 형제이다. 그들은 자연과 서로 의존한다.

麗江은 성벽이 없다. 그들은 만물에 영혼이 있다고 믿는다. 그래서 만물에 정이 있다고 표현한다. 봄에는 바람이 불고 여름에서 비가 내리고 가을에는 꽃이 피고 겨울에는 눈이 내린다. 모두 매우 아름답다. 사람으로 하여금 각종 비밀스런 기쁨과 희열을 느끼도록 한다.

---

12) 人蕃茄傳媒機構 (2009)《世界文化記憶遺産 - 活着的象形文字》, 雲南出版集團公司 雲南人民出版社.

(5) 愛 (사랑하다 애) 

남자가 왼쪽에, 여자가 오른쪽에 있다. P는 바늘 침을 의미한다. 심상에 바늘 침 머리가 감미롭게 찔러서 고통스러운 것을 나타낸다. 서로에게 예리하게 찔림은 곧 애정의 격리를 의미한다.

문자 중에 '好'는 남녀가 가 함께 있어서 '好(좋다 호)'라고 풀이하는 학자도 있다.

좋다는 것은 곧 사랑의 감정이라고 볼 수도 있겠다. 납서족은 사랑을 믿음으로 생각하였다. 만약 서로 사랑하는데 함께 있을 수 없다면, 사랑을 위하여 죽을 수도 있는 것이다.[13)]

그들은 좋은 술과 음식 그리고 좋은 옷을 사서 좋은 곳을 선택해서 은신처로 삼고 밤새도록 춤을 추고 나서 옷을 입고 사랑의 천국을 향하여 스텝을 밟는다. 그렇게 사랑을 승화시킨다.

(6) 장사를 하다 (Doing Business) 

사업을 하는 중에는 (장사를 하는 중에는) 입을 필요로 한다. 가격을 흥정하기에 입을 강조한다. 납서족의 전통과도 관련이 있다. 상점에서 문제가 생기면, 남자들은 어떻게 해야 할지 몰라서 부인이 오기를 기다렸다가 처리한다. 여자가 주인이고 남자는 체스(장기)와 갤러리, 페인팅, 담배, 와인, 차 등을 다룬다.

---

13) 동파교에서는 청춘 남녀의 정사(情死)가 풍(風)이라고 부르는 아름다운 7명의 여귀(女鬼)의 심술 때문에 발생한다고 믿는다. 그 때문에 젊은 남녀가 사랑 때문에 죽는 것을 미연에 방지할 목적에서 제를 올려 7명의 미녀 귀신 즉 정귀(情鬼)를 달랜다. 이 때 연인을 위해 자살한 원귀(冤鬼)들이 원한을 품고 제 갈 길을 가도록 하는 의식을 동시에 행한다. 납서어로는 이것을 해랍이긍(海拉裏肯)이라고 부른다. - 김용완 《중국 납서족의 문화》, 충남대학교 출판부(궁미디어), 2010.

위의 동파문자 표현 중에서 입으로 싸우는 행동도 보이지만, 또 한편으로는 손을 잡고 화해하는 모습도 보여진다. 협상과 상의도 지혜롭게 잘 한다면, 얼마든지 적이 될 수도 있고 또 아군이 될 수도 있는 것이다. 왜 중국인들이 협상을 할 때 식사를 함께 하면서 하는지, 그리고 그 자리를 먼저 뜨는 것을 예의가 없다고 생각하는지 다시금 생각해 보게 된다.

(7) 빈곤자 

이 문자는 의복이 남루하고 머리를 풀어헤친 모습을 하고 있다. 만약 돈이 없고 친구가 없다면 우리는 기쁠 수가 없다. 자유가 있다고 해도 돈이 없으면 또한 행복할 수가 없는 것이다. 대기업가나 정치계 유명인사들도 바쁘게 살다가 건강 망치고 노년에 힘들어 하는 이들도 많이 있다. 하지만 우리의 마음을 기쁘게 할 수도 있는 물질이나 돈이 없다면 생활고에 시달릴 수도 있다. 탐욕으로 인하여 넘치는 삶을 사는 것보다 좀 부족하더라도 나눠주는 삶을 사는 것이 더 삶의 질이 높아지지 않을까 하는 생각을 해본다.

(8) 숫자 (數字) 

一, 二, 三, 四 .... 우리가 셈하는 방법은 매우 간단하다. 이렇게 세는 법은 사실은 나름 연구해서 나온 것이다. 점차 가지런하게 정리가 되고 대나무 필체로 힘있게 쓴 특징이 묻어나온다. 초등학교 1학년 교과과정에는 사과로 숫자가 표현되고 있다.

어느 동파문의 기록 중에 다음과 같은 시도 있다.

나는 마음을 다해 기도한다. 신은 결국 감동해서 나의 바램을 묻는다.

나는 말한다. 모든 친구들이 일생 행복하고 평안하기를

칠일 - 월요일부터 일요일까지...
사계절- 봄, 여름, 가을, 겨울
삼일- 어제, 오늘, 내일
이틀- 낮과 밤
단 하루- 활력있는 삶
신은 웃고 또 웃는다.

(9) 笑 (웃다 소) 

納西族은 때때로 쾌락을 즐긴다. 농사 때에는 노래 부르고, 농한기에는 춤을 춘다. 東巴文에 "쾌락"은 꽃 두 송이가 낭만적으로 피어있는 것을 묘사한다.

우리가 준비가 되어 있지 않을지라도 꽃은 떨어진다. 세상을 살아감에 있어서 웃고 또 웃어도 부족함이 없는 밝은 세상이 되는 바램을 가져본다. 그러기 위해서는 밝게 살고 납서족과 같이 자연과 함께 호흡하며 그 속에서 삶의 소중한 진리들을 깨우쳐 알 수 있는 지혜와 정서를 소유할 수 있으면 좋겠다는 생각이 든다.

(10) 饮酒 (음주) 

麗江의 窨酒는 수백년의 역사를 가지고 있으며, 매우 많은 종류의 과실로 만든다. 온도도 높지 않고, 입맛도 달달하다. 이전에 麗江의 매우 많은 상점에서 팔았던 음주는 남녀를 불문하고 거리 노천상에서도 한 잔을 기울일 정도였다. 허심탄회하게 몇 잔을 마시고 나서는 풀피리를 불며 거리를 활보한다.

(11) 幸福 (행복) 

納西族은 삶 자체를 신앙으로 간주하고, 소박한 즐거움을 추구한다. 어떤 이는 納西人이 추구하는 행복을 다음과 같이 묘사한다; 밭에 과수원이 있고, 소나 말이 무리를 이루어 많이 있고, 집이 넓고, 부인이 있고, 아들과 손자가 집에 많이 있고, 양식과 음주가 곳간에 차 있고 성욕이 강하고 건강하고, 신선한 꽃이 들과 초원에 있고 많은 친구들과 함께 연회를 즐길 수 있다.

(12) 胖 (뚱뚱하다) 

위의 동파문자를 보면, 뚱뚱해서 목이 안보이고 손이 올라가 있다. 상형문자의 매력은 이러한 것에 있는 것 같다. 사물의 전형적인 특징을 묘사함에 있어서, 고도로 개괄적이고 함축적이다. 우리는 심리형상(心理形像)의 생동감을 비춰보며 느껴볼 수 있다.

어떤 이는 살이 많이 찌었다고 걱정을 한다. 자기자신에게 있는 결핍된 감정이 원인이 된 것 같다고 한다. 결핍이 있기에 성장과 성숙이 있는 것이다. 내 안의 결핍으로 인하여 앞으로 더 전진할 수 있는 원동력이 될 수도 있기에 우리는 결핍도 사랑할 수 있어야 한다.

먼 훗날 내 안의 결핍으로 인하여 내가 이렇게 발전할 수 있었다고 말할 수 있기를 바란다.

(13) 怕 (두렵다) 

두려움은 인체의 일종의 반응이다. 입과 마음, 신체의 여러부위가 떨린다. 그러나 納西人들은 자기의 방법대로 두려움에 대하여 반응하였다. 東巴教는 여러 신들을 숭배했다. 대략 2,400여개의 신[14]들을 가지고 있다고 한다.[15] 사람들은 각종 여러 신들(예를 들어, 가축신·약신·전쟁신 등)을 향하여 보호를 구하며 제사를 지내고 동파춤을 춘다. 일부 동작은 악신에 저항하는 동작을 모방한다. 신앙을 가지는 것은 納西人들에게 마음의 위안을 준다.

(14) 哭 (울다) 

만약 마음의 탈출구가 필요하다면, 우리의 신체 중 눈이 되지 않을까?

그렇지 않으면, 마음이 상한 사람이 그렇게 많이 어디서 눈물을 흘릴 수 있을까? 가히 천부(天賦)의 선물이라고도 할 수 있겠다. 숨기고 있는 감정을 눈물을 자극함으로써 표출하도록 할 수 있다. 위의 문자를 보면, 옛날 사람들의 어린아이 같은 순진한 정서를 느낄 수 있다.

---

14) 호랑이, 용, 말, 박쥐, 개구리, 백학, 개미, 나비, 개, 고양이, 까마귀 등과 같은 동물들도 다음과 같은 이유로 숭배한다. 즉 호랑이는 납서족 선민들이 거주지를 다른 곳으로 옮길 때 길을 안내했을 뿐만 아니라 납서족으로 하여금 용맹성을 갖도록 해주었다는 이유로, 말은 사람을 위해 짐을 실어 나르고, 사람을 태우고 전투를 하며, 죽은 자의 영혼을 조상의 영혼들이 사는 곳으로 실어 나르는 역할을 한다는 이유로, 용은 비를 적기에 내려 풍년이 들게 한다는 이유로, 개와 고양이는 하늘로부터 곡식의 종자를 가져와 납서족에게 전했다는 이유로, 그리고 까마귀는 납서족 최초의 순정녀인 개미구명금(開美久命金)을 위해 그녀의 애인에게 사랑의 편지를 전달해 주었다는 이유로 숭배한다. - 김용완 《중국 납서족의 문화》, 충남대학교 출판부(궁미디어), 2010.

15) 人蕃茄傳媒機構 (2009)《世界文化記憶遺産 - 活着的象形文字》, 雲南出版集團公司 雲南人民出版社.

(15) 家 (집) 

집 안에 상형화된 모습은 담배 잎과 바늘이라고 한다.[16)]

漢字 甲骨文 속의 집은 가축이 있는 집이다.

漢族이 거주하는 곳은 고정이 되어 있기에 가축을 길렀다.

納西族은 일찍이 유목민족이었기 때문에 그들은 집을 남자는 담배를 피고, 여자는 바느질하는 곳으로 여겼다. 집 안에 남자, 여자, 아이 이렇게 세 명이 있는데, "화목하고 즐거운 집"으로 축복한다. 큰 집이 아니어도 따뜻한 사람과 따뜻한 정서(온기)가 있어야 한다. 집은 서로 의지할 수 있고 따뜻해야 한다. 만약 사랑의 온기가 없다면, 집(가정)이 아닌 것이다. 요즘 1인 가족[17)]이 증가하고 핵가족과 흩어진 가족의 개념이 다시금 정립되면 좋을 것 같다는 생각이 든다.

(16) 心乱 (심란) 

천 만개의 정서 가락이 어지러이 흩어져 있음이 느껴진다. 잘라내지 않으면 끊기가 어렵다. 강한 브레이크(그치게 하기)를 위해서는 많은 용서가 필요하다. 만약 당신이 칼을 들기 주저한다면, 당신은 참고 답이 올 때까지 기다려야 한다. 언젠가는 답을 알게 될 것이고 잊게 될 것이다.

---

16) 人蕃茄傳媒機構 (2009)《世界文化記憶遺産 - 活着的象形文字》, 雲南出版集團公司 雲南人民出版社.

17) 동파교를 믿는 납서족은 가족이 단결하고, 비와 바람이 적당히 내리고 불어 풍년이 들기를 기원하기 위해 매년 봄과 가을에 가족 단위로 천제를 지낸다. 제를 올릴 때에는 먼저 제물을 올려놓는 제단을 설치하고 그 옆에 두 그루의 황률수(黃栗樹)를 세워놓아 천부(天父)와 천모(天母)를 상징하게 한다. - 김용완 《중국 납서족의 문화》, 충남대학교 출판부(궁미디어), 2010.

이 문자는 특히나 상하고 아픈 감정을 치유함과 동시에, 용서를 통한 회복과 감정의 인내를 통한 귀한 열매까지 가능하게 하는 것 같다.

(17) 生死离别 (생사이별) 

왼쪽은 살아있는 사람이고, 오른쪽은 죽은 사람이다.

생사이별(生死离别)은 영원을 위한 고통의 일부분이다.

東巴 장례 중에 이러한 내용을 읊조린다.

"나무는 늙으면 쓰러지고 꽃은 피면 떨어져 지고, 사람은 태어나 늙고 죽어간다.[18]"

納西人들은 죽음이 일종의 결말이 아니어서, 의식을 통하여 죽은 영혼은 북방에 있는 納西 조상에게로 돌아간다고 여기며 새로운 신생아기로 태어나 새로운 세계에 직면한다고 생각한다. 그렇지않으면 영혼이 길을 잃는다고 여긴다.

만약 우리가 사망을 다시 새롭게 태어난다는 기쁨으로 여기고, 집으로 돌아갈 수 있다고 생각한다면 매일의 삶이 즐거울 것이다.

(18) 飢 (배고프다) / 饱 (배부르다) 

배 속이 비어 있으면, 飢(굶주리다 기)이다.

배 속이 채워지면, 胞(배부르다 포)이다.

배가 부를 때 우리는 만족감과 행복감을 느끼게 된다.

다음과 같은 우스운 일화가 있다.

어린이가 어른에게 물었다.

당신은 어떻게 수행하세요?

---

18) 人蕃茄傳媒機構 (2009)《世界文化記憶遺産 - 活着的象形文字》, 雲南出版集團公司 雲南人民出版社.

"밥을 먹고 잔다"

"저도 같은 일을 하는데, 왜 수행이라고 하지 않을까요?"

"왜냐하면, 너는 자야 할 때 자지 않고, 밥을 먹어야 할 때 먹지 않기 때문이지"

(19) 天 (하늘 천) ⌒

동파문자에서 하늘을 ⌒ 처럼 둥그렇게 객관적으로 그려 놓았다. 우리말에서 하늘은 그 語源이 비록 정확하지는 않지만, '태양'과 관련이 된 듯하다. 그래서인지 지평선 너머, 수평선 너머 일출과 일몰에 매우 큰 의미를 두고 있는 것 같다는 생각도 든다.

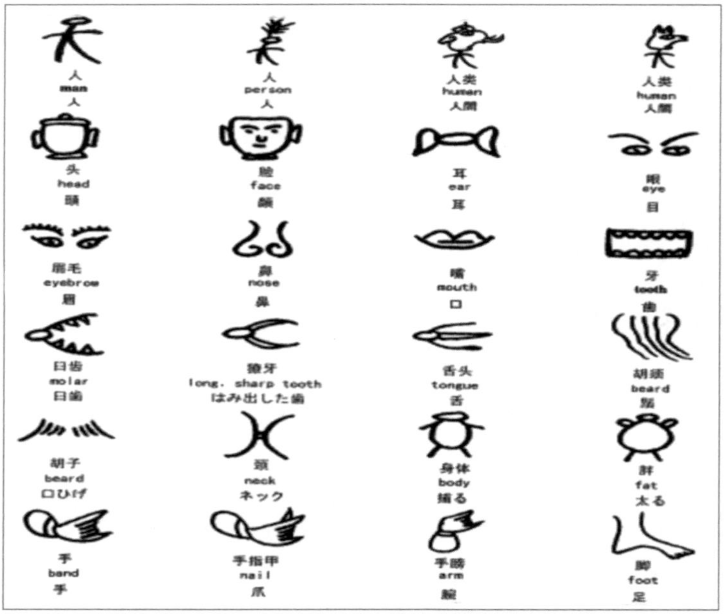

〈 그림 4. 東巴文 字典 〉

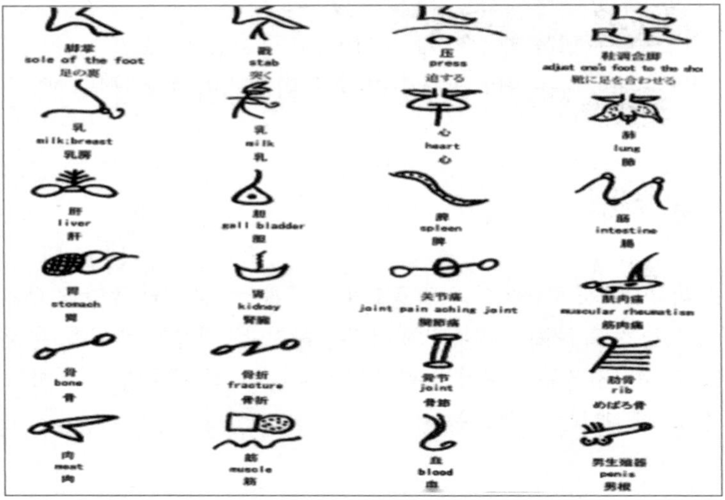

〈 그림 5. 東巴文 字典 〉

Ⅳ. 갑골문자와 비교

1) 我 (나 아) 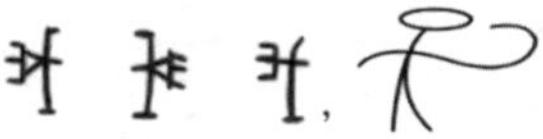

"戈"가 "我"자 안에 포함되어 있다.《說文解字》의 전통 해석에 의하면, 손에 무기를 들고 있다.

후세의 학자들은 甲骨文 중의 자형을 인용하여 세 개의 예리한 무기를 나타내고 있다고 한다. 또한 어떤 학자들은 金文을 이용해 두 개의 무기가 나란히 있는 모습이라고도 한다. 어찌되었건 간에, "我"자는 무기를 포함하고 있는데, 일찍이 갑골복사(甲骨卜辭)에서 국왕과 그의 巫師가 길흉화복의 점을 쳤다.

어떤 卜辭에서는 그의 이웃 국가와 전쟁을 치르는데 손에 무기를 지니고 있으며, 독존하는 권력을 나타내고 있음을 알 수가 있다.

商代의 전쟁은 두 가지의 중요한 목적이 있었다. 그들은 영토를 보존하고 노예를 쟁탈한다.

卜辭에 의하면, 한 번 정벌하게 되면 많은 노예가 생겨 토지를 경작하고 집을 건축한다. 또한 소, 양, 개와 함께 儀式(의식) 중에 제사품(祭祀品)으로 바친다. 아래의 그림에 의하면,

내가 지고 있는 인생 무게의 짐이 느껴질 정도로, 우리의 자아가 강하면 강할수록 내 어깨를 짓누르는 힘들이 커져서 스스로 많이 힘들어질 것이다. 삶의 여유와 여백이 있는 그런 삶이 우리에게 진정한 행복과 기쁨을 느낄 수 있도록 해주지 않을까 하는 생각이 든다.

〈 그림 6. "我" 의 甲骨文과 金文 字形[19] 〉

2) 美 (아름답다 미) 

아름다움을 사랑하는 것은 중국 전통 미덕(美德) 중의 하나이다. 일찍이 甲骨文에서 楷書(해서)에 이르는 동안 왜 美가 羊과 계속 관련이 있다고 여겼던 것일까?

우리는 갑골문에서 美를 고찰해 봄으로써, 답을 찾아갈 수 있을 것이다.

갑골문에서 美를 묘사하는 자형은 매우 많다.

갑골문에서  美 (아름답다 미)  는 '대(大) + 양(羊) '이다. 그래서 큰 양이 제물로 바치기에 아름답고 좋다고 풀이하나 이

19) 林西莉 (1999)《漢字王國》, 山東畵報出版社.

는 오류다. 아름다울 미(美)에서 양(羊)은 의(義)의 양과 마찬가지로 양 장식이다.

큰 대(大)는 사람이 버티고 선 모습의 상형이다. 원시 축제 때 남자들이 양가죽, 양 뿔 장식으로 치장해 춤을 추는 모습을 담은 것이 바로 미(美)다. 여기에서 '보기 좋다'는 모습의 아름다울 미(美)란 뜻이 파생되었다.

소전(小篆)에서 " 美 "는 "  "로 씌여져 있다.

허신(許愼)이《說文解字 · 羊部》에서 : "美, 甘也。从羊 , 从大。" 단옥재 주에서 "단 맛은 오감 중의 하나이다. 아름다운 맛은 모두 달다" 라고 하였다. 그들이 보기에, "美"는 회의자이다. "羊"과 "大" 두 개의 자로 이루어졌으며, 그 뜻은 아름다운 맛이다. 고대인들은 양이 크면 클수록 고기 맛이 좋다고 여겼으며, 풍성하여 생명력이 왕성하다고 생각했다. 이러한 양은 아름다운 자태를 가지고 있다.

전자는 미각(味覺)의 용도에서, 후자는 시각(視覺)의 용도에서 그 뜻을 말하였다. 이로부터 "美"는 갑골문에서 해서에 이르기까지, 양과 밀접한 관련이 있다. 선민들의 눈에 양은 형체와 맛이 아름다울 뿐 아니라, 상서로운 동물이었다.

《說文解字 · 羊部》에서 "羊 , 祥也 。" 그 뜻은 양은 상서로운 동물이라는 뜻이다. 위의 내용을 보아도 선민들의 양에 대한 관념이 "羊"과 관련이 깊다는 것을 의심할 여지가 없다.

3) 幸福 (행복) 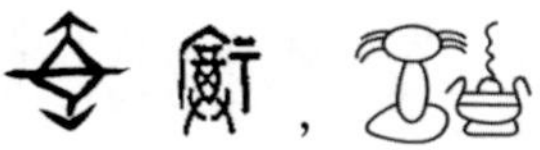

福은 갑골문에서처럼 바로 술독(酉)  을 두 손으로 들고 조상의 신주(示) 앞에서 따르고 있는 모습을 그렸다. 이후 두 손을 나타내는 부분은 생략되고 술독(酉)의 모습이 조금 변해 지금처럼 되었다.[20] 조상신에게 술(酉)을 올려 福을 기원하는 제사(示)에서 福이라는 의미가 생겼다. 그리고 술독(酉)이 집안(宀)에 모셔져 있는 모습이 富이다. 술독까지 갖추었으니

---

20) 하영삼 (2019)《뿌리한자 : 어원으로 읽는 150 문화어휘》, 서울 : 3.

갖출 수 있는 모든 것을 다 갖추었다는 뜻으로부터 富裕(부유)에서처럼 '넉넉하다'는 뜻이 나왔다.

이처럼 古代 社會에서 술은 대단히 중요했다. 그리스 신화에서도 주신(酒神)이 등장하듯 술은 농경사회를 포함해서 고대 사회의 풍요의 상징이었다. 술을 빚기 위해서는 우선적으로 식량의 문제가 해결되어야 하기 때문이다. 따라서 풍요를 기원하는 제사는 언제나 술을 수반하게 되었고, 집안에 술독을 모셔놓고 있는 모습이 富의 어원을 형성하게 된 것이다. 모든 사람이 바라는 福이어서 그런지 福에 대한 그리움도 다양하다. 五福(오복)은 長壽(장수), 富(부), 康寧(강녕), 好德(호덕), 善終(선종)을 말한다. 그 중에서도 長壽가 최고였던지 壽福이라는 단어가 만들어졌다.

중국의 그림에 자주 등장하는 박쥐(蝠)는 박쥐가 갖고 있는 이중성과 괴상하게 생긴 형상에도 불구하고 蝠은 福과 발음이 같다는 이유에서 중국인들의 사랑을 받아왔다. 그들은 박쥐만 그리지 않고 한 걸음 더 나아가 꽃사슴(鹿)도 함께 그려 놓는다. 鹿은 祿(녹봉 록)과 발음이 같다. 그래서 박쥐와 사슴을 함께 그린 그림은 '福祿'을 뜻한다.

富와 壽에 대한 추구가 福의 전부라고 생각할 수도 있겠지만, 荀子(순자)의 말처럼 "근심을 없앨 수 있으면 그것이 바로 福"일 것이요 그처럼 걱정을 줄이며 담백하게 살 수 있으면 그만이다.[21]

4) 天 (하늘 천) 

甲骨文의 용례를 보면, 현재 보편적으로 인식하는 '天空(하늘)'의 의미는 殷商시기에는 존재하지 않았다. '大'와 동의어로 쓰이거나 사람의 머리 혹은 정수리를 뜻하였다.『說文解字』에서 "天은 顚(정수리)이다. 지극히 높아 上(더 높은 곳)이 없다(天, 顚也, 至高無上)."라고 하여 '天' 은 본래 숭고하거나 어떠한 신비로운 함의는 찾아볼 수 없고, 단지 사람의 가장 높은 공간이나 절대 권위의 권력자, 거역할 수 없는 명령, 의지, 뜻 등으로 확대되어 사용되었던 것으로 파악된다.[22]

21) 하영삼 (2019)《뿌리한자 : 어원으로 읽는 150 문화어휘》, 서울 : 3. 재인용

오늘의 하늘을 뜻하는 天(하늘 천)은 갑골문에서 의외로 사람 머리를 크게 키워 그려 놓았다. 그래서 天은 商나라 당시만 하더라도 정수리를 뜻하는 글자였고, 갑골문에서도 정수리가 아프다는 표현을 천질(天疾)이라고 표기했다. 이후 天은 인간의 정수리와 맞닿는 부분, 즉 '하늘'이라는 뜻이 되었다. 이렇듯 고대 중국인들은 하늘을 인간을 넘어선, 인간이 도달하기 힘든 초월성이나 무한성으로 제시한 것이 아니라 인간과 바로 맞닿아 있는, 인간의 존재 없이 설명 불가능한 것으로 그려냈던 것이다.

그들이 하늘을 객관적 존재가 아닌 인간을 매개로 나타냈으며, 인간관계 속에서 하늘을 인식한 것은 서구의 인식 체계와는 매우 다른 면이며, 이 글자는 중국 특유의 인간중심적인 사고가 분명하게 반영된 글자이다.

따라서 한자에서 하늘(天)의 근본은 사람(人)이다. 人(사람 인)은 서 있는 사람을 측면에서 그린 것이요, 이를 정면에서 그리면 大(큰 대)가 된다. 측면 모습보다 정면 모습이 크게 보이기 때문에 大는 '크다' 는 의미를 가지게 되었다.

이 大의 머리 부분에 가로획을 더하면 夫(지아비 부)가 된다. 夫는 사람이 머리에 비녀를 꽂고 있는 모습이다. 고대 중국에서는 남자도 어른이 되면 머리에 올려 비녀를 꽂았다. 그래서 夫는 '성인 남자', 이후에는 '지아비'라는 의미를 가지게 되었다. 아직도 많은 사람들은 이 글자를 두고서 '하늘보다 높은 것이 지아비'라고 설명한다. 이것은 남성 중심의 이데올로기가 만들어낸 잘못된 글자 해석이라고 볼 수 있다.[23]

5) 숫자 (數字)

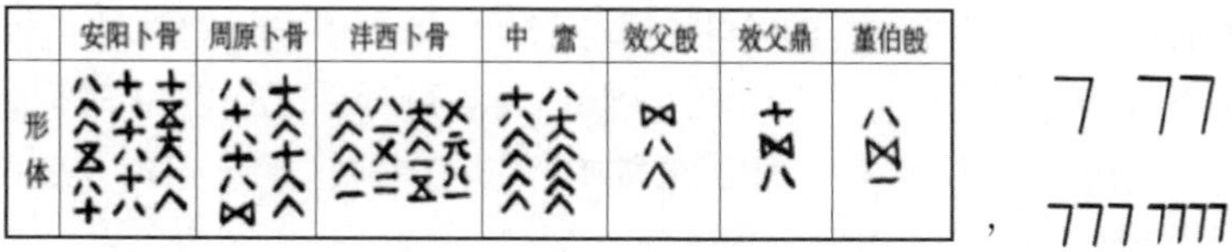

---

22) 박성우, 문치웅 〈출토자료를 통해 본 '天'의 本義와 변천 연구〉,《中國語文論叢》 제 97집, 2020.

23) 하영삼 (2019)《연상한자 : 문화를 따라 꼬리에 꼬리를 무는 한자 》, 서울 : 3.

갑골문의 1, 2, 3은 지금도 변화가 없고 4는 춘추전국시대 금문 중  로 변화되었고 또한  로 쓰여졌다. "五"는 줄곧  로 쓰여졌고 후에 "五"로 예변되었다.

그러나 우리는 오히려 "六書" 의 용법으로 이 다섯 개의 숫자를 해석했다. 그런데 이들은 지사, 상형, 형성, 회의도 아니고 전주, 가차도 아니다. 단지 선형의 부호이며 숫자로 약정된 것이다. 육서(六書)와 무관하다. 육서에 의거해 만들어진 것도 아니다.[24]

漢字	纳西 东巴文字	甲骨文	金文
氣			
壽			
育			
孕			
鬼			
招			
死			
棺			
尸			
天			
地			
水			
耳			
女			
男			

〈 표 1. 東巴文字와 甲骨文字, 金文字의 字形 비교[25] 〉

24) 叶文宪《趣味漢字》, 山東人民出版社, 2014.

25) 설영화 (2009)「납서 동파문자의 자형 분석 : 갑골문·금문 자형과의 비교를 중심으로」, 광주 : 전남대학교 대학원.

V. 결론

한 국가나 나라의 문화는 그 민족이나 국가의 언어와 불가분의 관계에 있다.

문자(文字)는 문명(文明)의 표지이며, 문자가 있어 비로소 역사가 기록될 수 있었다.

본고에서는 문화심리학이라는 다소 생소한 학문분야를 동파문자라는 중국 소수민족이 사용하고 있는 지금도 잔존하고 있는 문자와 결부시켜 논하고자 하였다. 문화심리학이 일반 대중에게 인지도는 있어도 학문적으로 논하기에는 조심스러운 부분이 있기에, 특히 중국 문자와의 접목시도는 최초라고 생각되기에 어려움이 많았던 것 같다. 하지만 그 누군가는 처음 마중물이 되어주어야 하기에, 용기 내어 서론에 문화심리학에 관한 개론을 언급하고 동파문자에서 이를 엿볼 수 있는 내용의 자형들을 찾아내어 서술하였다.

읽어내려가면서 독자의 입장이 되어보려고 노력하였지만, 지역의 특수성을 고려하여 원형 그대로 보존하는 것이 더욱 가치가 있다고 나름 판단되어 중국 少數民族인 納西族의 문화를 엿볼 수 있는 내용을 위주로 정리해 보았다.

사람들은 漢字를 상형문자(象形文字)라고 하며, 그림에서 기원한다고 한다.

唐蘭선생은 《中國文字學》에서 구석기 시대의 인류는 이미 많은 회화를 가지고 있었고, 이러한 그림은 동물에서부터 인간의 형상에 이르기까지 다양하다[26)]고 했다.

納西族이 사용했던 字形들을 살펴보면, 상형문자의 깊은 잔재를 느낄 수 있다. 또한 매우 원시적인 것 같으면서도 표현이 매우 실제적이고 직접적으로 사실적인 묘사들을 통하여 그 뜻을 나름 지혜롭게 전달하고 있음을 느끼게 된다. 독립된 생활을 유지하면서도 외부의 세계에 동화되지 않은 순수함도 엿볼 수 있다.

---

26) 唐 蘭 (1979)『中國文字學』, 上海 : 上海古籍出版社.

현대를 살아가는 우리는 이 납서족이 사용했던 동파문자로 힐링되고 삶의 찌든 때를 날려 버릴 수도 있을 것 같다는 생각도 드는 것이, 한자를 통한 치유까지도 가능하게 될 것이라 사료된다.

甲骨文字와 金文字의 상형성(象形性)과 비교·고찰하는 연구에서 한 걸음 더 나아가 한자를 통한 내면의 치유와 성숙에 이를 수 있도록 할 것이며 이러한 연구는 앞으로 중문학계에 실학의 초석과도 같은 역할을 할 수 있을 것이라 기대한다.

【參考文獻】

김용완《중국 납서족의 문화》, 충남대학교 출판부(궁미디어), 2010.

설영화 (2009) <납서 동파문자의 자형 분석 : 갑골문 · 금문 자형과의 비교를 중심으로>, 광주 : 전남대학교 대학원.

정 일 (2005) <Naxi족 전통문화의 다양성과 통일성〉, 中國人文科學-中國人文學會 31輯, p. 637-670.

정정덕 옮김 (2006)《운남성 소수민족의 언어문자》, 제이앤씨.

하영삼 (2019)《뿌리한자 : 어원으로 읽는 150 문화어휘》, 서울 : 3.

하영삼 (2019)《연상한자 : 문화를 따라 꼬리에 꼬리를 무는 한자》, 서울 : 3.

郭沫若(主编)《甲骨文合集》, 北京 : 中华书局, 1982.

裘錫圭《古代文史研究新探》, 江蘇 : 江蘇古籍出版社, 1992.

裘錫圭《古文字论集》, 北京 : 中华书局, 1992.

裘錫圭《文字學概要》, 商務出版社, 1998.

段玉裁《說文解字注》, 上海古籍出版社, 第 2版 第 8次 印刷本.

達世平 · 沉光海《古汉语常用字字源字典》, 上海 : 上海书店, 1989.

唐 蘭 (1979)《中國文字學》, 上海 : 上海古籍出版社.

人蕃茄傳媒機構 (2009)《世界文化記憶遺産 - 活着的象形文字》, 雲南出版集團公司 雲南人民出版社.

林西莉 (1999)《漢字王國》, 山東畵報出版社.

【中/英文提要】

一个国家或国家的文化与那个民族或国家的语言有着不可分割的关系。

文字是文明的标志，有了文字，历史才得以被记录下来。

人们把汉字称为象形文字，起源于绘画。唐兰先生在《中国文字学》中指出，旧石器时代的人类已经拥有很多绘画作品，这些绘画作品从动物到人类形象多种多样，唐兰（1979）《中国文字学》，上海:上海古籍出版社。

然后就直接说了。

翻看西族使用过的字型，可以感受到象形文字的深刻残余。另外，通过看似非常原始，但表达却非常实际，直接地通过写实性描写，可以感觉到其意思正在被智慧地传达出来。在维持独立生活的同时，也能看出被外部世界同化的纯真。

有种感觉，　可以利用东巴文字将生活在现代生活中的我们生活的污垢抹掉，通过汉字治疗也可以实现，甲骨文字和金文字的象形性比较，考察研究，进而通过汉字治愈内心，实现成长和成熟，这种研究今后将在中文学界发挥与实际学相同的作用。

주제어: 동파문자, 납서족, 소수민족, 문화심리학, 토착심리학, 비교문화심리학

东巴文字, 纳西族, 少数民族, 文化心理学, 土著心理学, 比较文化心理学

Dongpa alphabet, Nassu tribe, minority nationality, cultural psychology, indigenous psychology, comparative cultural psychology